高等职业教育"十二五"规划教材
高职高专物流管理专业任务驱动、项目导向系列化教材

# 集装箱运输管理

主　编　嵇莉莉
副主编　骆卫青
参　编　颜　红
主　审　陆建平

国防工业出版社
·北京·

# 内 容 简 介

集装箱运输因其货运安全、换装便捷、装卸效率高等特点,在国际货物运输中扮演着越来越重要的角色。近30多年来,集装箱运输在我国沿海地区迅速发展,并向中西部地区延伸。本书从集装箱货物的货主、集装箱运输承运人、码头场站三个角度,系统介绍了集装箱运输的理论及实务,主要内容包括集装箱运输货主业务、集装运输承运人业务程序、集装箱配置等箱务管理、集装箱运输码头场站业务程序、堆场管理等。

本书可作为高等职业院校、高等专科院校、成人高等院校的物流管理类、运输类、仓储类、配送类、国际贸易类、货运代理类等专业的学生学习用书,也可供在集装箱水路运输、集装箱码头、集装箱铁路运输、集装箱公路运输以及各类集装箱内陆货运站、货运代理企业、租箱或修箱企业、物流中心等工作的专业人员培训与进修使用。

## 图书在版编目(CIP)数据

集装箱运输管理 / 嵇莉莉主编. —北京:国防工业出版社,2013.5

高职高专物流管理专业任务驱动、项目导向系列化教材

ISBN 978-7-118-08634-8

Ⅰ.①集… Ⅱ.①嵇… Ⅲ.①集装箱运输 - 交通运输管理 - 高等职业教育 - 教材 Ⅳ.①U169.6

中国版本图书馆 CIP 数据核字(2013)第 060334 号

## 集装箱运输管理

嵇莉莉　主编

| | |
|---|---|
| 出版发行 | 国防工业出版社 |
| 地址邮编 | 北京市海淀区紫竹院南路23号　100048 |
| 经　售 | 新华书店 |
| 印　刷 | 北京奥鑫印刷厂 |
| 开　本 | 787×1092　1/16 |
| 印　张 | 14½ |
| 字　数 | 335 千字 |
| 版 印 次 | 2013 年 5 月第 1 版第 1 次印刷 |
| 印　数 | 1—3000 册 |
| 定　价 | 28.50 元 |

(本书如有印装错误,我社负责调换)

国防书店:(010)88540777　　发行邮购:(010)88540776
发行传真:(010)88540755　　发行业务:(010)88540717

# 普通高等教育"十二五"规划教材
## 高职高专物流管理专业任务驱动、项目导向系列化教材
## 编审委员会

### 主任委员

顾全根（苏州经贸职业技术学院）　　陆建平（南京铁道职业技术学院）

沈　默（江苏海事职业技术学院）　　谈　慧（南京工业职业技术学院）

董淑华（南京信息职业技术学院）　　覃晓康（苏州信息职业技术学院）

陈玉雯（南京交通技师学院）　　　　周朗天（江苏食品职业技术学院）

顾珂里（盐城纺织服装职业技术学院）　姜　锐（钟山职业技术学院）

刘细华（江海职业技术学院）　　　　丁　磊（应天职业技术学院）

### 委　员

丁红英　尹　新　王凤云　田　跃　许传久　许　丹　刘慧娟　刘小更
刘伯超　孙　雯　杜会敏　陈根龙　陈红霞　陈　莉　杨浩军　杨思东
张金丽　骆卫青　顾云锋　徐　冽　梁钟平　嵇莉莉　童俐丽　董　昕
颜　红　魏　凯　韩　鑫　薛大年　薛艳肖

# PREFACE

## 前 言

  集装箱的出现改变了传统的货物运输形式，因其安全、高效等特点在国际货物运输中发挥着重要作用，同时也引发了对集装箱运输的更多关注和研究。在我国，20世纪80年代以后，随着经济的发展，集装箱运输的发展速度逐渐加快。码头装卸能力越来越强，远洋船队规模越来越大，与此同时，集装箱支线运输、铁路和公路运输也逐步发展起来。进入21世纪以来，由于政治、经济的持续健康发展，经济总量巨大，物流基础设施建设快速发展，适箱货物比例增长很快，可以预见，我国经济的发展，必然会带来对集装箱运输需求的进一步扩大，集装箱运输产业必将得到迅速的发展。

  集装箱运输是一种资金密集型、技术密集型的产业，同时也是一种标准化和国际化程度很高的运输方式，其运输过程的各个环节都按国际惯例操作。因而这个行业对从业人员的素质提出了更高的要求。只有全面系统地了解和掌握国际集装箱运输系统中所涉及的理论知识、专业技能和操作实务，提高从业人员的业务水平，才能更充分地发挥集装箱运输的优越性。

  本书为高等职业技术教育教材，全书分为四个项目：集装箱认知，集装箱运输货方业务操作，集装箱运输码头、场站业务操作，集装箱运输承运人业务操作。本书由南京铁道职业技术学院嵇莉莉任主编、骆卫青任副主编，陆建平任主审。本书编写过程中得到了南京铁道职业技术学院颜红等老师的大力支技，上海铁路局南京西站和南车集团浦镇车辆有限公司的专家为本书编写提供了宝贵建议。

  在本书编写过程中，参阅了大量的文献资料，其中从王鸿鹏、杨茅甄、杜学森、武德春、杨志刚等老师编写的资料中获益最多。在此向那些在本书编写过程中参阅的书籍、期刊、资料的作者以及提出指导意见和建议的所有人士表示诚挚的谢意。

  由于编者学术水平和实践经验有限，疏漏之处在所难免，敬请读者多提宝贵意见。

编 者

# 目录

项目一　集装箱认知　　1

项目二　集装箱运输货方业务操作　　25
　模块一　订舱　　25
　模块二　提箱装货　　34
　模块三　货物的交接与流转　　55
　模块四　货损分析及索赔　　75

项目三　集装箱码头、场站业务操作　　85
　模块一　集装箱码头箱务管理　　85
　模块二　集装箱码头出口业务操作　　96
　模块三　集装箱码头进口业务操作　　110

项目四　集装箱运输承运人业务操作　　118
　模块一　集装箱运输工具认知及运用　　118
　模块二　集装箱配置　　147
　模块三　集装箱运输组织　　163
　模块四　集装箱运费计收　　215

**参考文献**　　226

# 项目一 集装箱认知

## 学习指导书

| 学习目标与总体要求 | • 掌握集装箱主要箱型、尺寸、集装箱箱体标识和有关专业术语<br>• 能根据箱体标识识别集装箱箱型、尺寸、箱主等信息<br>• 理解适箱货物的概念,能根据货物选择合适的集装箱<br>• 了解集装箱货源组织形式,能根据给定情境分析市场货源状况 |
|---|---|
| 重难点提要 | • 集装箱运输的优势<br>• 集装货物基本流通途径<br>• 集装箱分类<br>• 集装箱箱体结构和主要部件<br>• 集装箱箱体标识<br>• 集装箱适箱货源 |

## 任务一 认知集装箱运输

### 学习任务书

| 项目 | 任务和结论 |
|---|---|
| 学习目标 | 体会和理解集装运输的优势<br>认识课程学习的目的和意义 |
| 情境描述 | 小王负责一批桂花牌盐水鸭的出口业务,起运地和目的地是南京—西雅图。小王正为这批盐水鸭的运输问题犯愁,用什么包装、船舱里的温湿度是否会影响盐水鸭的品质、运输质量如何保证…… |
| 感知 | 件杂货船运输　　集装箱船运输　　集装箱 |
| 任务 | 集装箱运输和件杂货运输有什么区别?<br>为什么件杂货运输要向集装箱运输发展?<br>集装箱是什么样的容器?有什么特点?<br>集装箱运输有什么优势? |

## 一、集装箱与集装箱运输概述

集装箱是一个大型化、标准化、能反复使用的载货容器。一个长度20ft的标准集装箱尺寸(长×宽×高)约为6050mm×2440mm×2440mm。

国际标准化组织(ISO)对集装箱的定义如下。

集装箱是一种运输设备,应具备下列条件。

(1) 具有足够的强度,可长期反复使用。

(2) 适于一种或多种运输方式运送货物,途中无需倒装。

(3) 设有供快速装卸的装置,便于从一种运输方式转到另一种运输方式。

(4) 便于箱内货物装满和卸空。

(5) 内容积等于或大于$1m^3$。

"集装箱"这一术语既不包括车辆也不包括一般包装。

集装箱运输就是将货物装在集装箱内,以集装箱作为一个货物集合,进行运输和装卸等。集装箱运输是对传统的以单件货物进行装卸的运输工艺的一次重要革命,是件杂货运输的发展方向。由于集装箱运输所具有的巨大社会效益和经济效益,件杂货运输的集装箱化程度已经成为衡量各国运输现代化程度的重要指标,国际航运中心也将集装箱吞吐量作为衡量其规模的主要标志。

★ 课堂活动

| 项 目 | 活动内容与结论 |
| --- | --- |
| 试一试 | 请同学们按以下步骤进行实验,试比较哪种方式速度最快,军棋最不容易掉地?<br>◇ 设备:一副军棋、两张桌子相隔3m<br>◇ 任务:将一副军棋从一张桌子A运到另一张桌子B<br>◇ 操作:<br>(1) 第一位同学每次从桌子A上拿一张棋,走到另一张桌子B前放下,如此反复,直至将整副军棋全部从桌子A运至桌子B;<br>(2) 第二位同学,每次可以拿任意张棋,但只能用双手,不能借助他物,将整副军棋全部从桌子A运至桌子B;<br>(3) 第三位同学,使用一个盒子,将桌子A上的棋全部装入盒子中,再运至桌子B;<br>三项操作分别计时 |
| 实验结论 | |
| 思考 | 根据实验,试分析什么是集装化运输?集装化运输优势在哪儿? |

## 二、集装箱运输的优势

把单件杂货利用各种不同"成组工具",组成一个个同一尺寸的标准"货件",这样的行为称作"成组化"。经过成组化的件杂货可以在铁路、公路、水路等不同运输方式间不拆组转换并快速转移。

货物的成组化历经了"网兜—托盘—托盘船—集装箱"的进程。集装箱运输是成组化运输的高级阶段。

集装箱运输将单件杂货集中成组装入箱内,采用大型装卸机械,以集装箱为作业单元,能够发挥多式联运的系统化长处,实现门到门的运输。其主要优势如下。

(1) 提高装卸效率,减轻劳动强度。单件货物集中成组装卸,减少了装卸作业的次数,集装箱与单件货物相比,装卸单元扩大了300倍以上。原来需要300次反复作业才能完成的装卸任务,采用集装箱装运后,利用大型装卸设备,只需要一次就可以完成。因此,集装箱运输有利于装卸效率的大大提高,而大型装卸设备的使用又有利于减轻劳动强度。

(2) 减少货损、货差,提高运输质量。货物装入集装箱后,整个运输过程中的各项操作均以集装箱为单元,货物无需倒载。由于减少了货物与人工及设备的直接接触,又减少了货物装卸搬运的次数,因此提高了货运的安全和质量。

(3) 减少货物的在途时间,加速车船周转。集装箱化促进了港口和场站货物装卸的机械化、自动化,提高了装卸效率,从而缩短了车船在港、站停留的时间。据统计,集装箱船舶在港靠泊的时间较普通货船缩短了50%以上,使得车船周转时间大大缩短,同时也缩短了货物的在途时间。

(4) 节省包装费用,简化理货手续。集装箱具有一定的强度,可以在很大程度上对所装货物提供保护。因此使用集装箱后,一些货物可以简化包袋,降低包装费用。

此外,集装箱装箱通关后即施封,无特殊情况及海关允许,在货到目的地前均不得打开铅封,因此简化了途中理货工作。

总之,由于集装箱具有对所载货物的集装功能及保护功能,使得装卸作业的机械化、自动化程度大大提高,从而节约了装卸、理货、车船周转、货物在途的时间,降低了装卸、包装、货损、船舶运营等费用,使船货双方各得其利。

## 三、集装箱运输发展历程

### (一) 萌芽期(19世纪初—20世纪50年代中期)

集装箱运输被誉为20世纪国际运输史上的一场革命。1801年,英国的安德森(James Anderson)博士首先提出了集装箱运输的设想。1845年,在英国铁路上开始出现了酷似现在集装箱的载货车箱。19世纪的后半世纪,英国使用一种带有活动框架俗称"兰开夏托盘"(Lancashire Flat)的工具运输货物,它被称为最早使用的雏型集装箱。

1880年,美国正式试制了第一艘内河用的集装箱船,在密西西比河进行试验,但当时这种新的运输工艺没有被广泛接受。直到20世纪初,英国的铁路运输才正式使用简陋的集装箱运输货物。这种新的运输工艺被采用以后,很快在欧洲传播开来。1926年传到德国,1928年传到法国。

1928年9月在罗马举行的"世界公路会议"会上宣读了"关于在国际交通运输中如何使用集装箱"的论文,广泛讨论了最优集装箱运输方案,成立了"国际集装箱运输委员会",决定由该委员会专门研究有关集装箱运输的问题。同年,欧洲的各铁路公司间还签订了有关集装箱运输的协定。1933年在法国巴黎成立了"国际集装箱运输局(ICB)",协调有关集装箱各方的合作关系,并进行集装箱所有人登记业务。

1931年—1939年,由于公路与铁路之间激烈的竞争,导致这两种运输方式之间不能紧密配合和相互协调,集装箱运输基本上停滞不前,国际集装箱运输局的活动也处于停顿状态。

第二次世界大战爆发后,美国陆军为了提高运输效率,提出了货物运输成组化(Unitization)工艺,利用托盘和集装箱作为媒介的成组运输系统,可以达到"门到门"运输的目的。1952年,美国陆军建立了"军用集装箱快速运输勤务系统",使用集装箱运输弹药和其他军用品。

(二)开创期(20世纪50年代中期—20世纪60年代中期)

集装箱运输首先是在陆上开展起来的,当其发展到海上运输,实现海陆联运后,才得到了突飞猛进的发展。

1955年美国人马克林(Mr. Malcon Mclean)首先提出集装箱运输必须实现海陆联运的设想。1956年4月26日,美国泛大西洋轮船公司(Pan-Atlantic Steamship Co.)将一艘T-2型油轮"理想"号,经过特别改装以后,在甲板上装载了58个集装箱,由新泽西州纽约港的纽瓦克区驶往得克萨斯州的休斯敦进行了海上试运。试运获得了巨大的成功,平均每吨装卸费从原来的5.83美元降低到了0.15美元,仅为普通货船装卸费的1/37。

1957年10月,在此基础上,他们又将6艘C-2型货轮改装成了带有箱格结构的全集装箱船。第一艘船的船名为"盖脱威城"(Gateway City)号,该船设有船用集装箱装卸桥(Shiptainer),装载量9000t,每船可装载8ft×8.5ft×35ft的集装箱226个,每箱总重25t。

这是航运史上一次划时代的创举,给全世界的运输业带来了极大影响,揭开了国际集装箱运输史的第一页,标志着世界现代化的集装箱运输事业正式开始。

1960年4月美国泛大西洋轮船公司改名为海陆运输公司(Sea-Land Service Inc.)。

(三)扩展期(20世纪60年代中期—20世纪80年代中期)

这一时期,集装箱运输越来越被人们认可。1966年海陆班轮公司又在纽约—欧洲的国际航线上使用了全集装箱船,这标志着集装箱运输开始了从美国沿海向国际远洋的发展。1967年9月,马托松船公司将"夏威夷殖民"号全集装箱船投入到日本—北美太平洋沿岸航线。

在美国的启迪下,日本和西欧各国也开始建造全集装箱船。1968年日本建造的第一艘全集装箱"箱根丸"号航行于日本—加利福尼亚航线,相继有6家船公司在该条航线上开展集装箱运输。英国等西欧国家先后开辟了北大西洋、日本和澳大利亚航线集装箱运输业务。东南亚、中东、南非等地区也逐步开展集装箱运输。到20世纪70年代,集装箱已较广泛地用于国际贸易运输。

1965年国际标准化组织(ISO)颁布了一系列国际标准箱的规格,其中长度20ft(6.1m)(计作1个TEU)和40ft(12.2m)的标准集装箱成为国际集装箱运输中的常用箱型。集装箱尺寸的标准化,使得装卸和搬运集装箱使用的设备具备了国际通用的可能性,为国际集装箱多式联运打下了良好的基础。

在这个时期,世界各海港相继建成了专为停泊集装箱船的专用码头和泊位,到1983年,世界集装箱准用泊位达到983个;配备了集装箱装卸桥、轮胎式龙门起重机、跨运车等相应的集装箱专用装卸、搬运设备;世界集装箱保有量从 1970 年的 51 万 TEU 大幅增长到 1983 年的 440 万 TEU;使用的主要集装箱船型由改装船过渡到 500TEU～2000TEU 的第一代、第二代全集装箱船;整个世界的集装箱船队的载箱能力从 1970 年的 23 万 TEU 迅速增长到 1983 年的 208 万 TEU。铁路和公路等其他运输方式也积极调整设备,以适应集装箱运输的需要。

1980 年 5 月,在日内瓦召开了 84 个联合国贸易和发展会议成员国参加的国际多式联运会议,通过了《联合国国际货物多式联运公约》。该公约对国际货物多式联运的定义、多式联运单证的内容、多式联运经营人的赔偿责任等问题加以规定,其主要内容被很多国家援引和应用。

### (四)成熟期(20 世纪 80 年代中期以后)

20 世纪 80 年代中期以后,集装箱运输进入迅猛发展的时期。集装箱运输的船舶、码头泊位、装卸机械、集疏运通道等硬件设施日臻完善,集装箱运输在全世界范围内得到普及。

集装箱运输在这一阶段的特征主要表现为软、硬件技术的完善和多式联运业务得到进一步发展。

**1. 软、硬件成套技术趋于完善**

干线全集装箱船向全自动化、大型化发展,出现了 2500TEU 以上的集装箱船型。20 世纪 90 年代初期,最大的集装箱船载箱量大约为 4500TEU,到 2003 年增长到 9500TEU,2011 年增长到 14000TEU,2012 年运载量达到 18000TEU 的集装箱船投入建造,并将于 2013 年下半期交付使用。

一些大的航运公司纷纷使用大型集装箱船舶开展环球航线。为了适应大型船舶的靠泊和装卸作业需要,港口、高速公路、自动化装卸桥也得到了进一步发展。集装箱场站向内陆延伸,一些先进国家为内陆集疏运的通道、场站、装卸设备进行了大量配套建设。

集装箱运输管理实现了方法科学化和手段现代化。一些先进国家建立了港区管理及其与口岸相关各部门联网的综合性信息管理;一些公司能够通过通信卫星在全世界范围内对集装箱实行跟踪管理。先进的集装箱运输成套技术为发展多式联运奠定了基础。

**2. 多式联运和"门到门"运输进一步发展**

实现多种运输方式联合运输是现代交通运输的发展方向,集装箱运输在这方面独具优势。先进国家由于建立和完善了集装箱综合运输系统,使集装箱运输突破了传统运输方式"港—港"的概念,综合利用各种运输方式的优点,为货主提供"门到门"的优质服务。

## 四、集装箱运输业务单位及运输程序

### (一)集装箱运输业务单位

集装箱运输是一种专业化的运输方式,集装箱货物、货物运输所需的各种软硬件设施、运输经营人和集装箱码头公司等构成了集装箱运输系统。

**1. 集装箱适箱货物**

不是所有货物都适合于集装箱运输,那些理化性能和运价承受能力都合适的货物才适合用集装箱运输。适箱货物的位移构成集装箱运输系统中的主物流。

### 2. 标准集装箱

集装箱运输中，符合国际标准的集装箱是使货物标准化的装运工具和外包装，也是集装箱运输的基本单元。一般来说运输中使用的集装箱大多由集装箱运输轮船公司提供。

### 3. 集装箱船舶等运输工具

集装箱运输工具包括集装箱船舶、集装箱卡车、铁路集装箱运输车辆、航空器等。船舶是集装箱海上干线运输的主要运输工具。当前使用的集装箱船均为全集装箱船，最大载箱量约为15000TEU。集装箱卡车是重要的陆上集装箱运输工具，能为货主提供"门到门"的运输服务。

### 4. 经营集装箱运输的轮船公司

轮船公司是从事集装箱运输的实际承运人，他向托运人提供集装箱，并采用自有或租赁船舶将货物运到指定地点交付。各船公司需要根据集装箱货物的流量与流向、港口地理位置和泊位能力、腹地与集疏运条件等划定航线。一般干线航线有钟摆式航线和环球航线。

### 5. 集装箱码头

集装箱码头是集装箱装卸、堆存和分拨的地方，是集装箱不同运输方式换装的枢纽。码头在整个集装箱运输系统中具有重要地位。为了办理和完成相关集装箱运输业务，集装箱码头根据其规模和业务量需要配备与之相适应的码头泊位、码头集装箱堆场、码头集装箱货运站、集装箱装卸桥等场所和设施设备。

### 6. 集装箱内陆货运站

集装箱运输的强大生命力及其与传统班轮运输的本质区别就在于它能开展"门到门"的多式联运。然而，集装箱运输所需的巨额投资以及规模经济的限制条件决定了集装箱船舶不可能像传统班轮那样挂靠众多的港口。在这种情况下，集装箱运输要真正体现"门到门"多式联运的优势，势必需要在港口内陆腹地以及集装箱港口周围的卫星港建立一定数量的集装箱内陆货运站或集装箱集散点。托运人可以十分方便地将集装箱或货物交给位于附近的内陆货运站。反之，卸下船的集装箱首先被疏散到分布在内陆腹地的内陆货运站，最终交付到收货人手中。

### 7. 无船承运人

集装箱运输在开展多式联运业务时，货物从发货人仓库到收货人仓库及到海、陆、空等运输区段，必须有人负责整个全程运输的安排、组织、协调与管理工作，这个负责人就是联运经营人，或称契约承运人。无船承运人是随着集装箱多式联运的发展而出现的联运经营人，是指在集装箱运输中，经营集装箱货运的揽货、装箱、拆箱、内陆运输以及集装箱货运站或内陆集装箱货运站，但不经营船舶的承运人。许多无船承运人是由班轮运输中的货运代理人转变而来，他们将原来的陆运业务扩展到联运代理业务，从事集装箱运输组织。

此外，还有集装箱出租公司和集装箱船舶租赁公司等相关方。他们是在集装箱运输业务发展过程中逐步产生的，其出现顺应了集装箱运输迅速发展的需求。集装箱及集装箱船舶租赁业务的出现为集装箱船公司减少了初始投资，降低了集装箱及集装箱船舶闲置的风险。

（二）集装箱货物基本流通途径

集装箱货物基本流通途径如图 1-1-1 所示。

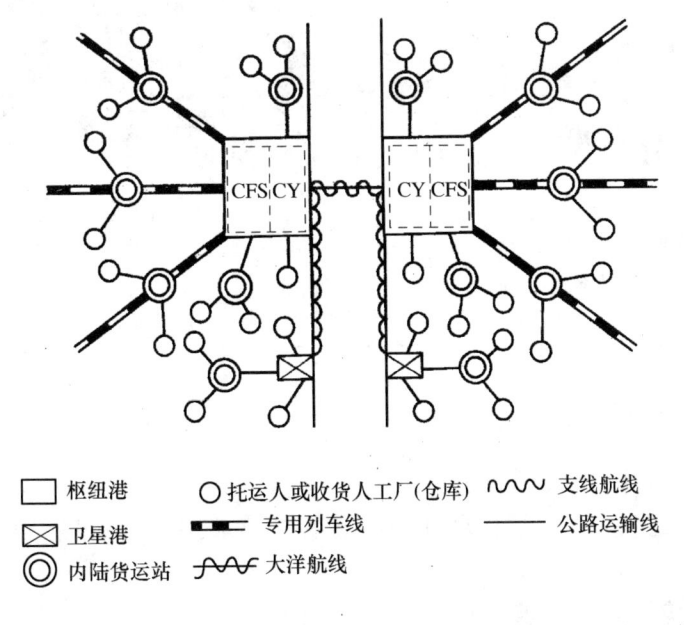

□ 枢纽港　　　○ 托运人或收货人工厂(仓库)　　～ 支线航线
⊠ 卫星港　　　▬ 专用列车线　　　　　　　　　── 公路运输线
◎ 内陆货运站　∽ 大洋航线

图 1-1-1　集装箱货物基本流通途径

集装箱货物的流通途径体现了集装箱运输系统的高度整体性与组织性。如果是整箱货，一般直接运到码头堆场；如果是拼箱货，托运人要将货物送到附近集装箱货运站，在货运站装箱后，由货运站负责送到码头堆场。经过干线运输，货物到达目的地码头堆场。如果是整箱货，一般货主直接到码头堆场提箱；如果是拼箱货，由货运站提箱后组织拆箱，并向收货人交付。

集装箱货物的内陆集疏运是集装箱运输业务中的重要环节，它既保证了集装箱运输的规模效益，又缓解了集装箱码头的作业压力。

## 任务二　识别集装箱

**学习任务书**

| 项目 | 任务和结论 |
| --- | --- |
| 学习目标 | 认识集装箱结构<br>掌握集装箱箱型尺寸及箱体标识，能根据集装箱代码表查询集装箱箱体标识信息<br>能根据给定信息，识别集装箱主要信息<br>能运用人工及计算机方法对集装箱箱号进行检测 |
| 情境描述 | 小王负责办理一批水果的进口业务。货物使用集装箱运输。货到目的港后，小王依约到码头提货。到了码头，办理了提箱手续，可是箱门是锁住的，这到底是不是小王要提的货呢？ |

(续)

| 项目 | 任务和结论 |
|---|---|
| 感知 | 箱体标识　　　　　　　箱门标识　　　　　　　集装箱堆垛 |
| 任务 | 集装箱堆场以及集装箱船舶承载着成千上万只集装箱,每个集装箱重达几十吨,堆垛的时候靠什么承受这么大的重压?<br>这么多往来于世界各地的集装箱在交接和运输过程中怎样识别,怎样保证不提错? |

## 一、集装箱标准化

### (一)集装箱标准化的必要性

集装箱在运输过程中对集装设备提出了较高的要求,因此,集装箱国际标准化非常必要。

**1. 国际间运输的必然要求**

集装箱运输是一种国际间的运输方式,同一种运输设备要在全球各个国家间进行运输、交接和周转。因此,其外形、结构、标志等就必须标准化,以保证所经过的各个国家、地区都能通过,使各个国家的装卸设备、运输工具均能适用。

**2. 多式联运方式的必然要求**

集装箱运输本质上是一种"多式联运",在多数情况下,一个集装箱要经由两种或两种以上运输工具,完成它的"门到门"运输。所以集装箱的外形和结构必须标准化,使其能方便地在船舶、火车、卡车、飞机之间实施快速换装,并且便于紧固和绑扎。

**3. 集装箱运输自身特点的必然要求**

集装箱运输是一种消除了具体运输货物的物理、化学特性区别的运输形式。在运输过程中,外形、特征各异的具体货物,装到集装箱里,锁上箱门,就都演变成了千篇一律的金属箱子。原来可以凭视觉、嗅觉等感官直接加以区别的特征都没有了。这就要求集装箱有一些标准化的标记,便于相互识别,便于记录与传递信息。

同时,集装箱本身是一种昂贵的运输设备,货主不可能为了少数几次运输而自行购置集装箱,一般都通过租用。因此,货主、箱主、接卸的物流节点、运输的船舶、卡车、火车之间,就构成了很复杂的运输链及交接关系。这也要求集装箱必须拥有标准、鲜明的外部标记,便于信息的识别、记录与及时传输。

**4. 集装箱运输过程安全的必然要求**

集装箱是用来运输货物的,本身必须承载较大的负荷。集装箱经常需要在较为恶劣的环境下运营,如必须能承受远洋运输途中船舶的剧烈摇晃;火车、卡车启动与刹车的冲击;装卸过程中的冲击等。所以集装箱在强度上也必须有相应的标准规定,并有必要的检验与准用程序和规定。

（二）集装箱标准化与 ISO/TC104

国际标准化组织（ISO）于1961年成立了集装箱专门的技术委员会（ISO/TC104），由美国标准协会 ANSI 担任秘书处工作，着手进行集装箱国际标准化。

目前，在 ISO/TC104 统筹下，发展与集装箱的设计、装卸、运输和信息等密切相关的标准共有20余项。从集装箱标准的组成来看，大致可分为三类。第一是各类集装箱都需要遵循的通用标准；第二是某类集装箱遵循的专项标准；第三是作为补充和参考的技术报告（TR）。

例如，集装箱制造企业比较关注的通用标准主要有以下几个。

（1）ISO 668:1995 系列1集装箱——分类、尺寸和额定质量。

（2）ISO 830:1999 集装箱术语。

（3）ISO 1161:1984 系列1集装箱——角件的技术条件。

（4）ISO 6346:1995 集装箱代码、识别和标记。

（5）ISO 3874:1997 系列1集装箱——装卸和栓固。

专项标准，如 ISO 1496 系列的5个标准：ISO 1496-1、ISO 1496-2、ISO 1496-3、ISO 1496-4、ISO 1496-5，它们分别针对普通干货箱、保温箱、罐箱、干散货箱等的技术条件和试验方法等作了专门的规定。技术报告，则有"ISO/TR 15070:1996 系列1集装箱结构试验值的理论基础"等。

目前标准的制订、修订权主要由两大集团所主导：一是欧美国家的标准管理局，以美国的 ANSI、英国的 BSI、德国的 DIN 以及丹麦的 DS 等为代表；另一大集团则以欧美的大型船公司为代表，如丹麦的大型船公司 Maersk、荷兰的 P&O-NL 等。上述发达国家在标准制订、修订工作方面已经建立了完善的体系和机制，尤其是欧洲国家，近年来非常重视集装箱标准的制订、修订及其控制权。

我国集装箱标准化技术委员会成立于1980年，是我国成立较早的一个全国性标准化技术委员会（TC6）。全国集装箱标准化技术委员会成立后陆续制定了一些集装箱的基础标准、通用标准和行业专用标准，主要包括集装箱的基础标准和规范、箱体和部件标准、起吊和运输作业标准、装卸搬运标准和集装箱管理信息标准等。其中，等同采用国际标准的约占33%；等效采用国际标准的约占7%；其他类型约占60%。

总的来说，我国集装箱物流标准化工作已取得了较大成效，在集装箱的基础标准和规范、箱体和部件标准、起吊和运输作业标准等方面与欧美等主要的集装箱贸易国家之间的差别并不大。但是我国的集装箱物流标准体系尚不健全，集装箱标准和其他现行物流标准之间还存在一些不够协调的问题，这是我国集装箱标准努力的方向。

## 二、通用集装箱外观的认知

（一）集装箱方位性术语

这里的方位性术语主要指的是区分集装箱的前、后、左、右，以及纵、横的方向和位置的定义。占集装箱总数85%以上的通用集装箱，均一端设门，另一端是盲端。这类集装箱的方位性术语表述如下：

(1) 前端(Front):指没有箱门的一端。
(2) 后端(Rear):指有箱门的一端。

如集装箱两端结构相同,则应避免使用前端和后端这两个术语,若必须使用时,应依据标记、铭牌等特征加以区别。

(1) 左侧(Left):从集装箱后端向前看,左边的一侧。
(2) 右侧(Right):从集装箱后端向前看,右边的一侧。

由于集装箱在公路上行驶时,有箱门的后端都必须装在拖车的后方,因此有的标准把左侧称为公路侧,右侧称为路缘侧。

(1) 路缘侧(Gurbside):当集装箱底盘车在公路上沿右侧向前行驶时,靠近路缘的一侧。
(2) 公路侧(Roadside):当集装箱底盘车在公路上沿右侧向前行驶时,靠近马路中央的一侧。
(3) 纵向(Longitudinal):指集装箱的前后方向。
(4) 横向(Transverse):指集装箱的左右、与纵向垂直的方向。

(二) 集装箱外观

通用集装箱是一个矩形箱体,箱体结构包括箱门及箱门结构、端面、左侧壁、右侧壁、顶面、底面、上侧梁、下侧梁、上端梁、下端梁、门楣、门槛、角柱、角件。其外观及主要部件如图1-1-2所示。

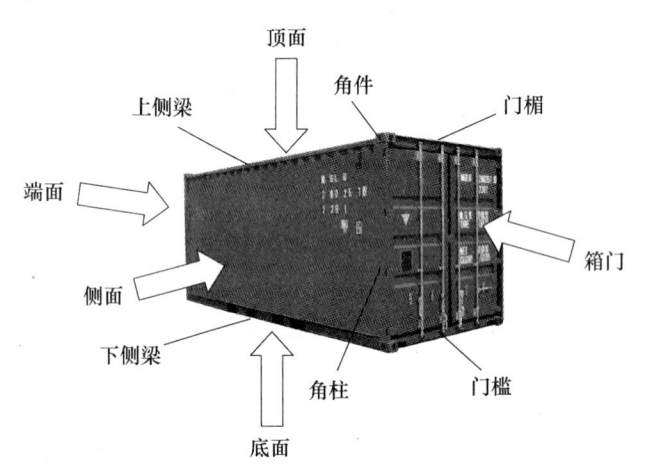

图1-1-2 集装箱外观及主要部件示意图

(三) 集装箱的主要承重部件

集装箱在堆场和运输工具上堆垛通常情况下都可达到4层以上。支撑集装箱的承重部件称为角结构,由角件和角柱构成。

(1) 角件:集装箱箱体的8个角上各有一个角件。角件用于支撑、堆码、装卸和系固集装箱。集装箱上部的角件称为顶角件,下部的角件称为底角件。
(2) 角柱:角柱是连接顶角件和底角件的立柱。
(3) 角结构:由顶角件、底角件和角柱组成的构建称为角结构,是承受集装箱堆码载荷的强力构件。

★ **课堂活动**

| 项目 | 任务和结论 |
|------|-----------|
| 试一试 | 请利用手边的材料,制作一个集装箱模型,并展示和介绍你的集装箱。<br>试着向"集装箱"里装"货",你的集装箱能装多少? |
| 实验结论 | |
| 讨论 | 什么材质适合制造集装箱?塑料?铸铁?钢?铝合金?不锈钢?玻璃钢? |
| 讨论结论 | |

## 三、集装箱的分类

为了适应不同种类货物的运输需要,出现了不同类型的集装箱,根据用途、材质、尺寸、所有人等有不同的分类。

### (一)按用途分类

按用途集装箱可以分为干货箱、开顶箱、冷藏箱、罐式箱、台架箱等。

**1. 干货集装箱(Dry Cargo Container)**

干货集装箱也称为杂货集装箱,主要用来运输无需控制温度的件杂货,使用范围很广。其结构通常为封闭式,水密性好。一般在一端或侧面设有箱门,箱内设有一定的固货装置,使用时要求清洁,装箱货物要求有适当的包装,以便充分利用集装箱的箱容。

**2. 通风集装箱(Ventilated Container)**

通风集装箱一般在其侧壁或顶壁上设有若干供通风用的窗口,适用于装运有一定通风和防潮湿要求的杂货,如原皮、水果、蔬菜等。如果将通风窗口关闭,即可作为干货集装箱使用。

**3. 开顶集装箱(Open Top Container)**

开顶集装箱的箱顶有硬顶和软顶两种,可以方便地取下或装上。硬顶是用薄钢板制成的,利用超重机械进行装卸作业;软顶是用帆布、塑料布或涂塑布制成,开顶时向一端卷起。这种集装箱适于装载大型货物和钢铁、木材、玻璃板等重货。货物用吊车从顶部吊入箱内,不易损坏,且便于在箱内固定。

**4. 台架式集装箱(Platform Based Container)**

台架式集装箱没有箱顶和侧壁,甚至连端板也去掉,只留有底板和四个角柱。这种集装箱可从前后左右及上方进行装卸作业,适合装载长大件和重货件,如重型机械、钢材、钢管、钢锭、木材等。台架式的集装箱没有水密性,怕水湿的货物不能装运,或用帆布遮盖后装运。

### 5. 平台式集装箱(Platform Container)

平台式集装箱是在架式集装箱基础上再简化,只保留底板的一种特殊结构的集装箱。这种集装箱有较强的承载能力,主要用于装载长、重大件货物,如重型机械、钢材、整件设备等。平台集装箱的尺寸与国际标准箱的箱底尺寸相同,可以使用与其他集装箱相同的紧固件扣起吊装置。在集装箱船的舱面上,如果将多干平台式集装箱组合成一个大平台,则适合于装载更重、更大件货物。这种集装箱打破了集装箱必须具有一定容积的概念。

### 6. 冷藏集装箱(Reefer Container)

冷藏集装箱是专为运输鱼、肉、水果、蔬菜等需要冷冻或冷藏的货物而特殊设计的,它能长时间保持所设定的温度。目前国际上采用的冷藏集装箱基本上分为两种:一种是机械式冷藏集装箱;另一种是离合式冷藏集装箱。机械式冷藏集装箱,箱内自带冷冻机制冷。离合式冷藏集装箱,箱内没有冷冻机而只有隔热结构,在集装箱端壁上设有进气孔和出气孔,箱子装在船舱中,由船舶冷冻装置供冷。

### 7. 罐式集装箱(Tank Container)

罐式集装箱专门用来装运液体货,如酒类、油类、化学品等。它由罐体和框架两部分组成,罐体用于装载液体货,框架用来支承和固定罐体。罐体的外壁采用保温材料以使罐体隔热,内壁要研磨抛光以避免液体残留于壁面。罐顶设有装货口,罐底设有排出阀,装货时货物由罐顶装货口进入,卸货时由罐底排货孔流出或从罐顶装货孔吸出。为了降低液体黏度,方便装卸,罐体下部还设有加热器,罐体内的温度可以通过安装在其上部的温度计观察到。

### 8. 汽车集装箱(Car Container)

汽车集装箱专门用来装运小型汽车,其结构特点是无侧壁,仅设有框架和箱底。为了防止汽车在箱内滑动,箱底专门设有绑扎设备和防滑钢板。大部分汽车集装箱被设计成上下两部分,可以装载2层小汽车。

### 9. 动物集装箱(Pen Container or Live Stock Container)

动物集装箱专门用来装运鸡、鸭、猪、牛等活牲畜。为了避免阳光照射,其箱顶和侧壁是用玻璃纤维加强塑料制成的。为了保证箱内有较新鲜的空气,其侧面和端面都有用铝丝网制成的窗,以便通风。动物集装箱都设有喂食口,其侧壁下方还设有清扫口和排水口,并配有上下移动的拉门,可以把垃圾清扫出去。这种集装箱一般应装在船甲板上,便于空气流通和照顾。

### 10. 服装集装箱(Garment Container)

服装集装箱内的上侧梁上装有许多根横杆,每根横杆上垂下若干条皮带扣、尼龙带或绳索,成衣利用衣架上的挂钩直接挂在带扣或绳索上。这种服装装载法属于无包装运输,不仅节约了包装材料和包装费用,而且减少了人工劳动,提高了服装的运输质量。

### 11. 散货集装箱(Solid Bulk Container)

散货集装箱用于装运粉状或粒状货物,如大豆、大米、各种饲料等。在箱顶部设有2个~3个装货口,箱门的下部设有卸货口。使用这种集装箱装运散货,提高了装卸效率和货运质量,同时也减轻了粉尘对人体和环境的侵害。

## （二）按规格尺寸分类

以普通干货箱为例,目前,国际上通常使用的干货箱主要有20ft和40ft两种,具体尺寸见表1-1-1。

表1-1-1 干货箱尺寸

| 类型 | 外观尺寸 | 配货毛重/t | 配货体积/m³ |
| --- | --- | --- | --- |
| 20ft | 20ft ×8ft ×8ft6in | 17.5 | 24～26 |
| 40ft | 40ft ×8ft ×8ft6in | 22 | 54 |
| 40ft 高箱 | 40ft ×8ft ×9ft6in | 22 | 68 |

另外还有35ft、45ft等箱型以满足货主的不同需求。

## （三）按材质分类

集装箱在运输途中经常受到各种外力的作用和环境的影响,因此集装箱的制造材料要有足够的钢度和强度。加上考虑到装卸机械的能力,以及最大限度地利用集装箱的载货能力,所以应尽量采用质量轻、强度高、耐用和维修保养费用低的制造材料。一般一个集装箱往往不是由单一材料做成的,而是以某种材料为主,在箱子的不同结构处采用不同的材料。就其主要材料而言,目前使用的集装箱主要分为钢制、铝合金制、不锈钢制和玻璃钢制几种。

**1. 钢制集装箱**

钢制集装箱强度大,结构牢固,水密性好,能反复使用。其主要缺点是防腐能力差,箱体笨重,相应地降低了装货能力。

**2. 铝合金制集装箱**

铝合金集装箱自重轻,因而提高了集装箱的装载能力,具有较强的防腐能力,弹性好。其主要缺点是造价相当高,焊接性不如钢制集装箱,受碰撞时易损坏。

**3. 不锈钢制集装箱**

一般罐式集装箱多用不锈钢制。这种集装箱耐腐性好,不生锈,强度高。其主要缺点是价格高,投资大。

**4. 玻璃钢制集装箱**

玻璃钢制集装箱强度大,刚性好,具有较高的隔热、防腐、耐化学侵蚀能力,易于清洗,修理简便,维修费较低。其主要缺点是自重大,造价高。

## （四）按所有人分类

集装箱按其所有权可以分为船公司箱、货主箱和出租箱。

**1. 船公司箱**

船公司箱所有权归属船公司,是船公司自行购买,向订舱客户免费提供使用。为了提高集装箱流转效率,一般会约定集装箱的免费使用期,货主对集装箱超期使用要支付一定费用。

**2. 货主箱**

货主箱所有权归属货主本人,是货主自行拥有、供自己的货物运输使用的集装箱。

**3. 出租箱**

出租箱所有权归属专门的集装箱经营公司。这种集装箱一般由船公司在一些特殊时期向集装箱经营公司租赁后再免费提供给订舱客户使用。由于集装箱购置价格比较高,因此各个船公司使用的集装箱一般都有一些是租赁来的。船公司会按照各个时期的业务情况,合理配置船公司自有箱和租赁箱的拥有量。

此外,集装箱还可以按照是否装货分为重箱和空箱。重箱是有货载的集装箱,空箱是无货载的集装箱。

★ **课堂活动**

| 项目 | 任务和结论 |
|---|---|
| 试一试 | 根据不同用途集装箱的特点识别下列图片中所列集装箱的类型 |

## 四、集装箱箱体标识

参与国际货物运输的集装箱,每天往返于世界各条航线。为了保证货运安全,以及执行各国对进出口的管制,这些集装箱必须在加施铅封的状态下运输,相关人员只能通过箱体标识来辨识集装箱。因此为了有效开展集装箱运输必须对集装箱实施标准化。

## （一）国际标准集装箱的尺寸

### 1. 集装箱外部尺寸

目前通用的第一系列集装箱分为 A、B、C、D 四类,其外部尺寸、公差和总重数据见表 1-1-2。

表 1-1-2　第一系列集装箱外部尺寸

| 箱型 | L 尺寸 mm | L 公差 mm | L 尺寸 in | L 公差 in | W 尺寸 mm | W 公差 mm | W 尺寸 in | W 公差 in | H 尺寸 mm | H 公差 mm | H 尺寸 in | H 公差 in | R kg | R lb |
|---|---|---|---|---|---|---|---|---|---|---|---|---|---|---|
| 1AAA |  |  |  |  |  |  |  |  | 2896 |  | 9ft 6in |  |  |  |
| 1AA | 12192 | 0~10 | 40ft | 0~3/8 | 2438 | 0~5 | 8ft | 0~3/16 | 2591 | 0~5 | 8ft 6in | 0~3/16 | 30480 | 67200 |
| 1A |  |  |  |  |  |  |  |  | 2438 |  | 8ft |  |  |  |
| 1AX |  |  |  |  |  |  |  |  | <2438 |  | <8ft |  |  |  |
| 1BBB |  |  |  |  |  |  |  |  | 2896 |  | 9ft 6in |  |  |  |
| 1BB | 9125 | 0~10 | 29ft 11.25in | 0~3/8 | 2438 | 0~5 | 8ft | 0~3/16 | 2591 | 0~5 | 8ft 6in | 0~3/16 | 25400 | 56000 |
| 1B |  |  |  |  |  |  |  |  | 2438 |  | 8ft |  |  |  |
| 1BX |  |  |  |  |  |  |  |  | <2438 |  | <8ft |  |  |  |
| 1CC |  |  |  |  |  |  |  |  | 2591 |  | 8ft 6in |  |  |  |
| 1C | 6058 | 0~6 | 19ft 10.5in | 0~1/4 | 2438 | 0~5 | 8ft | 0~3/16 | 2438 | 0~5 | 8ft | 0~3/16 | 24000 | 52900 |
| 1CX |  |  |  |  |  |  |  |  | <2438 |  | <8ft |  |  |  |
| 1D | 2991 | 0~5 | 9ft 9.75in | 0~3/16 | 2438 | 0~5 | 8ft | 0~3/16 | 2438 | 0~5 | 8ft | 0~3/16 | 10160 | 22400 |
| 1DX |  |  |  |  |  |  |  |  | <2438 |  | <8ft |  |  |  |

第一系列集装箱中,又以 A 类(长度 40ft)和 C 类(长度 20ft)集装箱最为通用。通常将一个 20ft 的集装箱称为一个标准箱(TEU),一个 40ft 的集装箱为 2 个标准箱,一个 30ft 的集装箱为 1.5 个标准箱,一个 10ft 集装箱为 0.5 个标准箱。集装箱的尺寸配合如图 1-1-3 所示。

1A 型长 40ft(12192mm);1B 型长 30ft(9125mm);1C 型长 20ft(6058mm);

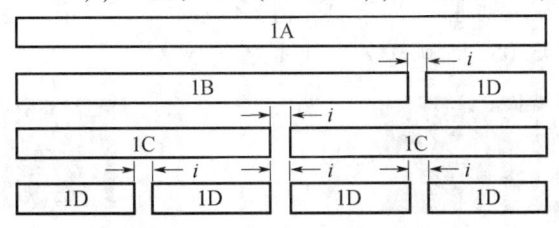

图 1-1-3　集装箱尺寸配合示意图

1D 型长 10ft(2991mm);间距 $i$ 为 3in(76mm)。

其相互间的尺寸关系为

1A = 1B + 1D + $i$;1B = 3D + 2$i$ = 1C + 1D + $i$;1C = 2D + $i$

### 2. 集装箱最小内部尺寸

我国国家标准总局对 IAA 和 ICC 型标准集装箱也制定了最小内部尺寸标准,其数据见表 1 – 1 – 3。

表 1 – 1 – 3　IAA 和 ICC 型标准集装箱最小内部尺寸标准

| 型　号 | 最小内部尺寸/mm |  |  | 最小内部容积/m³ |
| --- | --- | --- | --- | --- |
|  | $H$ | $W$ | $L$ |  |
| 1AA | 2350 | 2330 | 11998 | 65.70 |
| 1CC | 2350 | 2330 | 5867 | 32.12 |

（二）国际标准集装箱的标记

为了更好地开展国际集装箱运输业务,便于集装箱在国际运输中的识别、管理和交接,国际标准化组织制订了《集装箱的代号、识别和标记》国际标准。该标准规定集装箱标记有"必备标记"和"自选标记"两类。

### 1. 必备标记

1) 箱主代号

箱主代号,即集装箱所有人代号,用三个大写字母表示。为防止箱主代号出现重复,所有箱主在使用代号之前应向国际集装箱局(BIC)登记注册。国际集装箱局每半年公布一次箱主代号一览表。

2) 设备识别代号

设备识别代号分别为"U"、"J"和"Z"三个字母。"U"表示集装箱;"J"表示集装箱所配置的挂装设备;"Z"表示集装箱专用车和底盘车。

箱主代号和设备识别代号一般四个字母连续排列。图 1 – 1 – 4 所示为韩进公司所属的集装箱,"HJC"是箱主代号,"U"表示是集装箱。

3) 顺序号

顺序号又称箱号,用 6 位阿拉伯数字表示。如果有效数字不足 6 位,则在前面用"0"补足 6 位。

4) 核对数字标记

核对数字用一位阿拉伯数字表示,列于 6 位箱号之后,置于方框之中。核对数字在集装箱的数据记录或计算机处理时,用于验证箱主代号和顺序号记录是否正确。

图 1 – 1 – 5 中"903305"是顺序号,"⑤"是核对数字。

图 1 – 1 – 4　韩进公司所属的集装箱

图 1 – 1 – 5　数字标记

核对数字的计算方法如下：

(1) 将字母——对应于等效数值，见表1-1-4。

表1-1-4 等效数值对照表

| 顺序号 | 箱 主 代 号 | | | |
|---|---|---|---|---|
| 数字或等效数值 | 字母 | 等效数值 | 字母 | 等效数值 |
| 0 | A | 10 | N | 25 |
| 1 | B | 12 | O | 26 |
| 2 | C | 13 | P | 27 |
| 3 | D | 14 | Q | 28 |
| 4 | E | 15 | R | 29 |
| 5 | F | 16 | S | 30 |
| 6 | G | 17 | T | 31 |
| 7 | H | 18 | U | 32 |
| 8 | I | 19 | V | 34 |
| 9 | J | 20 | W | 35 |
|  | K | 21 | X | 36 |
|  | L | 23 | Y | 37 |
|  | M | 24 | Z | 38 |

(2) 设箱主代号对应的等效数值与顺序号数字依次为 $X_0$、$X_1$、…、$X_9$，则整数 $N$ 计算如下：

$$N = \sum_{i=0}^{9} 2^i \cdot X_i$$

(3) 核对数字 $K$ 为 $N$ 除以 11 后取的余数。若余数为 10，则 $K$ 取值 0。

根据上述方法，验证集装箱 HJCU903305 的核对数字。

① 将箱主代号和顺序号对应到相应的等效数值：

| 箱主代号或顺序号 | H | J | C | U | 9 | 0 | 3 | 3 | 0 | 5 |
|---|---|---|---|---|---|---|---|---|---|---|
| 等效数值 | 18 | 20 | 13 | 32 | 9 | 0 | 3 | 3 | 0 | 2 |

② 计算整数 $N$：

$$N = 2^0 \times 18 + 2^1 \times 20 + 2^2 \times 13 + 2^3 \times 32 + 2^4 \times 9 + \\ 2^5 \times 0 + 2^6 \times 3 + 2^7 \times 3 + 2^8 \times 0 + 2^9 \times 5 = 3646$$

③ 计算核对数字：

$$N/11 = 331 \cdots 5$$

因此，核对数字 $K$ 为 5。

集装箱箱主代码、顺序号、核对数字标记，通称为集装箱箱号。可以根据集装箱箱号在全球范围内唯一识别该集装箱。

### 5) 额定重量和自重标记

额定重量是集装箱设计的最大允许总质量,简称总重。自重是集装箱空箱时的质量。这两项标记在集装箱右侧箱门上同时以千克和磅标示。通用20ft和40ft集装箱额定重量和自重标记如图1-1-6所示。

| MAX.GROSS | 30.480 KG. 67.200 LB. | MAX.GROSS | 24.000 KG. 52.920 LB. |
|---|---|---|---|
| TARE | 4.800 KG. 10.580 LB. | TARE | 2.300 KG. 5.070 LB |

图1-1-6 通用20ft和40ft集装箱额定重量和自重标记

### 6) 空陆水联运集装箱标记

空陆水联运集装箱是指可以在飞机、船舶、卡车、火车之间联运的集装箱,装有顶角件和底角件。为了适用于空运,这种集装箱自重较轻、结构较弱,只能堆码两层。空陆水联运集装箱标记如图1-1-7所示。

该标记表示:第一,陆上运输时,箱上仅能堆码两层;第二,海上运输时,不能在甲板堆码,舱内堆码时,只能在箱上堆装一层。

### 7) 登箱顶触电警告标记

凡装有登箱顶梯子的集装箱,应设"登箱顶触电警告标记"。此标记一般设在罐式集装箱上,位于邻近登箱顶的扶梯上。标记如图1-1-8所示。

### 8) 超高标记

凡超过8ft6in的集装箱必须标出"超高标记"。图1-1-9所示超高标记表示该箱高9ft6in,合2.9m。

图1-1-7 空陆水联运集装箱标记　　图1-1-8 登箱顶触电警告标记　　图1-1-9 超高标记

### ★ 课堂活动

| 项目 | 任务和结论 | | | | |
|---|---|---|---|---|---|
| 试一试 | 请使用箱主代码表,指出下述集装箱箱主 | | | | |
| 结论 | 箱主代码 | 代码 | 箱主 | 代码 | 箱主 |
| | | MSKU | | APLU | |
| | | NYKU | | CMAU | |
| | | COSU | | EVGU | |
| | | CLHU | | MOLU | |
| 验证 | 现有单据上载明集装箱号为NYKU561343☐,请验证该集装箱号是否正确? | | | | |
| 结论 | | | | | |

## 2. 自选标记

### 1）识别标记

识别标记包括尺寸代号和箱型代号。用四位字符表示,如图 1-1-10 所示。

第一位:表示箱长。常用的箱长代码见表 1-1-5。

表 1-1-5　箱长代码

| 箱　长 ||代　码|
|---|---|---|
| mm | ft ||
| 2991 | 10 | 1 |
| 6058 | 20 | 2 |
| 9125 | 30 | 3 |
| 12192 | 40 | 4 |
| 13716 | 45 | L |

图 1-1-10　识别标记

第二位:表示箱高和箱宽。常用的箱高代码见表 1-1-6。

表 1-1-6　箱高代码

| 箱高 | 代码 | 箱高 | 代码 |
|---|---|---|---|
| 8 | 0 | >9ft 6in | 6 |
| 8ft 6in | 2 | 4ft 3ft | 8 |
| 9 | 4 | <4ft | 9 |
| 9ft 6in | 5 |  |  |

第三位和第四位:箱型代码。由一位英文字母和一位数字表示。英文字母表示箱型,数字表示箱型特征。常用的集装箱类型代码见表 1-1-7。

表 1-1-7　箱型代码

| 代码/原代号 | 箱　型 | 箱型群组代码 | 主　要　特　征 | 箱型代码 |
|---|---|---|---|---|
| G/0 | 通用集装箱<br>（无通风装置） | GP | 一端或两端有箱门 | G0 |
| | | | 货物的上方有透气罩 | G1 |
| | | | 一端或两端设有箱门,并且在一侧或两侧亦设"全开式"箱门 | G2 |
| | | | 一端或两端设有箱门并且在一侧或两侧亦设"局部"箱门 | G3 |
| V/1 | 通风式通用集装箱 | VH | 无机械排风装置,但在上、下两侧没有自然通风窗 | V0 |
| | | | 箱内设有机械式通风装置 | V2 |
| | | | 外置式机械通风装置 | V4 |

（续）

| 代码/原代号 | 箱型 | 箱型群组代码 | 主要特征 | 箱型代码 |
|---|---|---|---|---|
| B/2 | 无压干散货集装箱 | BU | 封闭式 | B0 |
| | | | 气密式 | B1 |
| | 承压干散货集装箱 | BK | 水平方向卸货,试验压力150Pa | B3 |
| | | | 水平方向卸货,试验压力265Pa | B4 |
| | | | 倾斜卸货,试验压力150Pa | B5 |
| S/2 | 以货物种类命名的集装箱 | SN | 牲畜集装箱 | S0 |
| | | | 汽车集装箱 | S1 |
| | | | 活鱼集装箱 | S2 |
| R/3 | 保温集装箱 | | | |
| | 机械制冷 | RE | 机械制冷 | R0 |
| | 制冷/加热集装箱 | RT | 机械制冷/加热 | R1 |
| | 自备电源的机械制冷/加热集装箱 | RS | 机械制冷 | R2 |
| | | | 机械制冷/加热 | R3 |
| H/4 | 保温集装箱 | 带挂装式机械制冷/加热装置 | HR | 外置式挂装制冷/加热装置 $K=0.4W/(m^2 \cdot K)$ | H0 |
| | | | 内置式挂装,制冷/加热装置 | H1 |
| | | | 外置式挂装,制冷/加热装置 $K=0.7W/(m^2 \cdot K)$ | H2 |
| | 隔热式集装箱 | HI | 隔热层 $K=0.4W/(m^2 \cdot K)$ | H5 |
| | | | 隔热层 $K=0.7W/(m^2 \cdot K)$ | H6 |
| U/5 | 敞顶式集装箱 | UT | 一端或两端开口 | U0 |
| | | | 一端或两端开口并有活动的上端梁 | U1 |
| | | | 一端或两端以及一侧或两侧开口 | U2 |
| | | | 一端或两端以及一侧或两侧开口并有活动的上梁 | U3 |
| | | | 一端或两端开口以及一侧部分开口和另一侧全部开口 | U4 |
| | | | 全部敞顶,带固定的侧壁(无开门) | U5 |
| P/6 | 平台(和台架式)集装箱 | 上部结构不完整 | PL | 平台集装箱 | P0 |
| | | 固端结构 | PF | 双固端结构 | P1 |
| | | | | 固定角柱,活动侧柱或活动顶结构 | P2 |
| | | 折端结构 | PC | 可折的完整端结构 | P3 |
| | | | | 可折角柱,活动侧柱或活动顶结构 | P4 |
| | | 带完整上部结构的台架式集装箱 | PS | 散顶、敞端(骨架式) | P5 |

(续)

| 代码/原代号 | 箱型 | 箱型群组代码 | 主要特征 | 箱型代码 |
|---|---|---|---|---|
| T/7 | 罐式集装箱 | 非危险性液体货 TN | 最低试验压力45kPa | T0 |
| | | | 最低试验压力150kPa | T1 |
| | | | 最低试验压力265kPa | T2 |
| | | 危险性液体货 TD | 最低试验压力150kPa | T3 |
| | | | 最低试验压力265kPa | T4 |
| | | 气体货物 TG | 最低试验压力400kPa | T5 |
| | | | 最低试验压力600kPa | T6 |
| | | | 最低试验压力910kPa | T7 |
| | | | 最低试验压力2200kPa | T8 |
| | | | 最低试验压力(未定) | T9 |

2) 作业标记

作业标记主要为"国际铁路联盟标记"。国际铁路联盟为了保证集装箱铁路运输的安全,制定了《国际铁路联盟条例》,对集装箱的相关技术条件作了一系列规定,并按规定对集装箱进行检验,验收合格后可获取"国际铁路联盟标记"。中国标记为IC33,其表示方法如图1-1-11所示。

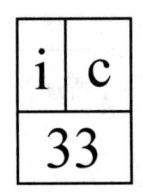

图1-1-11 国际铁路联盟标记

### 3. 通行标记

集装箱通行标记是指集装箱上必须拥有的允许其在各国间通行的牌照,包括安全合格牌照、集装箱批准牌照、检验合格徽等。集装箱在国际运输时,如果不具备通行标记,卸船后将被扣押在码头,经过必要的相关检验,确认符合有关规定后,才会被放行。

★ 课堂活动

| 项目 | 任务和结论 | | | | | |
|---|---|---|---|---|---|---|
| 试一试 | 请使用箱型尺寸代码表,指出下述集装箱箱型 | | | | | |
| 结论 | 代码 | 尺寸 | 箱型及特征 | 代码 | 尺寸 | 箱型及特征 |
| | 45G1 | | | L5B0 | | |
| | 22G0 | | | L5R1 | | |
| | 42G1 | | | 42T0 | | |

## 任务三　集装箱货源组织

### 学习任务书

| 项目 | 任务和结论 |
|---|---|
| 学习目标 | 了解集装箱适箱货源的分布<br>能根据装箱货物的特点，为其选择合适的箱型 |
| 情境描述 | 小王为进口的水果办理完关检手续后将该批货物提走。打开集装箱，小王闻到一股异味，发现箱内水果经长时间海运已经腐烂变质，集装箱内壁也被污染。于是向对方提出索赔。问题出在哪里了呢？进口水果是否应该用集装箱呢，应该用什么样的集装箱运输呢？ |
| 感知 | 干货箱载货　　　　　冷藏集装箱　　　　　台架式集装箱载货 |
| 任务 | 调查集装箱货源，哪些货物适合用集装箱装运，适合用什么样的集装箱？（列举10种以上适箱货物，并说明其适合哪种箱型）<br>举例1种~2种我国主要的出口集装箱货物，调查其货源地及适用箱型 |

集装箱化以后，由于各种不同的集装箱所适合装载的货物有所不同，因此其分类方法具有其特殊性。

（一）按货物适箱程度分类

按货物是否适合集装箱装运分为适箱货物、不适箱货物和临界货物。

**1. 适箱货物**

适箱货物是指这些货物的尺寸、容积与重量都适合装箱。这类货物通常具有装箱效率高、不易受损坏和被盗窃的特点。适宜装箱的货物有食品、药品、玩具、纺织品等。

**2. 不适箱货物**

不适箱货物是指这类货物从技术上看包装和装箱有困难并且不经济。根据货物的性质、体积、重量、形状等不适宜装箱。不适合装箱的货物如矿砂等。

**3. 临界货物**

临界货物是指这类货物从技术上看是可装箱的，但由于价格低廉，从经济角度看，装箱不利。处于临界状态的货物如原木、生铁块等。

随着集装箱运输的发展，装载各种货物的专用集装箱也得到了一定的发展。专用集装箱出现以后，各货种适合装箱的程度也会有所提高。临界货物和不适箱货物将日益减少。

（二）按货物性质分类

按照货物性质可将货物分为普通货物、典型货物和特殊货物。具体分类见表1-1-8。

表 1-1-8 货物分类

| 分类 | | 描述 | 举例 | 适箱性 | | | 适合箱型 |
|---|---|---|---|---|---|---|---|
| | | | | 适箱 | 临界 | 不适箱 | |
| 普通货物 | 清洁货物 | 无特殊要求 | 棉麻制品、玩具 | | | | |
| | 污货物 | 易对其他货物造成影响 | 石墨、樟脑等 | | | | |
| 典型货物 | 箱装货物 | 木箱装载 | 电器、瓷器等 | | | | |
| | 波纹纸板箱货物 | 轻、精致 | 水果、酒、工艺品 | | | | |
| | 捆装货物 | 需捆包 | 羊毛、纸张等 | | | | |
| | 鼓桶类货物 | 铁桶、木桶装 | 油类、糖浆等 | | | | |
| | 袋装货物 | 纸袋、布袋、麻袋 | 奶粉、化学药品 | | | | |
| | 滚筒或卷盘货物 | 卷盘状外包塑料薄膜 | 电缆、卷钢等 | | | | |
| | 长件货物 | 外形尺寸较长 | 原木、管子等 | | | | |
| | 托盘货物 | 货物放在托盘上 | 显示器、纸盒等堆于托盘上 | | | | |
| | 危险货物 | 本身有毒有害 | 易燃液体等 | | | | |
| 特殊货物 | 超高/超长/超宽/超重货物 | 超限 | 重型机械 | | | | |
| | 液体/气体货物 | 需容器盛装 | 葡萄糖、胶乳等 | | | | |
| | 散件货物 | 需集装箱拼装 | 套管、大型设备 | | | | |
| | 散货 | 无包装 | 谷物、矿石等 | | | | |
| | 动植物检疫货物 | 活动物和动物产品 | 猪、羊毛等 | | | | |
| | 冷藏货物 | 恒温保存 | 水果、奶制品等 | | | | |
| | 贵重货物 | 价格昂贵 | 精密仪器、珠宝 | | | | |
| | 易腐货物 | 易腐变质 | 蔬菜、肉类等 | | | | |

（三）按货运形态分类

按照货运形态可将货物分为整箱货和拼箱货。

整箱货（Full Container Load，FCL），是指发货人一次托运的货物数量较多，足以装满一个或多个集装箱。整箱货一般由发货人自行装箱，填制装箱单、场站收据等，并由海关施封。整箱货可以理解为一个发货人、一个收货人的货运形态。

拼箱货（Less then Container Load，LCL），是指发货人一次托运的货物数量较少不足以装满一个集装箱，需要一个或多个发货人的货物共同装在一个集装箱内运输。拼箱货一般由货运站装箱，填制装箱单等，并由海关施封。拼箱货可以理解为一箱货物有几个发货人和几个收货人的货运形态。

★ 课堂活动

| 项目 | 任务和结论 |
|---|---|
| 试一试 | 请根据货物适箱性填制表 1-3-1，判别该类货物的适箱性，并列举适装箱型 |

## ★ 课外活动

请根据要求对集装箱货源进行调查?

| 项 目 | 任 务 和 结 论 |
|---|---|
| 要求1 | 列举10种以上适箱货物,并说明其适箱性 |
| 结论 | |
| 要求2 | 选择其中之一,调查其货源地及适用箱型。说明其运输过程中需要注意的事项 |
| 结论 | |

# 项目二 集装箱运输货方业务操作

## 学习指导书

| 项目 | 任务和结论 |
|---|---|
| 学习目标与总体要求 | • 掌握订舱的主要途径,能通过适当途径查询订舱信息<br>• 了解订舱单的主要格式和内容,能办理订舱手续并填制相关单证<br>• 掌握集装箱提箱程序<br>• 了解集装箱检验主要项目<br>• 掌握集装箱配载方法,掌握不同货物的装箱方法<br>• 了解集装箱及集装箱货物的关/检要求<br>• 掌握集装箱货物交接的方式,能根据贸易合同的要求,正确选择交接地点和交接方式<br>• 掌握集装箱货物进出口交接所使用的单据(场站收据/交货记录)<br>• 能办理集装箱货物交接手续 |
| 重难点提要 | • 订舱业务流程<br>• 空箱提箱业务程序<br>• 箱体查验的方法和内容<br>• 集装箱货物装载<br>• 集装箱及其所载货物进出境关检手续<br>• 集装箱货物的交接类型和交接方式<br>• 不同交接方式下各相关方的货损、箱损责任划分<br>• 集装箱货物运输主要单据的填制和交接 |

## 模块一 订 舱

### 任务一 选择订舱方式

**学习任务书**

| 项目 | 任务和结论 |
|---|---|
| 学习目标 | 根据合同内容分析运输要求<br>了解并选择订舱方式 |
| 情境描述 | 南京×××纺织品进出口公司A与美国纽约某公司签订合同,出口一批"女式针织短衬衫",销售合同号为21SSG-017,数量为120纸箱,毛重2584kg,净重为2550kg,总金额24250美元。起运港为上海,进口港为美国纽约,采用集装箱运输方式。<br>南京×××纺织品进出口公司A是坐落在中国南京×××路20号的一家纺织企业,主要从事棉纺织品的进出口业务,与世界各国及港澳地区有多年的业务联系。其电话为86-25-12345678,传真为86-25-12345678。(附合同主要条款)<br>假设你是该纺织品进出口公司A物流部员工,请为该批货物办理出口订舱手续 |

(续)

| 项目 | 任 务 和 结 论 |
|---|---|
| 感知 | 船公司　　　　　　货代公司　　　　　　集装箱运输 |
| 任务 | 查找并归纳有哪些主要的集装箱运输企业,我国集装箱运输企业中排名前20强的有哪些<br>查询并归纳南京地区有哪些货代企业<br>查询并分析货主可以采用的订舱方式有哪些,根据合同内容分析运输要求和订舱方式 |

附:合同主要条款

卖　　方:___南京×××纺织品进出口公司 A___

地　　址:_____ 邮码:_____ 电话:_____

法定代表人:_____ 职务:_____

买　　方:___纽约 B 公司___

地　　址:_____ 邮码:_____ 电话:_____

法定代表人:_____ 职务:_____

卖方与买方在平等、互利基础上,经双方协商一致同意按下列条款履行,并严格信守。

第一条　货物名称、规格、包装及唛头:55%纤维,45%棉的女式针织短衬衫(LADIES'S 55% ACRYLIC 45% COTTON KNITTED BLOUSE)

第二条　数量、单价、总值:500DOZS/258kg,CIF USD24250

第三条　装运期限:2012年12月前

第四条　装运口岸:上海

第五条　目的口岸:纽约

第六条　保险:由卖方按发票金额110%投保。

第七条　付款条件:买方应通过买卖双方同意的银行,开立以卖方为受益人的、不可撤销的、可转让和可分割的、允许分批装运和转船的信用证。该信用证凭装运单据在出口国的中国银行见单即付。

该信用证必须在2012年10月1日前开出,有效期为装船后15天在出口国到期。

第八条　单据:卖方应向银行提供已装船清洁提单、发票、装箱单/重量单;如果本合同按CIF条件,应再提供可转让的保险单或保险凭证。

第九条　装运条件:

1. 载运船只由卖方安排,允许分批装运并允许转船。

2. 卖方于货物装船后,应将合同号码、品名、数量、船只、装船日期以电报通知买方。

第十条　品质和数量/重量的异议与索赔:货到目的口岸后,买方如发现货物品质及/或数量/重量与合同规定不符,除属于保险公司及/或船公司的责任外,买方可以凭双方同意的检验机构出具的检验证明向卖方提出异议。品质异议须于货到目的口岸之日起30天内提出,数量/重量异议须于货到目的口岸之日起15天内提出,卖方应于收到异议后30天内答复买方。

第十一条　不可抗力:由于不可抗力使卖方不能在本合同规定期限内交货或者不能交货,卖方不负责任。但卖方必须立即电报通知买方。如果买方提出要求,卖方应以挂号函向买方提供由有关机构出具的事故的证明文件。

第十二条　因执行本合同有关事项所发生的一切争执,应由双方通过友好方式协商解决。如果不能取得协议时,则在被告国家根据被告国家仲裁机构的仲裁程序规则进行仲裁。仲裁决定是终局的,对双方具有同等的约束力,仲裁费用除非仲裁机构另有决定外,均由败诉一方负担。

## 一、集装箱运输承运人

### （一）泛大西洋轮船公司开启集装箱海上运输

集装箱运输始现于陆上运输形式，当其进入海上货物运输后，实现了其突飞猛进的发展。早在1880年，美国正式试制了第一艘内河用的集装箱船，在密西西比河试航，但这种新型的水路集装箱运输方式没有被人们接受。直到1957年10月，泛大西洋轮船公司将6艘C-2型件杂货轮船改装成了带有箱格的全集装箱，航行于纽约至休斯顿航线，标志着海上集装箱运输方式正式开始。

1960年，美国泛大西洋轮船公司改名为海陆运输公司；1999年，海路公司与丹麦马士基合并；2005年，马士基集团并购铁行渣华，成为集装箱业务量全球市场份额最高的船公司。

### （二）集装箱运输企业百花齐放

1966年至1971年为集装箱运输发展的成长期。这一时期除了海陆公司，还出现了一大批集装运输承运人。美国马托松公司开辟了夏威夷航线，并将一艘名为"夏威夷殖民者"号的全集装箱船投入到日本至北美太平洋沿岸的国际远洋航线。其后，日本有6家轮船公司在日本至美国加利福尼亚之间开展集装箱远洋运输。日本与欧洲各国的轮船公司也先后在日本、欧洲、美国、澳大利亚等国家和地区之间开展集装箱运输。

1971年至20世纪80年代末为集装箱运输发展的扩展期。在这一时期，集装箱运输越来越多地受到世界各国货主、船公司、港口及其他有关部门的欢迎，集装箱国际远洋运输航线从欧美扩展到东南亚、中东及世界各主要航线。世界各国普遍建设了集装箱专用码头，出现了第二代集装箱专用船舶，各项集装箱专用设备不断现代化。

20世纪80年代末以来，集装箱运输发展进入成熟期。集装箱运输业务在全世界得到普及，各项设施设备和管理手段日臻完善。世界集装箱船舶运力大量增加，单船规模不断增大。集装箱船舶由第二代2000TEU经过了第三代3000TEU、第四代4000TEU、第五代5000TEU、第六代6000TEU、第七代7000TEU、第八代8000TEU及以上，目前世界最大的集装箱船舶总箱位达到14028TEU。

与此同时，世界船公司之间的竞争也越来越激励。20世纪90年代以来，航运企业由单纯的竞争走向战略合作，以此谋求更大的发展，有记载的兼并案例已达30多次。

★ **课堂活动**

| 项目 | 活动内容与结论 |
| --- | --- |
| 查一查 | 请说出几个你所知道的集装箱船公司。参考网络和资料，指出目前世界排名前20的集装箱船公司名称及代码 |
| 结论 | |
| 思考 | 试分析集装箱船公司之间的合作可以通过哪些途径展开？集装箱船公司如何与货主保持业务沟通？ |

## 二、集装箱运输代理人

代理制度是随着社会经济的发展而逐步形成和发展起来的。由于人们社会经济活动规模、范围的不断扩大,参加各种活动的各方当事人很难再对所从事的活动有全面的了解,因此需要一些精通某些业务并与这些业务所涉及的方方面面有着广泛联系的人,代为处理一些具体业务。代理行业、代理制度以及运输代理、船舶代理等各类代理人随之建立并发展起来。

集装箱运输代理主要有集装箱船舶代理和集装箱货运代理两类。

集装箱运输代理人在代理权限内以被代理人的名义与第三人实施民事法律行为,而由被代理人对代理人的代理行为承担民事责任。因此集装箱运输代理人在实施代理行为前必须与被代理人签订委托代理合同并取得代理权,代理人的代理行为必须在代理权限范围内以被代理人的名义进行,并符合被代理人的利益。

（一）集装箱船舶代理人

集装箱船舶代理业务是国际船舶代理业务的一种,它是随着国际集装箱运输的发展而发展起来的。当国际集装箱船舶航行到境外港口时,船舶所有人、承租人或经营人（如国际集装箱班轮公司）因为条件限制,一般不可能直接照管该船舶的营运业务。此外,为了保证国际集装箱船舶正常营运的需要,集装箱班轮公司还必须在航线两端的港口腹地配备至少相当于该集装箱船舶载箱能力的集装箱,而这些集装箱在港口及腹地始终处于动态分布。因此,为了妥善地照管其在境外的船、箱营运业务,集装箱班轮公司通常会采用两种方法:一是在有关港口设立分支机构,处理船箱在港业务;二是委托当地船舶代理人代办船舶在港的一切业务。

集装箱船舶代理业务主要包括对国际集装箱运输及有关的船舶和船用集装箱的代理业务。具体地说,集装箱船舶代理就是集装箱船舶代理人接受集装箱船舶所有人、船舶承租人或者船舶经营人的委托,在授权范围内代表委托人（被代理人）办理与在港船舶有关的业务并提供其他有关服务的代理行为。

对集装箱班轮公司来说,委托当地的船舶代理人代办有关业务显然是比较经济有效的。当地的船舶代理人不仅对本港的情况,所在国的法律法规、风俗习惯都比较熟悉,对当地贸易部门、港口装卸企业、理货公司、货运代理人、各运输部门、仓储企业以及海关、检验、边防、银行、保险和海事组织等部门也比较了解。在长期从事代理工作中,集装箱船舶代理人还积累了丰富的经验,往往能比集装箱班轮公司自己的分支机构或船长更经济有效地安排和处理船舶在港的各项业务。

（二）集装箱货运代理人

集装箱货运代理是国际货运代理的主要业务之一。事实上,并没有专门从事集装箱货运代理的运输代理人,因此,严格来说,集装箱货运代理人指的是从事集装箱货运代理业务的国际货运代理人。

一般意义上,集装箱货运代理人在相关业务范围内作为货主的代理人,依据货主的指示,代为安排运输,完成货物的仓储、报关、检验、交付等事宜,并向货主收取相应报酬,它不是承运人,不承担运输责任。

然而实践中,国际货运代理行业在近几十年的发展中发生了很大的变化。许多货运代理人拥有自己的运输工具,签发提单,开展各种物流业务,具有了承运人的特点。还有一些货运代理人,他们把来自货主手中的小批量货物整合成大批量装载,然后利用公共承运人进行运输;在目的地,他们再把大批量装载进行拆分,向收货人交付。货运代理人对所承揽货物的运输承担全部责任。在这种情况下,货运代理人已经成为运输经营人或无船承运人。

经过长期的发展,货运代理人已经成为交通运输业中不可缺少的重要角色。据估计,有70%～80%的集装箱货物运输通过国际货运代理完成。

国际货运代理协会联合会(FIATA)于1926年5月在奥地利维也纳成立。FIATA致力于促进和统一国际货运代理标准交易条件、改进和提高服务质量、协助货运代理职业训练等,世界范围内的全国性或地区性的货运代理组织及相关组织以会员形式加入FIATA。

中国国际货运代理协会(CIFA)成立于2000年9月。CIFA作为政府和会员间联系的纽带,为加强我国货运代理行业管理、维护货运代理经营秩序、推动横向交流与合作、促进对外贸易和国际货运代理行业发展做出了重要贡献。

## ★ 课堂活动

| 项目 | 任务和结论 |
| --- | --- |
| 了解一下 | 知道你所在地区有哪些船舶代理人吗?<br>了解一下集装箱船舶代理人的主要业务范围 |
| 结论 | |
| 了解一下 | 知道你所在地区有哪些货运代理人吗?<br>了解一下集装箱货运代理人的主要业务范围 |
| 结论 | |
| 讨论 | 在货主、集装箱船公司、集装箱船舶代理人、集装箱货运代理人当事人的情况下,试分析货主可以采取哪些途径向船公司订舱? |
| 结论 | |

# 任务二　办理订舱手续

## 学习任务书

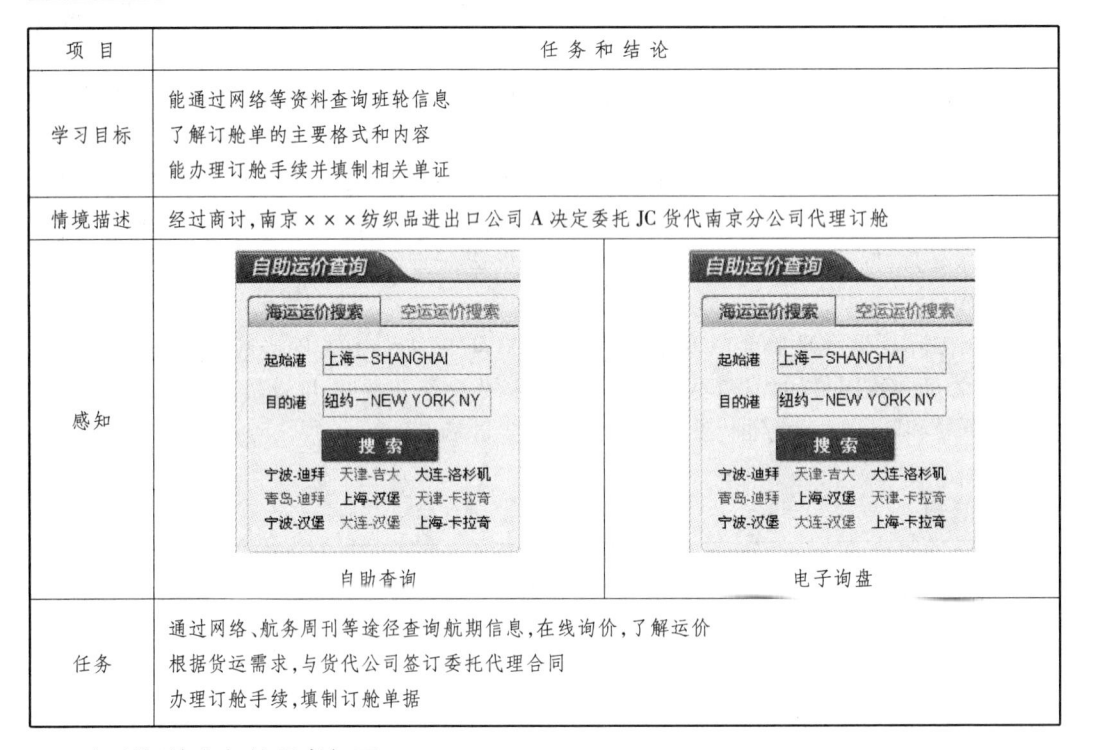

| 项　目 | 任　务　和　结　论 |
| --- | --- |
| 学习目标 | 能通过网络等资料查询班轮信息<br>了解订舱单的主要格式和内容<br>能办理订舱手续并填制相关单证 |
| 情境描述 | 经过商讨,南京×××纺织品进出口公司A决定委托JC货代南京分公司代理订舱 |
| 感知 | 自助查询　　　　　　　　　　　　　电子询盘 |
| 任务 | 通过网络、航务周刊等途径查询航期信息,在线询价,了解运价<br>根据货运需求,与货代公司签订委托代理合同<br>办理订舱手续,填制订舱单据 |

办理订舱业务的程序如下。

**1. 建立货代关系**

货物托运前,发货人首先需要通过网络或向其他同行询问,了解货物运价,比较货代公司的业务能力,选定货代公司。

选定货代公司后,接着就要与其建立业务联系,签订托运委托书,向货代公司授权。

**2. 申请订舱**

货代公司接受委托后,根据货主提供的有关贸易合同或信用证条款规定,在货物出运前的一定时间内,向船公司或船代办理订舱手续,填制订舱单。

**3. 订舱审核及确认**

船公司或船代接到托运申请后,综合考虑运输要求、船舶、航线、港口、运输时间等条件。如果各方面条件能够满足客户需求,承运人将向客户发送回执,提供集装箱运输"十联单"。

货主或货代按照要求填制"十联单",留下第1联(发货人留底联),将其余9联送船公司或船代办理正式订舱。

船公司或船代接受"十联单"第2~10联,编号后留存第2(船代留底联)、第3和第4联(运费计收联),并在第5联(关单联)上盖章表示确认订舱,然后将第5~10联退还货主或货代。

集装箱场站收据"十联单"的组成。

场站收据是集装箱运输重要的出口单证。与件杂货运输使用的单据相比，场站收据是一份综合性单证，它将货物托运单、装货单、大幅收据、配舱回单等单证汇成一份，大大提高了集装箱货物托运及流转效率。场站收据的功能，通常情况下可以描述为以下几点。

（1）船公司或船代确认订舱并在场站收据上加盖有报关资格的单证章后，将场站收据交给托运人或货代，意味着运输合同开始执行。

（2）是出口货物报关的凭证之一。

（3）是承运人已收到货运货物并对货物开始负有责任的证明。

（4）是换取提单的凭证。

（5）是船公司、港口组织装卸、理货、配载的资料。

（6）是运费结算的依据。

（7）如信用证中有规定，还可作为向银行结汇的单证。

场站收据的组成格式及在各港站的使用有所不同，这里以其中一种"十联单"为例说明其组成。

◇ 第一联　集装箱货物托运单——货主留底
◇ 第二联　集装箱货物托运单——船代留底
◇ 第三联　运费通知(1)
◇ 第四联　运费通知(2)
◇ 第五联　场站收据副本——装货单(关单联)
◇ 第六联　场站收据副本——大副联
◇ 第七联　场站收据(正本联)
◇ 第八联　货代留底
◇ 第九联　配舱回单(1)
◇ 第十联　配舱回单(2)

海运出口货运代理委托书见表2-1-1，集装箱托运单见表2-1-2。

★ **课堂活动**

| 项目 | 任务和结论 |
| --- | --- |
| 试一试 | 登录物流网络(例如：锦程物流网 http://www.95105556.com；中国航贸网 http://www.snet.com.cn)或利用航务周刊等资料，调查了解航线及运价信息：<br>(1) 例举经营"上海—纽约"航线的船公司？<br>(2) 航线挂靠港有哪些？<br>(3) 例举"上海—纽约"一周的航班信息？<br>(4) 例举"上海—纽约"的运价信息 |
| 结论 | |
| 讨论 | 总结归纳订舱流程，思考订舱过程中需要的单据 |
| 做一做 | 根据本项目所给合同资料，以上海纺织品进出口公司的名义与上海锦程物流公司签订"海运出口货运代理委托书"，并填制集装箱运输托运单 |

表 2-1-1　海运出口货运代理委托书

委托日期　　年　月　日

| 委托单位名称 | | | | | | |
|---|---|---|---|---|---|---|
| 提单 B/L 项目要求 | 发货人：<br>Shipper： | | | | | |
| | 收货人：<br>Consignee： | | | | | |
| | 通知人：<br>Notify Party： | | | | | |
| 海洋运费(√)<br>Ocean fieaht： | 预付 或 到付<br>Prepaid or Collect： | | 提单份数 | | 提单寄送地址 | |
| 起始港 | 目的港 | | | | 可否转船 | 可否分批 |
| 集装箱预配数 | 20′× | | 40′× | | 装运期限 | 有效期限 |
| 标记唛头 | 件数及包装式样 | 中英文货号<br>Description of goods<br>(In Chinese & Engalish) | | 毛重<br>（公斤） | 尺码<br>（立方米） | 成交条件<br>（总价） |
| | | | | 特种货物<br>□ 冷藏品<br>□ 危险品 | 重件:每件重量 | |
| | | | | | 大　件：<br>（长×宽×高） | |
| 内装箱(CFS)地址 | | | | 货物报关、报检(√)　自理 或 委托 | | |
| 门对门装箱点 | 地址 | | | 货物备妥日期 | | |
| | 电话 | | 联系人 | 货物进栈(√)　自送 或 派车 | | |
| 随附单证份 | 出口货物报关单 | | 商业发票 | 委托方 | 委托人 | |
| | 出口收汇核销单 | | 装箱清单 | | 电话 | |
| | 进来料加工手册 | | 出口许可证 | | | |
| | 原产地说明书 | | 出口配额证 | | 传真 | |
| | 危险货物说明书 | | 商检证 | | | |
| | 危险货物包装证 | | 动植物检疫证 | | 地址 | |
| | 危险货物装箱申明书 | | | | | |
| 备注 | | | | | 委托单位盖章 | |

表2-1-2　集装箱托运单

| Shipper（发货人） | | | D/R No.（编号） | | |
|---|---|---|---|---|---|
| Consignee（收货人） | | | 集装箱货物托运单<br>货主留底<br>第一联 | | |
| Notify Party（通知人） | | | | | |
| Pre-Carriage By（前程运输） | Place of Receipt | （收货地点） | | | |
| Ocean Vessel（船名） | Voy.No.（航次）Port of Loading | （装货港） | | | |
| Port of Discharge（卸货港） | Place of Delivery | （交货地点） | Final Destination for the Merchant's Reference（目的地） | | |
| Container No.<br>（集装箱号） | SealNo.（封志号）<br>Marks & Nos.<br>（标记与号码） | No.of containers<br>or P'kgs<br>（箱数或件数） | Kind of Packages;<br>Description of Goods<br>（包装种类与货名） | Gross Weight<br>毛重/kg | Measurement<br>尺码/$m^3$ |
| Particulars Furnished by Merchants（托运人提供详细情况） | | | | | |
| TOTAL NUMBER OF CONTAINERS OR PACKAGES(IN WORDS)<br>集装箱数或件数合计（大写） | | | | | |
| FREIGHT & CHARGES<br>（运费与附加费） | Revenue Tone<br>（运费吨） | Rate（运费率）<br>Per（每） | Prepaid（运费预付） | Collect（到付） | |
| Ex Rate<br>（兑换率） | Prepaid at（预付地点） | Payable at（到付地点） | Place of issue（签发地点） | | |
| | Total Prepaid（预付总额） | No. of Original B(s)/L（正本提单份数） | | | |
| Service Type on Receiving<br>□ - CY, □ - CFS, □ - DOOR | | Service Type on Delivery<br>□ - CY, □ - CFS, □ - DOOR | Reefer Temperature Requited<br>（冷藏温度） °F °C | | |
| TYPE OF GOODS<br>（种类） | □ Ordinary（普通）　□ Reefer（冷藏）　□ Dangerous（危险品）　□ Auto（裸装车辆）<br>□ Liquid（液体）　□ Live Animal（活动物）　□ Bulk（散货）　□_____ | | 危险品 | Class<br>Property<br>IMDG Code Page<br>UN NO | |
| 可否转船：<br>装　期：<br>金　额：<br>制单日期： | 可否分批：<br>效　期： | | | | |

# 模块二　提箱装货

## 任务一　办理集装箱空箱提箱业务

**学习任务书**

| 项目 | 任务和结论 |
|------|-----------|
| 学习目标 | 掌握集装箱空箱提箱程序<br>掌握集装箱设备交接单的内容和使用方法 |
| 情境描述 | 南京×××纺织品进出口公司向JC货代公司委托订舱。定ZY船公司"亚洲/美东"航线，船名：BOSPORUS BRIDGE，航次：094E/W，起运港：上海，目的港：纽约，集装箱号C××U 3455344，提单号：C×××010382，铅封号：C14937×××，20ft通用箱，免费使用期7天。委托DY集卡公司提箱，运载工具牌号：苏A24×××。确认订舱后，业务员小王负责联系集卡到指定堆场办理集装箱空箱提箱业务 |
| 感知 | 集装箱堆场　　　检查口　　　提箱场地 |
| 任务 | 针对所提供货物，核算集装箱需求量<br>与船公司联系领取设备交接单<br>与集卡公司联系，落实提箱及装货时间等事项<br>与堆场办理提箱交接手续 |

## 一、集装箱空箱提箱业务

### （一）集装箱空箱提箱地点

集装箱空箱提箱是集装箱发放与交接的业务之一。集装箱发放与交接业务主要在集装箱堆场和集装箱货运站完成。

**1. 集装箱堆场（Container Yard, CY）**

集装箱堆场，也叫场站，是办理集装箱重箱或空箱装卸、转运、保管、交接的重要场所。对于海运集装箱而言，堆场是出口箱集港装船和进口箱卸船交付的必经之处。

集装箱堆场有多种类型。

集装箱前方堆场是集装箱码头靠近水域一侧暂时堆放集装箱的场地，合理利用前方堆场可以加速船舶装卸作业。

集装箱后方堆场是集装箱码头靠陆域一侧堆放集装箱的场地，也是集装箱重箱或空箱进行交接、保管和堆存的主要场所。

空箱堆场是专门办理空箱收集、保管、堆存或交接的场地,集装箱空箱提箱业务主要在空箱堆场办理。

**2. 集装箱货运站(Container Freight Station,CFS)**

集装箱货运站,是为拼箱货装箱和拆箱的船、货双方办理交接的场所。出口拼箱货在货运站装箱后,由货运站送往集装箱堆场,准备装船;进口拼箱货卸船后,由货运站提重箱,拆箱理货后分拨给收货人。

一般来说,集装箱提空箱业务主要在空箱堆场办理。整箱货物由货主自行提箱装货,拼箱货物由货运站提空箱后组织货主装货。

(二)集装箱空箱提箱程序

集装箱空箱的发放与交接,应依据"订舱单"等相关单据中列明的集装箱交付条款,实施"集装箱设备交接单"制度。其业务程序可以描述如下:

(1)货方订舱取得提单号,货方凭提单号到船方指定地点领取设备交接单(两份),同时还会发给铅封,装货完毕,加封在集装箱门上。

(2)联系集卡公司,将设备交接单交集卡司机,安排提箱。

(3)集卡司机按时到指定堆场,将其中一份设备交接单(提箱用)交到检查口。

(4)检查口业务员将相关信息输入系统,通知堆场操作人员,安排提箱场位和集装箱号码,并告知集卡司机。

(5)集卡司机空车进闸,到指定地点向堆场理货员提取空箱后返回检查口。

(6)集卡司机与检查口业务员办理集装箱查验、缮制设备交接单等设备交接手续。

(7)检查口业务员核对集装箱信息,双方在设备交接单上签字确认。

(8)集卡司机提空箱出闸,到指定装货地点准备装货。

★ **课堂活动**

| 项 目 | 任 务 和 结 论 |
| --- | --- |
| 试一试 | 请分析南京×××纺织品进出口公司空箱提箱业务所涉及的相关方及其主要业务 |
| 结 论 | |

## 二、集装箱设备交接单

设备交接单(Equipment Interchange Receipt,E/R or EIR),是集装箱进出港口、场站时集装箱所有人与使用人之间交接集装箱及设备的凭证,是集装箱运输的基本单证之一。

设备交接单既是管箱人发放/回收集装箱(或用箱人提取/还回集装箱)的凭证,也是证明双方交接时集装箱状态的凭证及划分双方责任、义务和权利的依据,同时又能帮助集装箱所有者掌握集装箱分布动态,加强箱务管理。在集装箱运输各环节交接时均应制作并签收设备交接单。此单证通常由箱主或其代理人签发给用箱人,用箱人据此向场站领取或送还集装箱及设备。

## (一)设备交接单的组成

各类管箱人(集装箱船公司、租赁公司等)一般都印制自己的设备交接单,其内容大同小异,都分为出场(OUT)和进场(IN)两种。这两种设备交接单都各有3联,分别如下:

第1联:箱主或箱管代理留底联　　白色
第2联:码头或堆场联　　　　　　红色
第3联:用箱人或运箱人联　　　　橘黄色

## (二)设备交接单的内容及缮制

集装箱设备交接单的正面填写内容主要有用箱人/运箱人、提箱地点、发往地点、返回/收箱地点、船名/航次、集装箱号、铅封号、提单号、进出场状态、进出场检查记录等。其背面印有划分管箱人和用箱人之间责任的使用或租用集装箱合同条款。条款的主要内容有使用方、用集装箱期间的费用、损坏或丢失时的责任划分、对第三者造成损害时的赔偿责任等。

### 1. 用箱人/运箱人栏

此栏由船舶代理人填写,列明责任方或委托方。

"责任方"是指对集装箱使用过程中的灭失、损坏负有赔偿责任并负责支付集装箱超期使用费用的一方,或与海上承运人或其代理人签订集装箱使用合同的一方。他们可以是货方或其代理人或受其委托的内陆(水路、公路、铁路)承运人,或根据委托关系向海上承运人或其代理人提供集装箱检验、修理、清洗、租赁、堆存等服务的单位。

"委托方"系指委托"责任方"进行内陆运输的一方。他们可以是货方或货方代理人,也可以是内陆(水路、公路、铁路)承运人。"责任方"可要求船方或其代理人将"委托方"列明于本栏内。

### 2. 提箱地点栏

此栏填报待提集装箱所在堆场名称。

进口拆箱由船舶代理人填写,出口装箱由港区、场/站填写,因检验、修理、清洗、租赁、堆存、转运出口而提离有关港区、场/站的空箱由船舶代理人填写。

### 3. 发往地点栏

此栏进口拆箱由船舶代理人填写,出口装箱由运箱人填写。

该栏是实施集装箱动态管理的重要栏目。船舶代理人通过对该栏目信息的计算机统计分析,能随时掌握口岸集装箱的分布情况,为生产和管理提供决策依据。

### 4. 来自地点栏

此栏进口拆箱由船舶代理人填写,出口装箱由运箱人填写。

### 5. 返回/收箱地点栏

此栏进/出口全部由船舶代理人填写。

用箱人/运箱人或港区、场/站必须严格按《集装箱设备交接单》规定的地点还箱、收箱。收箱地点必须符合《上海口岸国际集装箱场/站管理办法实施细则》的规定向用箱人/运箱人提供服务。

### 6. 船名/航次栏

此栏进出口全部由船舶代理人填写。

**7. 集装箱箱号栏**

此栏进口拆箱由船舶代理人填写，出口装箱除指定箱号外，由港区、场/站填写。

**8. 尺寸/类型栏**

此栏进出口全部由船舶代理人填写。

**9. 营运人栏**

此栏进出口全部由船舶代理人填写。

营运人栏是港区、场/站对集装箱进行管理的主要依据。凡《集装箱设备交接单》签发后，营运人发生变更的，必须由船舶代理人及时通知港区、场站。

**10. 提单号栏**

此栏进口拆箱由船舶代理人填写，出口装箱由运箱人要求装箱点填写。

凡货运站交付或拼箱交货的进/出口集装箱，只需在该栏内列明一票提单号码。

**11. 铅封号栏**

此栏进口拆箱由船舶代理人填写，出口装箱由运箱人要求装箱点填写。

**12. 免费使用期栏**

此栏进/出口全部由船舶代理人填写。

**13. 运载工具牌号栏**

进出口全部由运箱人填写。

此栏填写时必须列明内陆承运人单位简称及承运车辆牌号。

**14. 出场目的/状态栏**

此栏由船舶代理人填写。

**15. 进场目的/状态栏**

此栏由船舶代理人填写。

**16. 出场日期栏**

此栏由港区、场/站道口填写。

填写时必须按 24h 写法。

**17. 进场日期栏**

此栏由港区、场/站道口填写。

**18. 出场检记录查栏**

此栏由运箱人与港区、场/站道口工作人员联合检查，如有异状，由港区、场/站道口工作人员注明程度及尺寸。

**19. 进场检查栏记录**

此栏由运箱人与港区、场/站道口工作人员联合检查，如有异状，由港区、场/站道口工作人员注明程度及尺寸。

集装箱进出场责任划分，交接前由交方承担，交接后曲接方承担。

**20. 用箱人/运箱人签署栏**

此栏由运箱人签署。姓名应写全名。

**21. 码头/堆场值班员签字栏**

此栏由港区、场/站道口工作人员签署。姓名应写全名。

集装箱发放/设备交接单的正面样式见表 2-2-1 和表 2-2-2。

表 2-2-1　集装箱发放/设备交接单(1)

# 中国××××××外轮代理有限公司
## CHINA OCEAN SHIPPING AGENCY ××××××

### 集装箱发放/设备交接单　　　IN 进场
### EQUIPMENT　INTERCHANGE　RECEIPT

NO.

| 用箱人/运箱人(CONTAINER USER/HAULIER) || 提箱地点(PLACE OF DELIVERY) ||
|---|---|---|---|
| 来自地点(WHERE FROM) || 返回/收箱地点(PLACE OF RETURN) ||
| 船名/航次(VESSEL/VOYAGE NO.) | 集装箱号(CONTAINER NO.) | 尺寸/类型(SEZE/TYPE) | 营运人(CNTR. OPTR) |
| 提单号(B/L NO.) | 铅封号(SEAL NO.) | 免费期限(FREE TIME PERIOD) | 运载工具牌号(TRUCK. WAGON. BARGE NO.) |
| 出场目的/状态(PPS OF GATE-OUT/STATUS) | 进场目的/状态(PPS OF GATE-IN STATUS) || 进场日期(TIME-OUT) 月　日　时 |

进场检查记录(INSPECTION AT THE TIME OF INTERCHANGE.)

| 普通集装箱(GP CONTAINER) | 冷藏集装箱(RF CONTAINER) | 特种集装箱(SPECIAL CONTAINER) | 发电机(GEN SET) |
|---|---|---|---|
| □ 正常(SOUND)<br>□ 异常(DEFECTIVE) | □ 正常(SOUND)<br>□ 异常(DEFECTIVE) | □ 正常(SOUND)<br>□ 异常(DEFECTIVE) | □ 正常(SOUND)<br>□ 异常(DEFECTIVE) |

损坏记录及代号(DAMAGE & CODE)

| BR 破损(BROKEN) | D 凹损(DENT) | M 丢失(MISSING) | DR 污箱(DIRTY) | DL 危标(DG LABEL) |

左侧(LEFT SIDE)　右侧(RIGHE SIDE)　前部(FRONT)　集装箱内部(CONTAINER INSIDE)

顶部(TOP)　底部(FLOOR BASE)　箱门(REAR)　如有异状,请注明程度及尺寸(REMARK)

除列明者外,集装箱及集装箱设备交接时完好无损,铅封完整无误
THE CONTAINER/ASSOCIATED EQUIPMENT INTERCHANGED IN SOUNDCONDITION AND SEAL INTACE UNLESS OTHERWISE STATED

用箱人/运箱人签署　　　　　　　　　码头/堆场值班员签署
(CONTAINER USER'S SIGNATURE)　　(TERMINAL/DEPOT CLERK'S SIGNATURE)

表2-2-2 集装箱发放/设备交接单(2)

# 中国××××××外轮代理有限公司
## CHINA OCEAN SHIPPING AGENCY××××××

### 集装箱发放/设备交接单  OUT 进场
### EQUIPMENT INTERCHANGE RECEIPT

NO.

| 用箱人/运箱人(CONTAINER USER/HAULIER) | 提箱地点(PLACE OF DELIVERY) |
|---|---|
| | |
| 发往地点(DELIVERED TO) | 返回/收箱地点(PLACE OF RETURN) |
| | |

| 船名/航次(VESSEL/VOYAGE NO.) | 集装箱号(CONTAINER NO.) | 尺寸/类型(SEZE/TYPE) | 营运人(CNTR. OPTR) |
|---|---|---|---|
| | | | |

| 提单号(B/L NO.) | 铅封号(SEAL NO.) | 免费期限(FREE TIME PERIOD) | 运载工具牌号(TRUCK. WAGON. BARGE NO.) |
|---|---|---|---|
| | | | |

| 出场目的/状态(PPS OF GATE-OUT/STATUS) | 进场目的/状态(PPS OF GATE-IN STATUS) | 进场日期(TIME-OUT) |
|---|---|---|
| | | 月　日　时 |

### 出场检查记录(INSPECTION AT THE TIME OF INTERCHANGE.)

| 普通集装箱(GP CONTAINER) | 冷藏集装箱(RF CONTAINER) | 特种集装箱(SPECIAL CONTAINER) | 发电机(GEN SET) |
|---|---|---|---|
| □ 正常(SOUND)<br>□ 异常(DEFECTIVE) | □ 正常(SOUND)<br>□ 异常(DEFECTIVE) | □ 正常(SOUND)<br>□ 异常(DEFECTIVE) | □ 正常(SOUND)<br>□ 异常(DEFECTIVE) |

损坏记录及代号(DAMAGE & CODE)　　BR 破损(BROKEN)　　D 凹损(DENT)　　M 丢失(MISSING)　　DR 污箱(DIRTY)　　DL 危标(DG LABEL)

左侧(LEFT SIDE)　　右侧(RIGHE SIDE)　　前部(FRONT)　　集装箱内部(CONTAINER INSIDE)

顶部(TOP)　　底部(FLOOR BASE)　　箱门(REAR)　　如有异状,请注明程度及尺寸(REMARK)

除列明者外,集装箱及集装箱设备交接时完好无损,铅封完整无误
THE CONTAINER/ASSOCIATED EQUIPMENT INTERCHANGED IN SOUNDCONDITION AND SEAL INTACE UNLESS OTHERWISE STATED

用箱人/运箱人签署　　　　　　　　　　码头/堆场值班员签署
(CONTAINER USER'S SIGNATURE)　　　(TERMINAL/DEPOT CLERK'S SIGNATURE)

## （三）设备交接单的使用及流转程序

在实际业务中,设备交接单主要有三方当事人:箱管人或箱主单位(对集装箱进行管理)、堆场(对集装箱进行交接)、用箱人(对集装箱进行使用)。不管是集装箱提箱出场还是还箱进场,设备交接单的使用及流转过程如下:

（1）用箱人向箱主或其代理人提出用(还)箱申请。

（2）箱主或其代理人填制签发设备交接单(3联,每箱一份),并交用箱人。

（3）由用箱人或运箱人据此单证(3联)到码头或内陆堆场办理提(还)箱手续。

（4）在堆场经办人(作为箱主的代理人)核单,双方查验箱体签字后,用箱人或运箱人提(还)集装箱及设备,堆场经办人同时将第3联(用箱人联)退还运箱人。

（5）堆场经办人自留第2联(码头堆场联),并将第1联(箱主联)退还箱主单位。

集装箱设备交接单是划分箱体责任的唯一单证,因此在提走(或还回)集装箱时,交接双方应按单上条款及时查验损坏情况,分清责任。

在审核设备交接单的过程中,由于其三方当事人所代表的利益不同,因此审单的侧重点也有所区别。对箱主单位或箱管代理来说,其审核的主要内容有用箱人、箱子来自地点、返回或收回地点、船名和航次、箱型和箱类、集装箱经营人、提单号、费用和期限、进出场目的或状态。对堆场来说,其审核的主要内容有集装箱进出场时间、进出场集装箱外表状况、拖箱人是谁、拖车号是否与单证记载一致、提箱单是否有效等。对用箱人(运箱人)来说,其审核的主要内容有拖车牌号、运箱人拖箱时间和地点、拖箱时箱子外表状况、所拖集装箱种类和规格是否与单证记载一致。

特别应注意,设备交接单一经正式签收,任何一方不得随意涂改,如需要更改,应办理更正手续,并由箱主单位或箱管代理在设备交接单上加盖更改章。

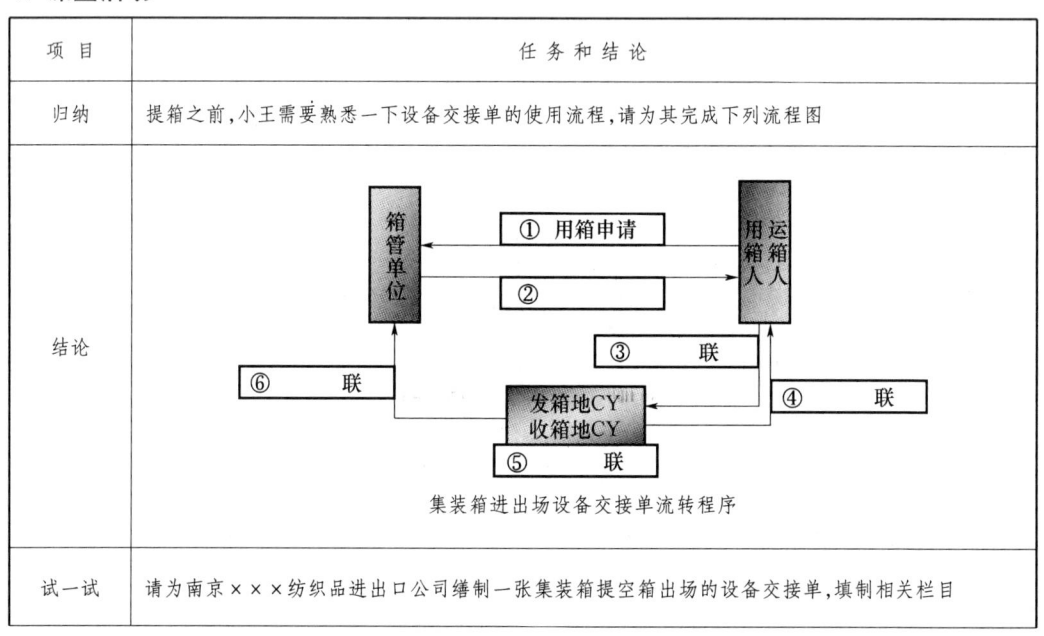

## ★ 课堂活动

| 项 目 | 任 务 和 结 论 |
|---|---|
| 归纳 | 提箱之前,小王需要熟悉一下设备交接单的使用流程,请为其完成下列流程图 |
| 结论 | 集装箱进出场设备交接单流转程序 |
| 试一试 | 请为南京×××纺织品进出口公司缮制一张集装箱提空箱出场的设备交接单,填制相关栏目 |

(续)

| 项目 | 任务和结论 |||||||
|---|---|---|---|---|---|---|---|
| 结论 | 用箱人/运箱人(CONTAINER USER/HAULIER) |||| 提箱地点(PLACE OF DELIVERY) |||
| ^ | 发往地点(DELIVERED TO) |||| 返回/收箱地点(PLACE OF RETURN) |||
| ^ | 船名/航次(VESSEL/VOYAGE NO.) || 集装箱号(CONTAINER NO.) || 尺寸/类型(SEZE/TYPE) | 营运人(CNTR. OPTR) ||
| ^ | 提单号(B/L NO.) | 铅封号(SEAL NO.) || 免费期限(FREE TIME PERIOD) || 运载工具牌号(TRUCK. WAGON. BARGE NO.) ||
| ^ | 出场目的/状态(PPS OF GATE–OUT/STATUS) ||| 进场目的/状态(PPS OF GATE–IN STATUS) || 进场日期(TIME–OUT) ||
| ^ | ||||| 月　日　时 ||
| ^ | 出场检查记录(INSPECTION AT THE TIME OF INTERCHANGE.) |||||||
| ^ | 普通集装箱(GP CONTAINER) || 冷藏集装箱(RF CONTAINER) || 特种集装箱(SPECIAL CONTAINER) || 发电机(GEN SET) |
| ^ | ☐ 正常(SOUND) || ☐ 正常(SOUND) || ☐ 正常(SOUND) || ☐ 正常(SOUND) |
| ^ | ☐ 异常(DEFECTIVE) || ☐ 异常(DEFECTIVE) || ☐ 异常(DEFECTIVE) || ☐ 异常(DEFECTIVE) |
| 实训 | 分组讨论,为南京×××纺织品进出口公司设计完整的集装箱空箱提箱业务流程 |||||||

# 任务二　验　箱

## 学习任务书

| 项目 | 任务和结论 |
|---|---|
| 学习目标 | 掌握集装箱验箱的目的和要求<br>掌握集装箱设备交接单相关栏目的填制方法 |
| 情境描述 | 业务员小王负责办理南京×××纺织品进出口公司A该批女士短衬衫的出口货运业务。在提箱出检查口时需要对所提空箱进行检验 |
| 感知 | 这个箱子有点破　　这两个箱子比一比<br><br>损坏记录及代号(DAMAGE & CODE)<br>BR 破损(BROKEN)　D 凹损(DENT)　M 丢失(MISSING)　DR 污箱(DIRTY)　DL 危标(DG LABEL)<br>左侧(LEFT SIDE)　右侧(RIGHE SIDE)　前部(FRONT)　集装箱内部(CONTAINER INSIDE)<br>顶部(TOP)　底部(FLOOR BASE)　箱门(REAR)　如有异状,请注明程度及尺寸(REMARK)<br>设备交接单相关栏目 |
| 任务 | 对所给集装箱制定验箱计划<br>对所给集装箱实施验箱<br>填制有关单据 |

发货人、承运人、收货人以及其他集装箱运输关系人在相互交接时,必须要对集装箱进行查验,并缮制设备交接单,这是各方划分运输责任,办理理赔索赔的依据。同时集装箱在载货之前必须也必须经过严格的检验。有缺陷的集装箱在装卸和运输过程中可能导致货损,甚至造成箱毁人亡的事故。

集装箱查验一般分为外部检查、内部检查、箱门检查、附件检查、清洁状态检查几个方面。

**1. 集装箱外部检查**

外部检查是对箱子的外侧 4 柱、6 面、8 角进行查看。

(1) 检查集装箱外表面有无弯曲、凹痕、招痕、擦伤等损伤痕迹。

(2) 检查损伤处附近箱体内外侧,如有破口,尽量找到其破口所在。

(3) 检查外板连接处是否有铆钉松动或断裂(易发生漏水)。

(4) 检查箱顶部分是否有气孔,以免箱顶积水时,渗漏造成货物湿损。

(5) 检查曾修理过的部分其现状如何,有无漏水现象。

(6) 集装箱安全铭牌是否丢失等。

**2. 集装箱内部检查**

内部检查是对箱子的内侧六个面进行查看。

(1) 进入箱内,关闭箱门,检查有无漏光,即箱体有无气孔。

(2) 检查箱门能否关闭严密。

(3) 检查箱壁内衬板上有无水湿痕迹,如有,追查水迹原因。

(4) 检查箱壁或箱底板如无铆钉突出,检查内衬板的压条有无曲损,如有应修复或用衬垫物遮挡,以免损坏货物。

(5) 检查箱底是否捻缝不良(集卡在雨中运行时,路面溅起的泥水会从底板空隙中渗进箱内,污染货物)。

**3. 箱门检查**

箱门检查具体包括:

(1) 检查箱门关闭是否顺利。

(2) 检查箱门关闭后是否密封,密封垫是否紧密,能否保证水密。

(3) 检查箱门把手动作是否灵便,门锁是否完整,箱门能否完全锁上。

**4. 附属件检查**

附属件主要是指,固定货物时用的系环、孔眼,台架式集装箱立柱及插座,敞顶集装箱篷布等,具体检查内容包括:

(1) 检查固定货物时用的系环、孔眼等附件安装状态是否良好。

(2) 检查台架式集装箱上的立柱是否备齐,立柱插座有无变形。

(3) 检查敞顶集装箱上的顶扩伸弓梁是否缺少,有否弯曲变形。

(4) 检查台架式集装箱和敞顶集装箱上使用的布篷有无孔洞和破损,安装用的索具是否完整无缺。

(5) 检查通风集装箱和冷藏集装箱通风口能否顺利关闭,通风管、通风口有否堵塞,箱底部通风轨是否通风畅通,通风口的关闭装置是否完善。

## 5. 清洁状态检查

清洁检查具体包括：

（1）检查箱内有无垃圾、恶臭、生锈，是否潮湿，有否被污脏。

（2）检查箱内是否有麦秆、草屑、昆虫等属于动植物检疫对象的残留物。

（3）用水清洗后的集装箱，确定其箱底板和内衬板里是否含有水分，以免造成货物湿损。

集装箱查验时，要对检查情况予以记录，如有异常状况，要按照设备交接单上要求说明，以书面的形式将查验结果反映出来。

★ 课堂活动

| 项目 | 任务和结论 |
|---|---|
| 试一试 | 根据集装箱查验的要求，对所给集装箱进行检查，并缮制设备交接单相关栏目 |
| 检查记录 | 检查项目        检查情况记录 |
| 设备交接单相关栏目 | 出场检查记录(INSPECTION AT THE TIME OF INTERCHANGE.)<br><br>普通集装箱(GP CONTAINER)   冷藏集装箱(RF CONTAINER)   特种集装箱(SPECIAL CONTAINER)   发电机(GEN SET)<br>□ 正常(SOUND)   □ 正常(SOUND)   □ 正常(SOUND)   □ 正常(SOUND)<br>□ 异常(DEFECTIVE)   □ 异常(DEFECTIVE)   □ 异常(DEFECTIVE)   □ 异常(DEFECTIVE)<br><br>损坏记录及代号(DAMAGE & CODE)   BR 破损(BROKEN)   D 凹损(DENT)   M 丢失(MISSING)   DR 污箱(DIRTY)   DL 危标(DG LABEL)<br><br>左侧(LEFT SIDE)   右侧(RIGHE SIDE)   前部(FRONT)   集装箱内部(CONTAINER INSIDE)<br>顶部(TOP)   底部(FLOOR BASE)   箱门(REAR)   如有异状，请注明程度及尺寸(REMARK)<br><br>除列明者外，集装箱及集装箱设备交接时完好无损，铅封完整无误<br>THE CONTAINER/ASSOCIATED EQUIPMENT INTERCHANGED IN SOUNDCONDITION AND SEAL INTACE UNLESS OTHERWISE STATED<br><br>用箱人/运箱人签署      码头/堆场值班员签署<br>(CONTAINER USER'S SIGNATURE)      (TERMINAL/DEPOT CLERK'S SIGNATURE) |

# 任务三 货物装箱

## 学习任务书

| 项目 | 任务和结论 |
|---|---|
| 学习目标 | 了解集装箱货物装载的一般要求<br>了解集装箱货物箱内系固的一般方法 |
| 情境描述 | 南京×××纺织品进出口公司A的业务员小王事先做好了装箱计划,负责载货的集卡按时到达指定装箱地点,小王组织实施装箱 |
| 感知 | 装箱进行      装箱完成      箱内系固 |
| 任务 | 通过计算机软件操作,体验装箱过程<br>针对所提供货物,制定装箱方案<br>针对所提供货物,设计系固方案 |

整箱货的装箱工作可以在货主仓库进行,由货主或其代理人组织装箱。拼箱货一般在货运站装箱,货主或其代理人在指定时间将货物送到货运站,由货运站综合考虑各个待装货物的属性和发到地点后组织装箱。

## 一、确定集装箱需求量

### (一) 集装箱容重

决定集装箱需求量的主要因素是待运货物的数量和重量。然而,由于集装箱本身的容积和最大载重有一定的限制,因此集装箱的载货能力往往不能充分利用。如果货物密度过大,为了控制箱货总重在限制范围内,就不能装满一整个集装箱,造成容积利用率低;如果货物过轻,即便装满一整个集装箱,其重量也远低于限制重量,集装箱的载货能力同样不能充分利用。

为了充分利用集装箱载货能力,在装货时要考虑货物密度和集装箱容重,选择两者比较接近的集装箱。

集装箱容重,是指集装箱单位容积的重量,是集装箱的最大载货重量与集装箱的容积之比。其计算式为

$$集装箱容重 = \frac{该集装箱最大载重限制}{该集装箱的容积}$$

在实际装箱时,货物与货物之间、货物与集装箱内衬板之间、货物与集装箱顶板之间都会产生无法利用的空隙,通常把这种空隙称为弃位容积。在计算集装箱容重时,应该把弃位容积考虑在内。这样其计算式可以修正为

$$集装箱容重 = \frac{该集装箱最大载重限制}{该集装箱的容积 - 弃位容积} = \frac{该集装箱最大载重限制}{该集装箱的容积 \times 箱容利用率}$$

货物密度可以表示为

$$货物密度 = \frac{该批货物的单位重量}{该批货物的单位体积}$$

在装箱时,应考虑选用这两者较为接近的集装箱。

### (二)确定集装箱需求量

对于单位体积相同的货物,可以通过计算,大体测算单位集装箱载货量和集装箱需求量。而对于单位体积、形状不同的货物装在一个集装箱里,则需要综合运用公式计算、图纸规划以及工作经验,加以测算。

这里就单位体积相同的货物加以演示说明。

**1. 计算单位集装箱最大可能装载量**

符号说明:UC——单位集装箱最大可能装载量;

　　　　　VC——所选集装箱容积;

　　　　　RC——箱容利用率;

　　　　　UW——单位货物重量;

　　　　　UV——单位货物体积;

　　　　　TW——该批货物总重;

　　　　　MW——该集装箱最大载重限制;

　　　　　N——集装箱需求量。

$$UC = \frac{VC \times RC}{UV} \times UW$$

**2. 计算集装箱需求量**

如果 UC 计算后,小于该集装箱最大载重限制,则按单位集装箱最大可能装载量核算集装箱需求量;大于该集装箱最大载重限制,则按集装箱最大载货限制核算集装箱需求量。其计算式表达如下:

$$\begin{cases} N = \dfrac{TW}{UC}, & UC < MW \\ N = \dfrac{TW}{MW}, & UC > MW \end{cases}$$

★ 课堂活动

| 项目 | 活动内容与结论 |
| --- | --- |
| 试一试 | 按要求核算下列货物的集装箱需求量<br>有一批袋装粉状货物,共 1000 袋,每袋货物 50kg,单位货物体积约 0.1m³。箱容利用率 98%。<br>要求:<br>◇ 为该货物选择适合的集装箱<br>◇ 计算该集装箱对该货物的最大可能装载量<br>◇ 测算所需的集装箱数量 |
| 过程及结论 |  |

(续)

| 项目 | 活动内容与结论 |
|---|---|
| 思考 | 对于用纸箱、木箱装的外包装长、宽、高有固定尺寸的典型货物,如何计算集装箱需求量? |
| 试一试 | 按要求核算下列货物的集装箱需求量。<br>有一批规格相同的冰柜,用波纹纸板箱包装,共1000箱。单位货物体为$1m^3$($2m \times 1m \times 0.5m$)。单箱重量98kg。<br>要求:<br>◇ 计算货物密度<br>◇ 根据货物密度选择集装箱尺寸<br>◇ 计算该集装箱对该货物的最大可能装载量<br>◇ 测算所需的集装箱数量 |
| 过程及结论 |  |

## 二、集装箱货物装载的要求和方法

### (一) 集装箱货物装载要求

集装箱货物的装箱通常有三种方法:①全部用人力装箱;②用叉式装卸车搬进箱内再用人力堆装;③全部用机械装箱,如托盘货即可用叉式装卸车在箱内堆装。不论用哪种方法,装货时一定要堆装稳定,以免发生事故。装箱的一般要求可以归纳如下:

(1) 箱内所装货物的重量不能超过集装箱的最大载重限制。

(2) 要考虑集装箱的容重,判断货物是重货还是轻货,重货以其重量计算单箱载货量,轻货以集装箱容积计算单箱载货量。

(3) 装载时要尽量使箱底负荷平衡,防止重心偏在箱体一端或一侧,尤其是要禁止重心偏在一端的情况。

(4) 避免产生集中载荷,装载机械设备等重货时,箱底应铺上木板等衬垫材料,分散其负荷(普通集装箱平均单位底面积的安全负荷为,20ft:$1330 \times 9.8N/m^2$;40ft:$980 \times 9.8N/m^2$)。

(5) 装载托盘货时,要确切掌握集装箱的内部尺寸和货物的外部尺寸,计算好最佳的装载件数,尽量减少弃位容积。

(6) 要正确使用装货工具,捆包货禁止使用手钩,箱内所装的货物要装载整齐、紧密堆装,容易散捆和包装脆弱的货物,要使用衬垫或在货物间插入胶合板,防止货物在箱内移动。

(7) 用人力装货时要注意外包装上的指示性包装标识,如"不可倒置"、"平放"、"竖放"等。

(8) 用叉式装卸车装箱时,将受到机械的自由提升高度和门架高度的限制,上下应注意留有一定的间隙。

（9）拼装货物混装时应注意。

① 轻货要放在重货上面。

② 包装强度弱的货物要放在包装强度强的货物上面。

③ 同形状、不同包装的货物尽可能不装在一起。

④ 液体货要尽量放在其他货物下面；包装中会渗漏出灰尘、液体、潮气、臭气等的货物不要与其他货混装在一起，不得不混的要用帆布、塑料薄膜或其他衬垫材料隔开。

⑤ 有尖角或突出部件的货物，要把尖角或突出部件保护起来，以免损坏其他货物。

⑥ 冷藏货和危险货物的装载必须严格按照要求规范操作，完善程序，并做好详细的记录。

（二）集装箱货物的装箱方法

**1. 箱装货的装载**

普通木箱、框架木箱、钢丝板条箱装箱时，如无其他特殊要求，外包装无破损，则可从下往上堆装。体积小的木箱可以装入密闭式集装箱内；体积大的受装载作业面的限制，可装入敞顶集装箱。

除对装载有特殊要求的货物或包装脆弱的木箱外，一般在货物之间无需插入衬垫。以木箱为例，此类货物装箱方法如下：

（1）对于较重的小型木箱，可采用骑缝装载法，使上面的木箱压在下面两个木箱的缝隙上，利用上层木箱的重量限制下层木箱的移动，最上层的木箱必须加固牢靠。

（2）装载完毕后，若箱门处尚有较大空隙，必须用木板和木条将木箱总体撑牢，防止其在运输过程中对箱门的冲击。

（3）对于重量较大、体积较小的木箱货，如果装载后其四周均有空隙时，必须从四周进行支撑固定。

（4）对于重心高的木箱，除对其底部加以固定外，还必须在其上面用木条撑开空隙。

**2. 纸箱货的装载**

纸箱是集装箱货中较为常见的一种包装，常用来包装较为精细的货物。

纸箱的尺寸大小不一，如果集装箱内装的纸箱货尺寸较小，且规格统一，则可进行无空隙堆装。这种堆装方式的箱容利用率较高，而且不需要进行固定，是一种经济理想的装载形式。如果集装箱内装的是尺寸相同的大型纸箱，则会产生空隙。如果是横向空隙，且在 10cm 左右，一般无需对货物进行固定，实际装载时这样大小的空隙可人为分散开来。但如果空隙较大，货物则需根据具体情况加以固定。如果是不同尺寸的纸箱进行混装，可利用其大小变化搭配堆袋，先将箱底堆满，再向上堆装。

此类货物装箱方法如下：

（1）装箱顺序是先从箱里向外装，或从两侧向中间装。

（2）对小于 300mm 的装箱空隙，在装载时可以利用上层货物重量相互压紧，不必进行特别处理，只需在最上层用填塞的方式来消除空隙。

（3）为了不使下层纸箱受压变形，需要在集装箱的中间进行衬垫。衬垫材料最好用波纹纸板，其重量轻、价格便宜、防滑效果明显。

（4）装载小型纸箱货时，为防止倒塌，可采用纵横交错的堆装方法，如图 2-2-1 所示。

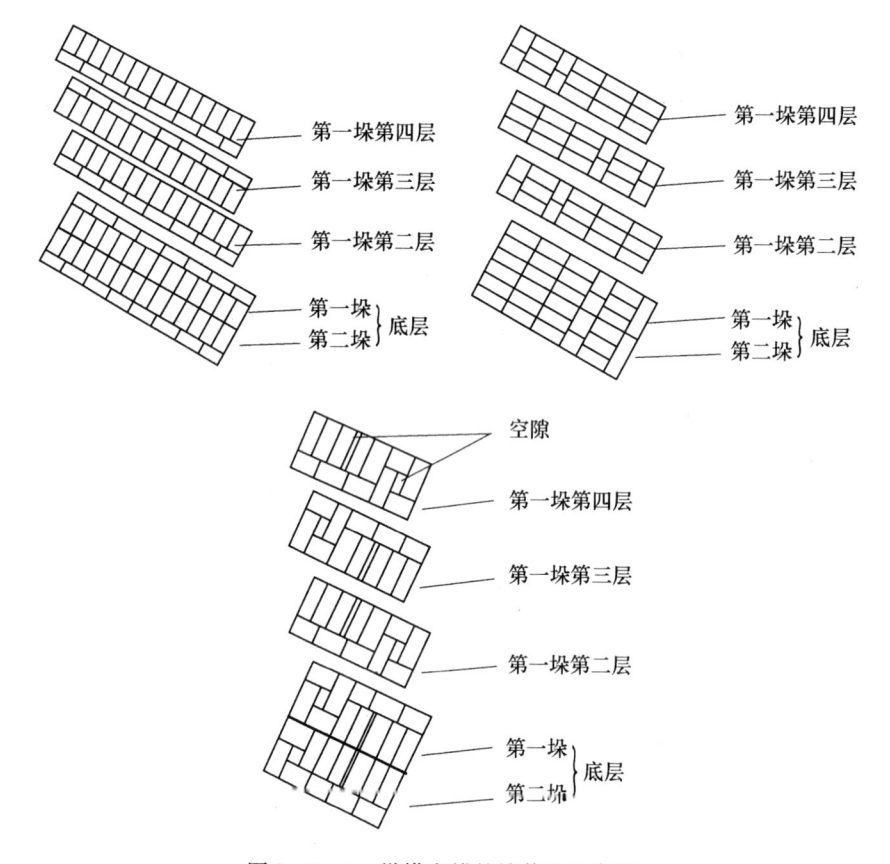

图 2-2-1 纵横交错的堆装法示意图

（5）波纹纸板箱的大部分压力是由箱的周边支撑，因此堆装时要把箱角对齐，按砌砖墙或交错的方式码垛，以增强货物相互间的拉力。

### 3. 捆包货的装载

捆包货根据货物种类不同，其包装形态有较大区别。因其重量与体积较大，在装箱时一般采用机械作业。

捆包货装载时，为了防止箱底潮湿对货物的不利影响，同时也为方便机械作业，一般要用木板对货物进行衬垫。

对鼓腹型的捆包货，为避免运输过程中摇摆所造成的塌垛堵挤箱门的现象，应在箱门处用方木条做成栅栏，以保护箱门。

### 4. 袋装货的装载

袋装货物主要指的是纸袋装的水泥、麻袋装的粮谷、布袋装的粉货等。对于这些货物的装载，在集装箱内应事先敷设聚氯乙烯薄膜或帆布，防止发生破袋后，漏出的货物污损集装箱。

为了防止袋装货因箱顶漏水受潮，应在货物上面进行必要的防水遮盖。为了防止袋装货物堆装后倒塌和滑动，可以在货与货之间插入衬垫板和防滑粗纸，堆装是采用砌墙堆放法或交错堆放法。

### 5. 鼓桶类货物的装载

鼓桶类货物装箱容易产生空隙，且固定时要进行一定的技术处理。装载时要将盖朝上进行堆装,并要加入衬垫,以求负荷均匀和鼓桶稳定。最上层的鼓桶,要用绳索等将其捆绑在一起,防止其发生滚动。

**6. 滚筒货和卷盘货的装载**

滚筒货一般有塑料薄膜、柏油纸、钢瓶等。滚筒货通常要竖装,在侧壁和端壁上要铺设胶合板,以增强其受力能力。装载时,从箱端开始要堆装紧密,并用柔软的衬垫填塞货物间的空隙。

滚筒货一般不便于横装,如有特殊原因必须横装,要用楔子或相应材料使之离开箱体四壁,并对每一层都用楔子固定。

卷盘货一般有卷纸、卷钢、钢丝绳、电缆等。卷盘货在水平装载时要铺满整个箱底。为防止运输中因摇摆产生对箱体四壁的冲撞,必须用若干个坚固的空心木座插在货物和端壁之间,牢固地靠在侧壁上,并采取必要措施,充分保护好箱门。

**7. 长件货的装载**

长件货在长度方向上容易滑动,因而对待端壁和箱门要特别注意防护,对集装箱两端要加衬垫,货物与集装箱有空隙的必须支撑、塞紧。

例如钢管类货物,此类货物容易移动,装箱后,应用钢丝绳或钢带把货物扎紧,防止运输途中散捆,破坏箱壁。另外,还需要在侧壁内用方形木条竖上几根立柱,再把各个立柱之间用纵向水平木条连接起来,以保护侧壁。钢管类货物装箱后还应用塑料薄膜或防水帆布加以覆盖,防止受潮。

**8. 托盘货的装载**

托盘货主要是指纤维板、薄钢板、胶合板、玻璃板、木质或钢制门框等,这些货物的包装形式一般是木箱或亮格木箱。考虑到装卸的便利性和安全性,对这类货物的装载一般用钢带、布带或收缩性塑料等将货物固定在托盘上,再选用开顶式集装箱装载。

**9. 散件货物的装载**

将尺寸和重量较大且必须要有几个平台集装箱拼起来装载的货物称为散件货物。这类货物装载的尺寸和重量受到船舶结构的限制,如果舱内不能达到所需空间,则要直接放在甲板的舱口盖上。

散件货物装载时要考虑以下问题。

(1) 从装载地运到船边或离开船边所采用的运输方法。
(2) 能否使用岸上的集装箱装卸桥。
(3) 不能使用装卸桥时,要考虑所使用浮吊的跨距和高度是否足够。
(4) 是否可以直接靠岸卸货或者需要过驳。
(5) 根据货物的形状确定安装吊索的位置。
(6) 确定货物的固定方法,考虑分散负荷的方法等。

**10. 散装货的装载**

装载散货用的集装箱有专用的散货集装箱、敞顶集装箱等,在选择集装箱时应考虑其装卸的方法、货物的性质、集装箱的强度和有关法规的规则等事项。

由于在运输中因散货的移动可能会损坏集装箱的侧壁,因此要判定货物的密度、静止角和集装箱侧壁的强度。

(1) 敞顶集装箱装散货需注意侧部强度可能不够,因此一般限于装载干草块等比较轻的散货用。

（2）散货集装箱箱顶上通常有 2 个~3 个装货口，箱门的下部设有卸货口。装货时由箱顶用漏斗使货物流入箱内；卸货时利用倾斜底盘车把集装箱倾斜抬起，使货物自动流出，也可以在箱顶插入吸管用真空吸出。

（3）如果装箱货物是化学制品，则要从法规上考虑该品种是否属于危险货物；如果装箱货物是食品、饲料等动植物制品，则要根据有关国家动植物检疫规则所规定的运输、储藏、检查、熏蒸的方法来处理。

**11. 液体货物的装载**

液体货物的运输大多是通过专用船来进行的，也可采用罐式集装箱来装载。使用集装箱装载时要注意以下几点。

（1）箱内的涂料能否满足货物的运输要求，如果不适合，有时可使用内衬袋。

（2）当货物密度较大，货物只装半罐时，不能采取罐式集装箱装载。因为半罐装会出现巨大的自由液体，降低船舶的稳定性。另外半罐装还会出现"打水锤现象"，使得罐体结构受到巨大的损伤，给货物的装卸和运输造成危险。

（3）查明是否有必需的设备，这些设备是否适用于集装箱的阀门。

（4）检查安全阀门是否有效。

（5）运输和装卸过程中应根据货物的特性考虑是否需要加温，同时了解装卸地是否具有蒸汽源和电源。

除此以外，还有一些特殊货物也可以用集装箱装载，如冷冻食品、药品、水果、蔬菜、危险化学品、药品、需要检疫的动植物及其产品等。这些特殊货物在集装箱装载时有不同的特殊要求，必须根据货物的特性制定装箱方案，并要满足相关法律法规的规定。

★ **课堂活动**

| 项 目 | 任 务 和 结 论 |
| --- | --- |
| 思考与讨论 | 分析下列货物特性和装箱要求，选择合适的集装箱，思考装箱方案。（各组任选其一）<br>1. 多乐士木器漆（直径 500，高 750，重 1250kg/桶）<br>2. 飞利浦吸顶灯（350×350×220，重 0.3kg/个，10 个装一纸箱，355×710×1110）<br>3. 电线（直径 600，高 250，重 150kg/盘）<br>4. 显示器，木质托盘装（1000×1200，高 800），总重 200kg/托盘<br>5. 大米，塑料编织袋装（400×250×1000，重 100kg/袋）<br>6. 不锈钢管，捆装，16 根/捆（直径 30/根，长 300/根，重 1.7kg/根） |
| 结论 | |

## 三、集装箱货物装箱单

装箱单(Contain Load Plan, CLP),是详细记载每一个集装箱内所装货物的名称、数量及箱内货物积载情况的单证。每个载货集装箱都要制作这样的单证,它是根据已装进箱内的货物情况制作的,是集装箱运输的辅助货物舱单。装箱单是详细记载箱内所载货物情况的唯一单证,因此在国际集装箱运输中,是一张极为重要的单证。其作用主要体现在以下几个方面。

(1) 是向承运人、收货人提供箱内货物明细的清单。

(2) 是集装箱货物向海关申报的主要单证之一。

(3) 是货方、港方、船方之间货、箱交接的凭证。

(4) 是船方编制船舶积载计划的依据,单证上所记载的货箱重量是计算船舶积载性能的基本数据。

(5) 是办理集装箱货物保税运输、安排拆箱作业的资料。

(6) 是集装箱运输货物商务索赔的依据。

集装箱装箱单的主要内容包括船名、航次、装卸港、发货地、交货地、集装箱箱号、集装箱规格、铅封号、场站收据或提单号、发货人、收货人、通知人及货物名称、件数、包装、标志、重量、尺码等。对特殊货物还需加以特殊说明,如保温或冷藏货物对箱内温度的要求、检疫物是否检疫等。其格式内容见表 2-2-3。

集装箱装箱单以箱为单位制作,由装箱人填制并经装箱人签署后生效。装箱单一般一式数份,分别由货主、货运站、装箱人留存和交船代、海关、港方、理货公司使用,另外还需准备足够份数交船方随船带往卸货港以便交接货物、报关、拆箱等用。

制作装箱单时,装箱人负有装箱单内容与箱内货物一致的责任。如需理货公司对整箱货物理货时,装箱人应会同理货人员共同制作装箱单。

★ **课堂活动**

| 项 目 | 任 务 和 结 论 |
|---|---|
| 要 求 | 南京×××纺织品进出口公司 A 出口的"女式针织短衬衫",共 6000 件,装 125 纸箱,货物毛重 2584kg,净重为 2550kg,总金额 24250 美元。<br>1. 思考货物装箱要点;<br>2. 缮制装箱单 |
| 结 论 |  |

表2-2-3 装箱单格式内容

# 装 箱 单
## CONTAINER LOAD PLAN

| 船 名<br>Ocean Vessel | 航 次<br>Voy. No. | | 集装箱号<br>Container No. | | 集装箱规格<br>Type of Container: 20　40 |
|---|---|---|---|---|---|
| 箱 主<br>Owner | 提单号码<br>B/L No. | | 铅封号<br>Seal No. | | 冷藏温度　℉　℃<br>Reefer. temp. Required |
| | 收货地点<br>Place of Receipt<br>□-CY　□-CFS<br>场　　站 | 装货港<br>Port of Loading | 卸货港<br>Port of Discharging | | 交货地点<br>Place of Delivery<br>□-CY　□-CFS　□-Door<br>场　　站　　门 |
| | 1. 发货人 2. 收货人 3. 通知人<br>　Shipper　Consignee　Notify | 标志和号码<br>Marks & Numbers | 件数及包装种类<br>No. & Kind of Pkgs. | 货　名<br>Description of Goods | 重量(公斤)　尺码(立方米)<br>Weight kg.　Measurement<br>　　　　　　Cu. M. |
| | | | | 总 件 数<br>Total Number of Packages<br>重量及尺码总计<br>Total Weight & Measurement | |
| 危险品要注明<br>危险品标志分<br>类及闪点<br>In case of danger-ous goods, please enter the label classification and flash point of the goods. | 重新铅封号<br>New Seal No. | 开封原因<br>Reason for breaking seat | 装箱日期　Date of vanning<br>装箱地点　at: ……………………<br>(地点及国名 Place & Country) | 装箱人<br>Packed by:<br>发货人　货运站<br>(Shipper/CFS) | |
| | 出　口<br>Export | 堆场签收<br>Received by CY | 驾驶员签收<br>Received by Drayman | | 皮　重<br>Tare Weight |
| | 进　口<br>Import | 货运站签收<br>Received by CFS | 驾驶员签收<br>Received by Drayman | | 总 毛 重<br>Gross Weight |
| | | | | | 发货人或货运站留存<br>1. SHIPPER/CFS<br>(1) 一式十份　此栏每份不同<br>　　　　　　　　　(签署) Signed |

## 任务四　办理集装箱进出境关检业务

**学习任务书**

| 项目 | 任务和结论 |
|---|---|
| 学习目标 | 了解集装箱进出境关检要求<br>掌握集装箱进出境关检程序 |
| 情境描述 | 业务员小王负责办理南京×××纺织品进出口公司A该批女士短衬衫的出口货运业务。货物出运之前，需要确认该批货物及装载工具关检手续的办理情况 |
| 感知 | 海关监管　　　　集装箱检疫现场　　　　集装箱消毒 |
| 任务 | 配合关检对集装箱及集装箱货物的监管 |

## 一、集装箱及其货物报关

### （一）集装箱货物报关

报关是进出境货物、物品和运输工具能够出境、进境以及在境内销售或使用的必经环节。对于出境的集装箱货物，只有向海关进行了申报、办理了相关海关手续之后，才能装箱出运。对于进口集装箱货物，只有向海关进行了申报、办理了相关海关手续之后，才能提箱拆箱。

以出口集装箱货物为例，其报关手续如下：

（1）承运人确认订舱后，在场站收据关单联上盖章，交还货主或货代。

（2）货主或货代持场站收据关单联、报关单、商业发票等相关单据向海关报关。

（3）海关受理报关，办理相关纳税和查验手续后，在场站收据关单联上盖海关放行章。

（4）货主或货代组织装箱出运，并接受海关监管。

### （二）集装箱箱体报关

集装箱箱体既是一种运输设备，又是一种货物。当用集装箱载货进出口时，集装箱箱体就作为一种运输设备；当某个企业购买进口或销售出口集装箱时，它就是普通的进出口货物。

集装箱箱体作为货物进出口是一次性的，而通常情况下，是作为运输设备暂时进出境的。

作为运输设备进出口的集装箱称为暂准进出境货物，按暂准进出境程序办理报关业务。具体有以下两种情况。

**1. 境内生产的集装箱及我国营运人购买进口的集装箱**

此类在投入国际运输前,集装箱营运人应当向其所在地海关办理登记手续。海关准予登记并符合规定的此类集装箱箱体,无论是否装载货物,海关准予暂时进境和异地出境。

集装箱营运人或其代理人无需对箱体单独向海关办理报关手续,进出境时也不受规定的期限限制。

**2. 境外集装箱箱体**

境外集装箱箱体暂准进境,无论是否装载货物,承运人或其代理人应当对箱体单独向海关申报,并应当于入境之日起6个月内复运出境。如因特殊情况不能按期复运出境的,应当向海关提出延期申请,延长期限最长不得超过3个月,逾期应按规定向海关办理进口报关纳税手续。

## 二、集装箱及其货物报检

（一）集装箱货物报检

对进出境货物、物品等报检及实施检验检疫,是防止有害生物入侵,保护我国人民健康和生态环境的重要手段,同时也是体现国家职能,促进对外贸易发展的保障。

对进出境货物的检验检疫主要包括以下内容。

（1）对列入《法检目录》的商品,依法实施检验。

（2）对进出境动植物、动植物产品和其他检疫物,实施动植物检疫。

（3）对装载进出境动植物、动植物产品和其他检疫物的容器、包装物、铺垫材料,实施动植物检疫。

（4）对来自动植物疫区的运输工具、进境拆解的废旧船舶,实施动植物检疫。

（5）对出入境人员、交通工具、集装箱、行李物品、邮递物品等,实施医学检查和卫生检疫。

（6）对进口废物原料、旧机电产品实施装运前检验。

（7）对强制性认证产品实施商品认证管理。

（8）对机电、轻工、玩具、医疗器械等实施出口商品质量许可管理。

（9）对出口危险货物运输包装实施性能鉴定和使用鉴定等。

目前,我国实行先报检、后报关制度。对于法律法规、合同要求需要检验检疫的商品,必须经过检验检疫,获取《进口货物通关单》或《出口货物通关单》,方可办理海关手续。

（二）集装箱箱体报检

根据《商检法》、《动植物检疫法》、《卫生检疫法》及有关法律法规的规定,国家质检总局出台了《进出境集装箱检验检疫管理办法》(第17号令),依法对进出境集装箱实施检验检疫。

集装箱检验检疫的主要内容有:

（1）对所有进/出境集装箱实施卫生检疫。

（2）对来自动植物疫区的,装载动植物、动植物产品和其他检验检疫物的,以及箱内带有植物性包装物或铺垫材料的集装箱,实施动植物检疫。

(3) 对装载出口动植物、动植物产品和其他检疫物的集装箱,实施动植物检疫。

(4) 对装运出口易腐烂变质食品、冷冻品的集装箱,实施清洁、卫生、冷藏、密固等适载检验。

(5) 对输入国有检验检疫要求的集装箱,按要求实施检验检疫。

(6) 法律、行政法规、国际条约规定或者贸易合同约定的其他应当实施检验检疫的集装箱,按照有关规定、约定实施检验检疫。

集装箱检验检疫的要求有:

(1) 进境重箱的报检人在办理海关手续前必须填写《出/入境集装箱报检单》或《入境货物报检单》,未经检验检疫机构许可,不得提运或拆箱。

(2) 进境空箱的报检人在办理海关手续前必须向进境口岸检验检疫机构申报。

(3) 出境重箱的报检人应该在装货前填写《出/入境集装箱报检单》或《出境货物报检单》以及随附的集装箱配载清单等相关资料向所在地检验检疫机构报检。未经检验检疫机构许可,不得装运或出境。

(4) 出境空箱的报检人应填写《出/入境集装箱报检单》向出境口岸检验检疫机构报检。

★ 课外活动

| 项目 | 任务和结论 |
| --- | --- |
| 查一查 | 利用网络、图书等资源,查找并了解我国海关及检验检疫部门的主要工作内容。<br>A公司的这批出口集装箱货物需要办理哪些关检手续? |
| 结论 |  |

# 模块三　货物的交接与流转

## 任务一　办理集装箱货物交接

学习任务书

| 项目 | 任务和结论 |
| --- | --- |
| 学习目标 | 掌握集装箱货物交接方式<br>了解货物类型和价格术语对集装箱货物交接方式的影响<br>正确使用场站收据,办理出口集装箱货物交接 |
| 情境描述 | 南京×××纺织品进出口公司A业务员小王,办理完成了该批"女士短衬衫"的装箱和关检手续。需要将这批出口货物交付码头待运 |

(续)

| 项目 | 任务和结论 |
|---|---|
| 感知 | 堆场　　　　　　交箱进检查口　　　　　　交箱场位 |
| 任务 | 根据货物类型和价格术语选择交接方式<br>办理出口集装箱重箱进场交接业务<br>缮制并使用场站收据 |

集装箱及其货物的交接有两层含义。

第一是贸易性交接。贸易性交接是集装箱货物买卖双方根据买卖合同所进行的,这种交接用于在国际贸易中划分买卖双方对交易货物的所有权、风险承担、责任承担、费用承担等。实际业务中,由于买卖双方所处的地理位置原因,交接行为往往不是由买卖双方亲自操作,而是由其代理人办理。通常情况下,又是由承运人或其代理人充当某一货方代理人与另一方办理货物交接手续。这种交接,在整个运输过程中发生的时间和地点根据贸易合同所使用的贸易术语而定。

第二是运输过程中的交接。运输过程的交接是集装箱货物的发货人将货物交付承运人运输,以及收货人从承运人手中提取货物的行为。运输过程的交接主要用于划分承运人或其代理人与货方之间对于运输标的的货损货差等运输责任。这种交接在整个运输过程中,根据运输环节的多少会多次发生,其发生的地点一般是在集装箱码头堆场、集装箱货运站或者收/发货人仓库。

## 一、集装箱运输适用的价格术语

传统的国际远洋运输是港至港之间的货物运输,货物的交接是港至港的运输交接。与其相对应的适用港至港贸易交接常用的国际贸易价格术语是 FOB、CFR、CIF。

现代集装箱运输的最大优点之一是通过多种运输方式的联合运输组织实现了整箱货的门到门运输。在多式联运方式下,集装箱运输货物交接地点从港至港向两端国家的内陆延伸,而买卖双方的风险界限、责任、费用的划分等也发生了很大变化,于是出现了与集装箱多式联运相对应的常用的国际贸易价格术语 FCA、CPT、CIP。

### (一) FOB、CFR、CIF 贸易术语

FOB 意为装运港船上交货成本价,又称为离岸价格。采用 FOB 价格术语时,卖方必须在合同规定的装运期内,在约定的装运港,将货物交至买方指定的船上,并负担交货以前的一切费用和货物丢失或损坏的风险。

CFR 意为装运港船上交货成本加运费价。使用这个术语,卖方必须在合同规定的装运期限内在装运港将货物交至运往指定目的港的船上,并承担将货物运抵目的港的基本

运费。

CIF 意为成本加运费加保险费价,又称为到岸价格。在 CIF 价格术语下,卖方必须在合同规定的装运期内,在装运港将货物交至运往目的港的船上,并承担将货物运抵目的港的基本运费和保险费。

在使用这三个术语时,卖方需要将货物在船上交货,或以取得已经这样交付运往目的港的货物方式交货。这三个术语均不适合于货物在上船前已经交给承运人的情况,例如用集装箱运输的货物通常是在集装箱码头交货。在此类情况下,应当分别使用 FCA、CPT、CIP 术语。

(二)适用于集装箱国际多式联运的贸易术语

### 1. FCA

FCA 意为货交承运人价。使用这个术语,卖方必须在规定的交货期限内,在规定的地点,将货物交给买方指定的承运人。规定的交货地点为出口国内地或港口。买卖双方承担的风险均以货交承运人为界。

2010 年通则对卖方的责任解释如下:

(1)在规定的时间、地点,把货物交给买方指定承运人(多式联运情况,货物交给第一承运人)。

(2)办理出口手续,取得出口许可证以及其他官方证件。

(3)提供商业发票以及货物已交给承运人的货运单证。

(4)负担货物交给承运人以前的一切与运输、保险相关的责任和费用。

2010 年通则对买方的责任解释如下:

(1)负责与承运人签订全程运输合同或指定承运人,支付运费,并及时通知卖方。

(2)负责办理全程运输保险并支付保险费。

(3)负责办理进口手续,取得进口许可证及其他核准证书。

(4)承担货交承运人之后与运输、保险相关的一切责任和费用。

(5)接受按合同规定交付的货物,接受有关单证。

(6)负责按合同规定支付货物的价款。

该术语适用于任何运输方式,包括国际多式联运,并对不同运输方式的交货方法做了解释。

(1)在铁路运输情况下,如果货物能够装一整车或一只集装箱,卖方要负责装车或装箱,并交给铁路部门,如果货物不够一整车或一只集装箱,卖方则要将货物交到铁路收货地点。

(2)在铁路运输情况下,如果在卖方所在地交货,卖方则要将货物装到买方指派的车辆上;如果在承运人办公地点交货,卖方则需将货物交给承运人或其代理人。

(3)采用内河运输,如果在卖方所在地交货,卖方要将货物交到买方指派的船上;如果在承运人办公地点交货,卖方则将货物交给承运人或其代理人。

(4)利用海洋运输,如货物是整箱货,卖方将装货的集装箱交给海洋承运人即可;如果是拼箱货,或非集装箱货,卖方要将货物运到启运地交给海运承运人或其代理人。

(5)如果采用航空方式运输,卖方要将货物交给航空承运人或其代理人。

(6)在多式联运方式下,卖方负责将货物交给承运人。

## 2. CPT

CPT 意为运费付至指定的目的地。该术语适用于任何运输方式,包括国际多式联运。卖方交货地点是出口国的内地或港口。风险转移的界限是货物交给承运人时。

2010 年通则对卖方责任的解释如下:

(1) 负责与承运人签订全程运输合同,并支付全程运输费用。

(2) 在规定的时间、地点,把货物交给承运人(在多式联运情况下,交给第一承运人)。

(3) 办理出口手续,取得出口许可证及其他官方证件。

(4) 提供商业发票以及货物已交给承运人的货运单证。

(5) 承担货物交给承运人以前的一切风险和费用。

2010 年通则对买方责任的解释如下:

(1) 负责办理保险,支付全程保险费。

(2) 负责办理进口手续;取得进口许可证及其他核准证书。

(3) 接受按合同规定交付的货物,接受有关单证。

(4) 承担货物交给承运人之后的一切风险,并负担交承运人之后除运费以外的一切费用,包括到达目的地的卸货费用及进口关税。

(5) 负责按合同规定支付货物的价款。

该术语解释中的承运人是指承担铁路、公路、航空、海运、内河运输或联合运输任务,办理实际运输业务的任何人。

## 3. CIP

CIP 意为运费、保险费付至指定目的地。该术语适用于任何运输方式,包括国际多式联运。交货地点是出口国的内地或港口,风险转移的界限是货交承运人时。

2010 年通则对卖方的责任解释如下:

(1) 负责与承运人签订全程运输合同,并支付全程运费。

(2) 负责办理全程货运保险,并支付保险费。

(3) 在规定的时间、约定的地点,把货物交给承运人。

(4) 办理出口手续,取得出口许可证及其他官方证件。

(5) 提供商业发票以及货物已交给承运人的货运单证。

(6) 承担货物交给承运人以前的一切风险和费用。

2010 年通则对买方的责任解释如下:

(1) 负责办理进口手续,取得进口许可证及其他核准证书。

(2) 承担卖方将货物交给承运人之后的一切风险,并负担除运费、保险费以外的一切费用,包括货物到达目的地的卸货费、进口关税等。

(3) 接受按合同规定交付的货物,接受有关单证。

(4) 负责按合同规定支付货物的价款。

## 4. 其他适用于集装箱国际多式联运的贸易术语

《2010 通则》中还列举了其他一些适用于集装箱多式联运的贸易术语,具体包括:

(1) EXW:工厂交货,是指当卖方在其所在地或其他指定地点(如工厂、车间或仓库等),将货物交由买方处置时,即完成交货。

（2）DAT：运输终端交货，是指当卖方在指定港口或目的地的指定运输终端，将货物从抵达的载货运输工具上卸下，交由买方处置时，即为交货。

（3）DAP：目的地交货，是指当卖方在指定目的地，将仍处于抵达的运输工具之上，且已做好卸载准备的货物交由买方处置时，即为交货。

（4）DDP：完税后交货，是指当卖方在指定目的地将仍处于抵达的运输工具上，但已完成进口清关，且已作好卸载准备的货物交由买方处置时，即为交货。

（三）六种常用国际贸易术语的比较

上述适用于传统港到港海运的三种常用国际贸易术语 FOB、CFR、CIF 与适用集装箱门到门多式联运的三种常用国际贸易价格术语 FCA、CPT、CP 相比较，有相似之处，但它们有着很大的不同。

**1. 适用的运输方式不同**

FOB、CFR、CIF 只适用于港到港之间的海上运输，而 FCA、CPT、CIP 适用于包括海洋运输在内的或以海洋运输为主的向两端内陆延伸的多种运输方式的联合运输。尤其适用于以集装箱为基础的门到门国际多式联运。

**2. 交货的地点不同**

FOB、CFR、CIF 卖方交货的地点是出口国装运港船上，而 FCA、CPT、CIP 卖方交货的地点是出口国内陆的某地点，如出口国内陆的工厂、仓库、集装箱内陆货运站、集装箱码头货运站、集装箱码头等。

**3. 适用的提单类型不同**

FOB、CFR、CIF 适用的提单必须是货物装上船后，由船长、承运人或其代理人签发的货物已装船提单，而对于 FCA、CPT、CIP，由于卖方交货的地点在其内陆，为方便货主起见，交货时，不一定是货物已装上内陆运载工具，往往是承运人收到货物后就签发提单，这个提单是收货待运提单。

**4. 适用的保险险别不同**

对于 FOB、CFR、CIF，买方或卖方投保的货物运输险别主要是海运险别，如平安险、水渍险、一切险、一般附加险、特殊附加险、特别附加险等，其承保的责任区段也仅仅为港到港之间的海洋运输段。而 FCA、CPT、CIP 由于承运人的责任区段是门到门或站到站等，所以买方或卖方投保的货物运输保险不仅涉及到海运还涉及公路运输、铁路运输、国内水运等运输方式。运输保险除了海洋运输险别外，还要承保内陆的铁路运输险别或公路运输险别或国内水路运输险别等。

六种常用价格术语买卖双方应承担的责任及费用划分见表 2-3-1。

表 2-3-1　常用贸易术语买卖双方主要责任和费用划分表

| 国际代号 | 含义 | 交货地点 | 运输工具 | 办理保险 | 支付运费 | 支付保费 | 出口税 | 进口税 | 适用运输方式 |
|---|---|---|---|---|---|---|---|---|---|
| FOB | 装运港船上交货价（成本价） | 在出口国装运港指定的船上 | 买方 | 买方 | 买方 | 买方 | 卖方 | 买方 | 海运、内河 |
| CFR | 成本加运费价 | 在出口国装运港指定的船上 | 卖方 | 买方 | 卖方 | 买方 | 卖方 | 买方 | 海运、内河 |

（续）

| 国际代号 | 含义 | 交货地点 | 责任与费用划分 ||||||  适用运输方式 |
|---|---|---|---|---|---|---|---|---|---|
| | | | 运输工具 | 办理保险 | 支付运费 | 支付保费 | 出口税 | 进口税 | 海运、内河 |
| CIF | 成本加运费保险费价 | 在出口国装运港指定的船上 | 卖方 | 卖方 | 卖方 | 卖方 | 卖方 | 买方 | 海运、内河 |
| FCA | 货交承运人价 | 在出口国的内陆或港口 | 买方 | 买方 | 买方 | 买方 | 卖方 | 买方 | 各种运输方式多式联运 |
| CPT | 运费付至(指定目的地)价 | 在出口国的内陆或港口 | 卖方 | 买方 | 卖方 | 买方 | 卖方 | 买方 | 各种运输方式多式联运 |
| CIP | 运费、保险费付至(指定目的地)价 | 在出口国的内陆或港口 | 卖方 | 卖方 | 卖方 | 卖方 | 卖方 | 买方 | 各种运输方式多式联运 |

★ **课堂活动**

| 项目 | 活动内容与结论 |
|---|---|
| 讨论 | 试分析FOB、CFR、CIF三种价格术语为什么不能完全适用于集装箱运输？ |
| 结论 | |

## 二、集装箱货物流转过程

在传统的国际货物运输中，托运人要从内陆各地用铁路、公路等运输方式将货物集中到出口港，再通过与船公司的运输合同装船出运。货物运到目的港卸船后，再通过铁路、公路等运输方式将货物运到交货地点。在货物运输的全过程中，货物以单件的形式装卸、搬运，运输效率和运输安全很难得到保证。各运输区段的运输批量、运输线路和实际承运人的选择及各区段之间的衔接等运输组织工作都是由托运人独立进行的，整个运输组织较为困难。

与传统的国际运输相比，集装箱货物运输无论在全程流通过程还是在运输组织上都发生了根本性的变化。采用集装箱运输，在货物运输的全过程中，货物以整箱的形式装卸、搬运，运输效率和运输安全大大提高。对于批量较小的货物，可由托运人事先将货物送到指定内陆站点，多个托运人的小批量货物集中装箱后再组织装船运输。各区段的运输线路、实际承运人的选择及各区段之间的衔接等运输组织工作可以交给运输经营人来完成，整个运输组织对托运人而言较为方便。

在集装箱货物的流通过程中，货物的集散方式有两种：整箱货和拼箱货。

（一）整箱货的流转过程

（1）发货人在自己工厂或仓库装箱地点配置集装箱。

（2）发货人在自己工厂或仓库装箱地点装箱。

（3）通过内陆运输或内河运输将集装箱货物运至集装箱码头。

（4）在集装箱码头堆场办理交接，根据堆场计划在堆场内暂存集装箱货物，等待装船。

（5）根据装船计划将集装箱货物装上船舶。

（6）通过水上运输将集装箱货物运到卸船港。

（7）根据卸船计划从船上卸下集装箱货物。
（8）根据堆场计划在堆场内暂存集装箱货物。
（9）通过内陆运输将集装箱货物运至收货人工厂和仓库。
（10）收货人在自己工厂或仓库掏箱地点掏箱。
（11）集装箱空箱回运。

承运人对整箱货以箱为交接单位，只要箱外表与收箱时相似、铅封完整，承运人就算完成了承运责任。整箱货一般由托运人装箱、拆箱、计数、填写装箱单，并由海关加铅封后运输，也可以委托承运人在货运站办理，但承运人对箱内货物的货损货差不负责任。除非货方可以举证是承运人责任造成的事故。整箱货提运单上一般要加注"委托人装箱、计数并加铅封"的条款。

（二）拼箱货的流转过程

（1）发货人自己负责将货物运至集装箱货运站。
（2）集装箱货运站负责配箱、装箱。
（3）集装箱货运站负责将装载货物的集装箱运至集装箱码头。
（4）根据堆场计划将集装箱暂存堆场，等待装船。
（5）根据装船计划将集装箱货物装上船舶。
（6）通过水上运输将集装箱货物运抵卸船港。
（7）根据卸船计划从船上卸下集装箱货物。
（8）根据堆场计划在堆场内暂存集装箱货物。
（9）将集装箱货物运到货运站。
（10）集装箱货运站掏箱交货。
（11）集装箱空箱回运。

对于拼箱货通常是由承运人分别揽货并在集装箱货运站或内陆站集中，而后将两票或两票以上的货物拼装在一个集装箱内；同样要在目的地的集装箱货运站或内陆站拆箱分别交货。对于这种货物，承运人要负担装箱与拆箱作业，装拆箱费用仍向货方收取。承运人对拼箱货的责任，基本与传统杂货运输相同。

★ 课堂活动

| 项目 | 任务和结论 |
| --- | --- |
| 练一练 | 请以流程图的形式展示集装箱整箱货物流转程序<br>请以流程图的形式展示集装箱拼箱货物流转程序 |

## 三、集装箱货物的交接

在集装箱运输中，根据交接地点不同，集装箱货物的交接有多种方式，在不同的交接方式中，集装箱运输经营人与货方各自承担的义务、责任不同，集装箱运输经营人的运输组织内容、范围也不同。

（一）集装箱货物交接的地点

集装箱货物的交接地点主要有集装箱码头堆场、集装箱货运站、收/发货人工厂或仓库。

### 1. 集装箱码头堆场(Container Yard,CY)

集装箱码头堆场,简称"场"。在集装箱码头堆场交接的货物都是整箱交接。在发货港集装箱码头堆场交接意味着发货人自行负责装箱及集装箱到发货港集装箱码头堆场的运输。在卸货港集装箱码头堆场交接意味着收货人自行负责集装箱货物到最终目的地的运输和拆箱。

### 2. 集装箱货运站(Container Freight Station,CFS)

集装箱货运站,简称"站"。从集装箱货运站的任务看,它实际上起到了货物的集中、疏散作用。集装箱货运站一般包括集装箱装卸港的市区货运站,内陆城市、内河港口的内陆货运站和中转站。在集装箱货运站交接的货物都是拼箱交接。在起运地集装箱货运站交接意味着发货人自行负责将货物送到集装箱货运站。在到达地集装箱货运站交接意味着收货人自己到集装箱货运站提取货物,并自行负责提货后的事宜。

### 3. 发货人或收货人的工厂或仓库(Door,D)

发货人或收货人的工厂或仓库,也就是通常所说的"门"。在发货人或收货人的工厂或仓库交接的货物都是整箱交接。一般意味着发货人或收货人自行负责装箱或拆箱。

(二) 集装箱货物的交接方式

根据交接地点的不同,集装箱货物的交接方式可以分为九种。

### 1. 门到门交接方式(Door to Door)

一般是货物批量较大,能装满一整箱的货物。发货人把空箱拉到自己的工厂或仓库装箱后,由海关在工厂或仓库内加封验收。运输经营人在发货人工厂或仓库整箱接货,然后把重箱运到集装箱码头堆场,等待装船;在目的港,由运输经营人负责把货物运到收货人的工厂或仓库整箱交货。

门到门的运输一般为整箱货运输,运输经营人负责全程运输。

### 2. 门到场交接方式(Door to CY)

发货人负责装箱并在其工厂或仓库整箱交货;运输经营人在发货人工厂或仓库整箱接货,并负责运抵卸货港,在集装箱堆场整箱交货;收货人负责在卸货港集装箱堆场整箱提货。这种交接方式表示承运人不负责目的地的内陆运输,在这种交接方式下,货物也都是整箱交接。

### 3. 门到站交接方式(Door to CFS)

发货人负责装箱并在其工厂或仓库整箱交货;运输经营人在发货人工厂或仓库整箱接货,并负责运抵卸货港集装箱货运站,经拆箱后按件向各收货人交付。在这种交接方式下,运输经营人一般是以整箱形态接受货物,并以拼箱形态交付货物。

### 4. 场到门交接方式(CY to Door)

发货人负责装箱并运至装货港集装箱堆场整箱交货;运输经营人在装货港集装箱堆场整箱接货,并负责运抵收货人工厂或仓库整箱交货;收货人在其工厂或仓库整箱接货。在这种交接方式下,货物都是整箱交接。

### 5. 场到场交接方式(CY to CY)

发货人负责装箱并运至装货港集装箱堆场整箱交货;运输经营人在装货港集装箱堆场整箱接货,并负责运抵卸货港集装箱堆场整箱交货;收货人负责在卸货港集装箱堆场整箱提货。在这种交接方式下,货物的交接形态一般都是整箱交接,运输经营人不负责内陆运输。

## 6. 场到站交接方式(CY to CFS)

发货人负责装箱并运至装货港集装箱堆场整箱交货;运输经营人在装货港集装箱堆场整箱接货;并负责运抵卸货港集装箱货运站或内陆货运站,经拆箱后按件交货;收货人负责在卸货港集装箱货运站按件提取货物。在这种交接方式下,运输经营人一般是以整箱形态接受货物,以拼箱形态交付货物。

## 7. 站到站交接方式(CFS to CFS)

发货人负责将货物运至集装箱货运站按件交货;运输经营人在集装箱货运站按件接受货物并装箱,负责运抵卸货港集装箱货运站拆箱后按件交货;收货人负责在卸货港集装箱货运站按件提取货物。在这种交接方式下,货物的交接形态一般都是拼箱交接。

## 8. 站到场交接方式(CFS to CY)

发货人负责将货物运至集装箱货运站按件交货;运输经营人在集装箱货运站按件接受货物并装箱,负责运抵卸货港集装箱堆场整箱交货;收货人负责在卸货港集装箱堆场整箱提货。在这种交接方式下运输经营人一般是以拼箱形态接受货物,以整箱形态交付货物。

## 9. 站到门交接方式(CFS to Door)

发货人负责将货物运至集装箱货运站按件交货;运输经营人在装货港集装箱货运站按件接受货物并装箱,负责运抵收货人工厂或仓库整箱交货;收货人在其工厂或仓库整箱接货。在这种交接方式下,运输经营人一般是以拼箱形态接受货物,以整箱形态交付货物。

★ **课堂活动**

| 项 目 | 任 务 和 结 论 |
|---|---|
| 思考 | 试分析如何根据给定的国际贸易术语选择适当的集装箱货物交接方式? |
| 试一试 | 请按所给情境为下列集装箱货物运输选择适当的交接方式 |
| 结论 | 情境1:我国汽车制造厂从某国进口组装零部件。该批零部件分别由该地区 A、B、C 三家企业提供,同批装运<br><br>☐ Door to Door　　　☐ Door to CY　　　☐ Door to CFS<br>☐ CY to Door　　　　☐ CY to CY　　　　☐ CY to CFS<br>☐ CFS to CFS　　　　☐ CFS to CY　　　　☐ CFS to Door<br><br>情境2:我国某企业向国外出口一批小家电产品。收货人分别为该地区的 A、B、C 三家公司。货物同批出运<br><br>☐ Door to Door　　　☐ Door to CY　　　☐ Door to CFS<br>☐ CY to Door　　　　☐ CY to CY　　　　☐ CY to CFS<br>☐ CFS to CFS　　　　☐ CFS to CY　　　　☐ CFS to Door<br><br>情境3:我国某企业向国外出口一批陶瓷制工艺品。采用一个20英尺集装箱装运<br><br>☐ Door to Door　　　☐ Door to CY　　　☐ Door to CFS<br>☐ CY to Door　　　　☐ CY to CY　　　　☐ CY to CFS<br>☐ CFS to CFS　　　　☐ CFS to CY　　　　☐ CFS to Door |

(续)

| 项 目 | 任务和结论 |
|---|---|
| 思考 | 假设情境1中的交易采用的是CPT价格术语,试分析这批零部件的买卖双方最适合在哪个地点进行货物风险、责任、费用的转移?换成情境2呢?<br>假设情境3中的交接采用的是DAT价格术语,试分析这批陶瓷工艺品的买卖双方最适合在哪个地点进行货物风险、责任、费用的转移? |
| 结论 |  |

## 任务二 集装箱货物运输单据交接

**学习任务书**

| 项 目 | 任务和结论 |
|---|---|
| 学习目标 | 能正确使用集装箱场站收据,办理出口交接业务<br>能正确使用交货记录,办理进口货物交付业务 |
| 情境描述 | 南京×××纺织品进出口公司A业务员小王委托集卡司机持场站收据送重箱进场,并办理货物交付手续<br>货物交付后小王向进口方业务员XT发出装运通知<br>货物到达目的港,XT持交货记录等相关单证,到指定堆场提货业务 |
| 任务 | 缮制场站收据,使用办理场站收据办理货物交接<br>缮制交货记录,使用交货记录办理提箱收货 |

### 一、场站收据的使用与交接

场站收据(Dock Receipt,D/R),是国际集装箱运输专用出口货运单证,它是由承运人签发的证明已收到托运货物并对货物开始负有责任的凭证。场站收据一般在托运人订舱,与船公司或其代理人达成运输协议,船代确认订舱后由船代交托运人或其代理人填制;在承运人委托的码头堆场、货运站或内陆货运站收到整箱货或拼箱货后签发生效。托运人或其代理人可凭场站收据向船代换取提单。场站收据(正本)格式见表2-3-2。

在集装箱货物出口托运过程中,场站收据要在多个机构和部门之间流转。在流转过程中涉及的有托运人、货代、船代、海关、堆场、理货公司、船长或大副等。现以10联单格式为例说明场站收据的填制要求及流转过程。

表 2-3-2　场站收据（正本）

| Shipper（发货人） | | D/R No.（编号） | 联合远洋 |
|---|---|---|---|
| Consignee（收货人） | | 场站收据 DOCK RECEIPT | 第七联 |
| Notify Party（通知人） | | Receive by the Carrier the Total number of containers or other packages or units stated below to be transported subject to the terms end conditions of the Carrier's regular form of Bill of Lading (for Combined Transport or Port to Shipment) which shall be deemed to be incorporated herein. Date（日期） | |
| Pre-Carriage By（前程运输） | Place of Receipt（收货地点） | | |
| Ocean Vessel（船名） Voy.No.（航次） | Port of Loading（装货港） | 场站章 | |
| Port of Discharge（卸货港） | Place of Delivery（交货地点） | Final Destination for the Merchant's Reference（目的地） | |

| Container No.（集装箱号） | Seal No.（封志号） Marks & Nos.（标记与号码） | No.of containers or P'kgs（箱数或件数） | Kind of Packages; Description of Goods（包装种类与货名） | Gross Weight 毛重/kg | Measurement 尺码/m³ |
|---|---|---|---|---|---|
| | | | | | |

Particulars Furnished by Merchants（托运人提供详细情况）

TOTAL NUMBER OF CONTAINERS OR PACKAGES(IN WORDS)
集装箱数或件数合计（大写）

Container No.（箱号） Seal No.（封志号） Pkgs（件数） Container No.（箱号） Seal No.（封志号） Pkgs（件数）

| | Received（实收） | By Terminal Clerk.（场站员签字） |
|---|---|---|
| Ex Rate（兑换率） | Prepaid at（预付地点） Payable at（到付地点） | Place of issue（签发地点） |
| | Total Prepaid（预付总额） No. of Original B(s)/L（正本提单份数） | BOOKING（订舱确认） APPROVED BY |

| Service Type on Receiving □ - CY, □ - CFS, □ - DOOR | Service Type on Delivery □ - CY, □ - CFS, □ - DOOR | Reefer Temperature Requited（冷藏温度） | °F | °C |
|---|---|---|---|---|

| TYPE OF GOODS（种类） | □ Ordinary（普通） | □ Reefer（冷藏） | □ Dangerous（危险品） | □ Auto（裸装车辆） | 危险品 | Class Property IMDG Code Page UN NO |
|---|---|---|---|---|---|---|
| | □ Liquid（液体） | □ Live Animal（活动物） | □ Bulk（散货） | | | |

第一联　集装箱货物托运单—货主留底
第二联　集装箱货物托运单—船代留底
第三联　运费通知(1)
第四联　运费通知(2)
第五联　场站收据副本—装货单(关单联)
第六联　场站收据副本—大副联
第七联　场站收据(正本联)
第八联　货代留底
第九联　配舱回单(1)
第十联　配舱回单(2)

（一）填制要求

（1）"场站收据"各栏目由托运人用计算机或打字机填制以求清晰。托运人应正确完整地填写和核对场站收据的各项目，尤其是下列栏目的内容。

①货物装卸港、交接地。

②运输条款、运输方式、运输要求。

③货物详细情况，如种类、唛头、性质、包装、标志等。

④装船期，能否分批出运。

⑤所需箱了规格、种类、数量等。

（2）场站收据的收货方式和交货方式应根据运输条款如实填写，同一单内不得出现两种收货方式或交货方式。

（3）冷藏货出运应正确填报冷藏温度。

（4）危险品出运应正确填报类别、性能、《国际危规》页数和联合国编号(UN No.)。如《国际危规》规定主标以外还有副标，在性能项目栏用"主标/副标"方式填报。

（5）第 2、3、4 联和第 8、9、10 联右下角空白栏供托运人备注用。

（6）托运人对场站收据内容变更必须及时通知变更时已办好手续的各有关方，并在 24h 内出具书面通知；办理变更手续。

（二）流转过程及要求

（1）发货人或其代理填制场站收据 1 式 10 联，留下第 1 联（发货人留底联），将其余 9 联送船代订舱。

（2）船代接受场站收据第 2 联～10 联，编号后自留第 2 联（船代留底联）、第 3 联（运费计收联(1)）、第 4 联（运费计收联(2)），并在第 5 联（关单联）上盖章确认订舱，然后退回发货人或货代第 5 联～10 联。

船代订舱签单时，应将场站收据编号用打字机打上，在第 5 联上盖章签单时应仔细核对托运人所填项目是否完整，如有问题应及时联系托运人或其货运代理。应注意的栏目主要有：

① 是否指定船公司、船名。

② 是否规定货物运抵日期或期限。

③ 有无特殊运输要求。

④ 对发货人提出的运输要求能否做到。

⑤ 是否应收订舱押金。

（3）发货人或货代将第5联~10联送海关报关，海关核对无误后在第5联（关单联）上盖章放行。

① 出口货物一般要求在装箱前24h向海关申报，海关在场站收据上盖放行章后方可装箱。

② 如在海关盖放行章前装箱或先进入堆场的集装箱，必须经海关同意，并在装船前24h将海关盖章的场站收据送交收货的场站业务员。

③ 未经海关放行的货物物不能装箱出运，一旦发现以走私货论处。

（4）海关在第5联盖章放行后，自留第9联，将其余联（第5联~8联、第10联）退回发货人或货代。

（5）发货人或货代负责将箱号、封志号、件数等填入第5联~7联，并将货物连同第5联~8联、第10联在规定时间一并送堆场或货运站。

场站收据中出口重箱的箱号允许装箱后由货代或装箱单位填写，海关验放时允许无箱号，但进场完毕时必须填写所有箱号、封志号、箱数。

（6）堆场或货运站在接受货物时进行单、货核对。如果无误，在第7联（场站收据正本）上填入实收箱数、进场完毕日期，并加盖公章签收，然后退回给发货人。堆场或货运站自留第5联（关单联）。

各承运人委托场站签发场站收据的，必须有书面协议，各场站与承运人签订委托协议后签发的场站收据可以向船代换取提单。

已签出场站收据的集装箱货物在装船前的风险和责任由船公司承担。如采用CY交接条款，货主对箱内货物的准确性负责；如采用CFS交接条款；装箱单位对货物负责。

堆场或货运站签发场站收据第7联时应注意：

① 第5联（关单联）上有否海关放行章。没有海关放行，不得签发"场站收据"，并不得安排集装箱装船。

② 进堆场或货运站的货物与单证记载内容是否相符。

③ 进堆场的箱号、封志号是否与单证记载相符。

④ 一起送交的单证，其内容是否单单相符。

⑤ 货箱未进堆场或货运站不能签收。

⑥ 船公司是否已给舱位。

⑦ 堆场内一旦发生倒箱，新箱号是否报海关。

⑧ 货物分批进场的，最后一箱进场完毕后签收场站收据。

⑨ 拼箱货物以箱为单位，一票一单签发场站收据。

（7）发货人凭签收的第7联到船代处换取待装船提单，或在装船后换取已装船提单。

凭场站收据正本，船代应立即签发待装船提单，在船舶开航后24h内，船代应核对并签发已装船提单。

船代签发集装箱提单 B/L 时应注意：
① 货物是否已实际装上船舶。
② 货物是否在装运期内装船出运。
③ 如货物预付运费，该运费是否已支付。
④ B/L 记载内容与装箱单、商检证、发票、信用证是否一致。
⑤ D/R 上运输条款与 B/L 记载内容是否一致。
⑥ 场站收据上对货物有无批注。
⑦ 货代是否已先签发 HOUSE – B/L(实际承运人签发的提单称为 SEA – B/L；无船承运人签发的提单称为 HOUSE – B/L)。
⑧ 签发几份正本提单。

船代在货箱装船后，应核对单据与集装箱装船的情况是否一致。如不一致，应迅速与港方和理货联系，避免出现差错。

(8) 堆场将场站收据第 6、8、10 联送处理。外理于货物实际装船后，在第 8 联(外理联)上签收并自留；等货全部装上船舶，将第 6 联(大副联)和第 10 联(空白联)交船方留存(第 10 联也可供有关方使用)。

堆场业务员必须在装船 24h 前将场站收据第 6 联(大副联)分批送外轮理货人员，最后一批不得迟于开装前 4h。

外轮理货在港区的理货员收齐港区场站业务员送来的场站收据大副联后，在装船时将装船集装箱与单据核对无误后交大副。

外理应根据交接条款在承运人指定的场站和船边理箱，并在有关单证上加批注，提供理货报告和理箱单。如有变更应及时更正场站收据，并在船开航后 24h 内通知船代。

船舶开航后 24h 内外理人员将装船集装箱理箱单交船代。

港区场站业务员在船舶开航后立即将已签场站收据而未装上船的出口箱信息通知船代，并在 24h 内开出工作联系单。港区场站受船公司委托签发场站收据，应对由于其工作中的过失而造成的后果负责。

集装箱装运单见表 2 – 3 – 3。

★ 课堂活动

| 项目 | 任务和结论 |
| --- | --- |
| 试一试 | 根据场站收据填制要求，为南京×××纺织品进出口公司出口的"女士短衬衫"制作场站收据。<br>相关信息：<br>提单号：C×××010382　　　　　　　标记唛码：<br>船名航次：BOSPORUS BRIDGE　094E/W　　CRYSTAL KOBELTD., NEW YORK<br>集装箱号：C××U 3455344　　　　　　ORDER NO. 21SSG017<br>铅封号：C14937×××　　　　　　　　STYLES NO. H32331SE<br>箱型尺寸：20ft 通用箱　　　　　　　　CARTON/NO. 1 – 120<br>运载工具牌号：苏 A24×××　　　　　　MADE IN CHINA |

表 2-3-3　集装箱装运单

| Shipper（发货人） | | D/R No.（编号） | 联合远洋 |
|---|---|---|---|
| Consignee（收货人） | | 装货单　场站收据副本 | 第五联 |
| Notify Party（通知人） | | Receive by the Carrier the Total number of containers or other packages or units stated below to be transported subject to the terms end conditions of the Carrier's regular form of Bill of Lading (for Combined Transport or Port to Shipment) which shall be deemed to be incorporated herein.<br>Date（日期） | |
| Pre-Carriage By（前程运输） | Place of Receipt（收货地点） | | |
| Ocean Vessel（船名）Voy.No.（航次）Port of Loading（装货港） | | 场站章 | |
| Port of Discharge（卸货港） | Place of Delivery（交货地点） | Final Destination for the Merchant's Reference（目的地） | |

| Particulars Furnished by Merchants（托运人提供详细情况） | Container No.（集装箱号） | Seal No.（封志号）Marks & Nos.（标记与号码） | No.of containers or P'kgs（箱数或件数） | Kind of Packages; Description of Goods（包装种类与货名） | Gross Weight 毛重/kg | Measurement 尺码/m³ |
|---|---|---|---|---|---|---|
| | | | | | | |

TOTAL NUMBER OF CONTAINERS OR PACKAGES(IN WORDS)
集装箱数或件数合计（大写）

Container No.（箱号）Seal No.（封志号）Pkgs（件数）Container No.（箱号）Seal No.（封志号）Pkgs（件数）

| | | Received（实收） | By Terminal Clerk.（场站员签字） |
|---|---|---|---|
| Ex Rate（兑换率） | Prepaid at（预付地点） | Payable at（到付地点） | Place of issue（签发地点） |
| | Total Prepaid（预付总额） | No. of Original B(s)/L（正本提单份数） | BOOKING（订舱确认）APPROVED BY |

| Service Type on Receiving<br>□ - CY, □ - CFS, □ - DOOR | Service Type on Delivery<br>□ - CY, □ - CFS, □ - DOOR | Reefer Temperature Requited（冷藏温度）　°F　°C |
|---|---|---|

| TYPE OF GOODS（种类） | □ Ordinary（普通） | □ Reefer（冷藏） | □ Dangerous（危险品） | □ Auto（裸装车辆） | 危险品 | Class<br>Property<br>IMDG Code Page<br>UN NO |
|---|---|---|---|---|---|---|
| | □ Liquid（液体） | □ Live Animal（活动物） | □ Bulk（散货） | □ _____ | | |

## ★ 课堂活动

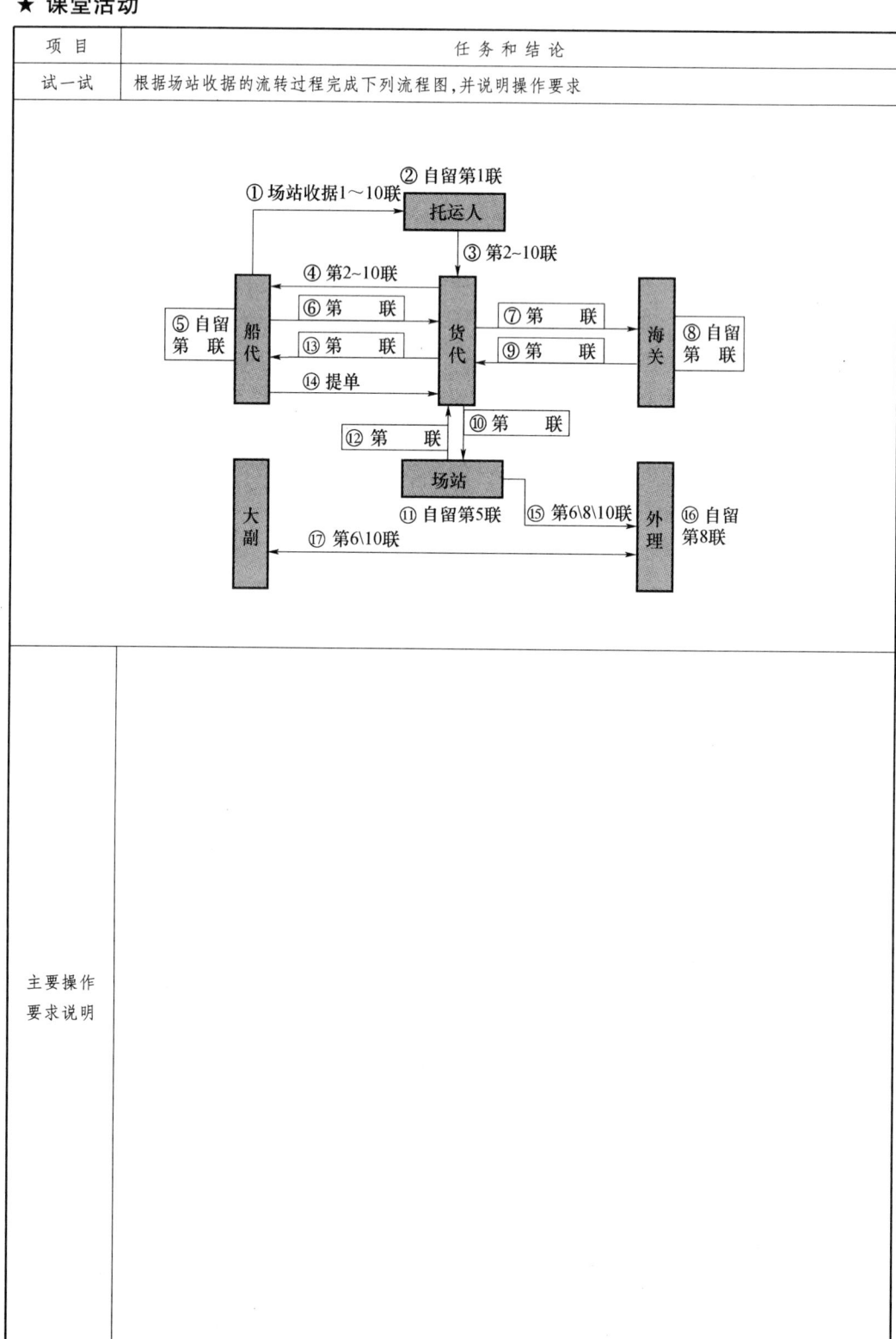

| 项目 | 任务和结论 |
|---|---|
| 试一试 | 根据场站收据的流转过程完成下列流程图,并说明操作要求 |
| | ①场站收据1~10联 ②自留第1联 托运人 ③第2~10联 ④第2~10联 ⑤自留第 联 船代 ⑥第 联 ⑬第 联 货代 ⑦第 联 ⑨第 联 海关 ⑧自留第 联 ⑭提单 ⑩第 联 ⑫第 联 场站 ⑪自留第5联 ⑮第6\8\10联 外理 ⑯自留第8联 大副 ⑰第6\10联 |
| 主要操作要求说明 | |

## 二、交货记录的使用与交接

交货记录(Delivery Record,D/R'),是集装箱运输承运人把货物交付给收货人或其代理人时,双方共同签署的证明货物已经交付及货物交付时情况的单证;同时它也证明承运的责任已告终止。

交货记录是国际集装箱进口货运业务中的主要单证,又称为小提单或提货单。在实际应用中交货记录所起的作用及其对不同当事人的责任划分不尽相同。对承运人来说,交货记录一经签发即已标明同意交货,尽管事实上并没有交付货物。对收货人来说,只要拿到交货记录即已表明具备提货条件,尽管实际上并没有提货。因此,交货记录可以作为承运人、收货人之间责任转移的证明,即交货记录签发等于承运人责任终止等于收货人责任开始。

(一)交货记录的组成

集装箱运输下交货记录比较正规的使用始于20世纪80年代初,现已在全国主要港口进口集装箱货物交付中使用。标准的交货记录格式一套5联,其样式见表2-3-4。

第1联,到货通知书。

第2联,提货单。

第3联,费用账单(1)。

第4联,费用账单(2)。

第5联,交货记录。

(二)流转过程及要求

(1)船舶抵达卸货港前,船公司或其代理人根据装船港船代传送的舱单或提单副本制作交货记录,1式5联,并向收货人或其代理人发出到货通知书(交货记录第1联)。

船代在发出到货通知书前,首先应查清收货人是谁。在实际进口业务中,提取货物的人有时并非收货人自己,一般有以下几种情况。

①同一票货既有船公司签发提单,又有无船承运人签发提单时,到货通知书中的收货人通常是无船承运人或其代理人。

②同一票货在由中间商做买卖时,中间商既是第一买方,又是第二卖方,这时中间商是收货人。

③如收货人委托货运代理人做进口业务时,货运代理人即是收货人。

(2)收货人或其代理人在收到到货通知书后,凭正本提单和到货通知书到船代处换第2联(提货单)、第4联(费用账单)和第5联(交货记录)。

(3)船代在第2联(提货单)上盖章签发,自留第1联(到货通知书)和第3联(费用账单),并把第2联(提货单)、第4联(费用账单)、第5联(交货记录)退交收货人或其代理人。

货代在收回正本提单、签发提货单时应注意以下问题：

① 收货人是否在提单记载之目的港/地提货。

② 在到付运费情况下，收货人是否已付清全部运费。

③ 承运货物的船舶是否属于自己代理的船公司。

④ 是凭 HOUSE B/L，还是 SEA B/L 换取提货单。

⑤ 如收货人没有交出正本提单，又要求签发提货单时，承运人是否已认可，或承运人对此有什么指示。

⑥ 如收货人要求凭副本提单换提货单时，承运人是否在副本提单上盖章，是否提供经承运人认可的担保。

⑦ 正本提单一共有多少份，变更提货地必须收回全套提单。

⑧ 记名 B/L 转让放货必须由记名收货人出具书面的交货通知书。

⑨ 指示 B/L 背书转让是否具有连续性。

⑩ 正本提单上对货物、箱子有无批注，对箱号、封志号有无说明。

（4）收货人或其代理人凭提货单、费用账单、交货记录共3联，随同进口货物报关单一起到海关报关。

（5）海关核准后在提货单上盖放行章，并将提货单、费用账单、交货记录共3联退回收货人或其代理人。

（6）收货人或其代理人凭承运人、代理人、海关盖章的提货单和交货记录去堆场或货运站提货，凭费用账单结清场站费用。

堆场或货运站在凭提货单交货之前应查核：

① 船代、海关是否已盖章同意放行。

② 单单是否相符，单货是否相符。

③ 箱号、封志号与记载是否相符。

④ 因堆场或货运站办理交付货物而引起的费用（如滞期费等），收货人是否已支付。

（7）堆场或货运站核对货代提货单是否有效及有关放行章后，如无异议，将第2联（提货单）、第4联（费用账单）留下，作为放货、结算及收取费用的依据，在第5联（交货记录）上盖章以示确认手续完备，受理作业申请，安排提货作业计划，并同意放货。

（8）堆场或货运站验单放货。在提货完毕后，会同收货人或其代理人共同签收第5联（交货记录），以示确认提取的货物无误，并把经双方签署的第5联（交货记录）送至船代处，留存第1联（提货单）、第4联（费用账单）归档备查。

提货时若有货损，作货损交货记录并经双方签署确认。凡交货时发生货物、集装箱状况与提货单据不一致的情况按理赔程序处理。

收货人或其代理无正本提单，凭保函换取提货单的，在20天内应向船舶代理办理销保手续（凭正本提单换取保函）。逾期不办造成后果的，船公司或其代理人有权向海事法院提起诉讼。

表 2-3-4　交货记录

| 收货人 | 名称 |  |  | 收货人开户银行与账号 |  |  |
|---|---|---|---|---|---|---|
|  | 地址 |  |  |  |  |  |

| 船名 |  | 航次 |  | 起运港 |  | 目的地 |  |
|---|---|---|---|---|---|---|---|
| 卸货地点 |  | 到达日期 |  | 进库场日期 |  | 第一程运输 |  |

| 标记集装箱 | 货名 | 集装箱数 | 件数 | 重量(DGS) | 体积(m³) |
|---|---|---|---|---|---|
|  |  |  |  |  |  |
|  |  |  |  |  |  |
|  |  |  |  |  |  |
|  |  |  |  |  |  |
|  |  |  |  |  |  |
|  |  |  |  |  |  |
|  |  |  |  |  |  |
|  |  |  |  |  |  |
|  |  |  |  |  |  |
|  |  |  |  |  |  |
|  |  |  |  |  |  |
|  |  |  |  |  |  |

交货记录

| 日期 | 货名与集装箱号 | 出库数量 |  |  | 操作过程 | 件数 | 签名 |  |
|---|---|---|---|---|---|---|---|---|
|  |  | 件数 | 包装 | 重量 |  |  | 发货员 | 取货人 |
|  |  |  |  |  |  |  |  |  |
|  |  |  |  |  |  |  |  |  |
|  |  |  |  |  |  |  |  |  |
|  |  |  |  |  |  |  |  |  |
|  |  |  |  |  |  |  |  |  |
|  |  |  |  |  |  |  |  |  |
|  |  |  |  |  |  |  |  |  |
|  |  |  |  |  |  |  |  |  |
|  |  |  |  |  |  |  |  |  |
|  |  |  |  |  |  |  |  |  |
|  |  |  |  |  |  |  |  |  |
|  |  |  |  |  |  |  |  |  |
|  |  |  |  |  |  |  |  |  |
|  |  |  |  |  |  |  |  |  |
| 备注 |  |  |  |  |  |  | 收货人章 | 储区场站章 |

## ★ 课堂活动

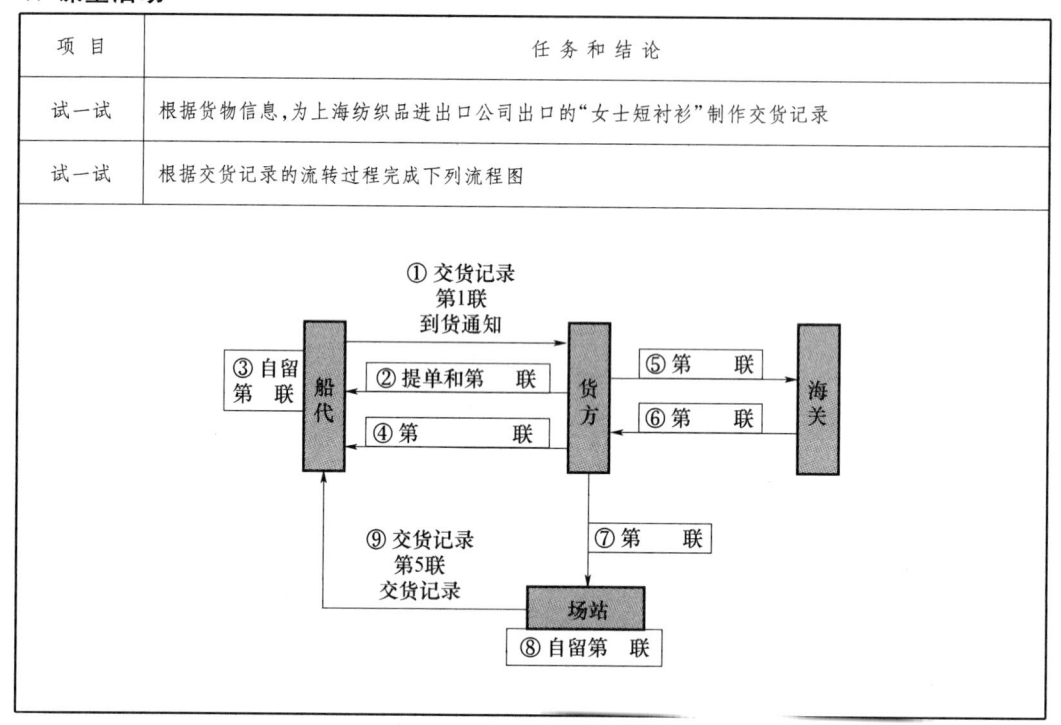

| 项　目 | 任　务　和　结　论 |
|---|---|
| 试一试 | 根据货物信息，为上海纺织品进出口公司出口的"女士短衬衫"制作交货记录 |
| 试一试 | 根据交货记录的流转过程完成下列流程图 |

```
                    ① 交货记录
                      第1联
                      到货通知
  ③ 自留     ┌──────┐                ┌──────┐   ⑤ 第　  联   ┌──────┐
  第　 联 ←─ │ 船   │ ② 提单和第　联 │ 货   │ ──────────→  │ 海   │
            │ 代   │ ←──────────── │ 方   │   ⑥ 第　  联  │ 关   │
            │      │ ────────────→  │      │ ←──────────  │      │
            └──────┘  ④ 第　  联    └──────┘              └──────┘
                ↑                       │
                │                       │ ⑦ 第　  联
                │ ⑨ 交货记录            ↓
                │   第5联            ┌──────┐
                │   交货记录         │ 场站 │
                └───────────────────│      │
                                    └──────┘
                                    ⑧ 自留第　联
```

## ★ 课外活动

| 项　目 | 任　务　和　结　论 |
|---|---|
| 归纳总结 | 根据所学内容，参考文献资料，总结归纳集装箱货物出口程序（以流程图表示） |
|  |  |
| 归纳总结 | 根据所学内容，参考文献资料，总结归纳集装箱货物进口程序（以流程图表示） |
|  |  |

# 模块四  货损分析及索赔

### 学习任务书

| 项目 | 任务和结论 |
| --- | --- |
| 学习目标 | ● 了解索赔需要提供的依据<br>● 掌握集装箱运输责任划分的原则,并能分析货损责任 |
| 情境描述 | 集装箱运输货损责任纠纷案:<br>　　原告CK诉称:原告的代理人YT公司将价值15400美元的氧化锌交给被告集装箱公司JZX装箱,被告装箱出错,误将原告的货物装入他人的集装箱,导致原告的货物灭失。因货物灭失,原告重新向客户发货,因而造成损失共198059.87元。请求法院判令:被告赔偿原告的经济损失198059.87元,诉讼费用由被告承担。<br>　　经法院审理查明:20××年10月5日,原告与YT公司签订《货运协议》,约定原告委托YT公司办理其经广州口岸出口货物的卸货、仓储、换箱、定舱、报关等事务。次年1月22日,货物以场到场(CY/CY)的运输方式被运抵澳大利亚布里斯班码头,收货人澳大利亚SX公司收取货物,后由海关运输公司MSA运输。据澳大利亚布里斯班海关MSA环球运输有限公司经理W给澳大利亚SX有限公司的《函》记载:1月25日货物运抵收货人的堆场,编号为TTNU3312931的集装箱被澳大利亚SX公司打开,当时运输方的代表在场,发现箱内装的是唛头为25kg袋装磷酸三钠,与提单所记载的货物氧化锌不符。澳大利亚SX公司委托劳氏代理——布里斯班海运调查及调停人AM有限公司检验了货物,《检验报告》记载:检验日期1月27日,提单号为WIN991220,编号TTNU3312931的集装箱是关闭的但未被锁住,在场的澳大利亚SX公司代表告知,货柜接收时是被封住的,但不知其封号。货柜被打开后发现是25kg装的唛头为磷酸三钠的货物,而不是提单所载明的氧化锌。AM有限公司所摄的现场照片显示,编号为TTNU3312931的集装箱所装货物为25kg装的唛头为磷酸三钠的货物 |
| 工作任务 | 根据情境分析货损责任、掌握索赔条件 |

## 一、中华人民共和国海上国际集装箱运输管理规定(节选)

### (一)第三章 货运管理

　　集装箱所有人、经营人应当做好集装箱的管理和维修工作,定期进行检验,以保证提供适宜于货物运输的集装箱。

　　违反本条第二款规定,造成货物损坏或者短缺的,由责任人按照有关规定承担赔偿责任。

　　第十三条　承运人及港口装卸企业应当保证运载集装箱的船舶、车辆、装卸机械及工具处于良好的技术状况,确保集装箱的运输及安全。

　　承运人及港口装卸企业违反本条第一款规定,造成货物损坏或者短缺的,应当按照有关规定承担赔偿责任。

　　第十四条　承运人及港口装卸企业应当按照国家规定使用集装箱运输单证。

　　第十五条　承运人可以直接组织承揽集装箱货物,托运人可以直接向承运人或者委托货运代理人洽办进出口集装箱货物的托运业务。

第十六条　托运人应当如实申报货物的品名、性质、数量、重量、规格。托运的集装箱货物，必须符合集装箱运输的要求，其标志应当明显、清楚。

第十七条　托运人或者承运人在货物装箱前应当认真检查箱体，不得使用影响货物运输、装卸安全的集装箱。

第十八条　装运粮油食品、冷冻品等易腐食品的集装箱，必须经商检机构检验合格后方可使用。

第十九条　集装箱货物运达目的地后，承运人应当及时向收货人发出提货通知，收货人应当在收到通知后，凭提单提货。

收货人超过规定期限不提货或者不按期限归还集装箱的，应当按照有关规定或者合同约定支付货物、集装箱堆存费及支付集装箱超期使用费。

第二十条　海上国际集装箱的运费和其他费用，应当根据国家有关运输价格和费率的规定计收；国家没有规定的，按照双方商定的价格计收。任何单位不得乱收费用。

第二十一条　承运人及港口装卸企业，应当定期向交通主管部门报送运输统计报表。

第二十二条　与海上国际集装箱运输相关的各方应当及时相互提供集装箱运输信息。

（二）第四章　交接和责任

第二十三条　承运人与托运人或者收货人应当根据提单确定的交接方式，在码头堆场、货运站或者双方商定的其他地点办理集装箱、集装箱货物交接。

第二十四条　参加海上国际集装箱运输的承运人、港口装卸企业应当按照下列规定办理集装箱交接。

（1）海上承运人通过理货机构与港口装卸企业在船边交接。

（2）经水路集疏运的集装箱，港口装卸企业与水路承运人在船边交接。

（3）经公路集疏运的集装箱，港口装卸企业与公路承运人在集装箱码头大门交接。

（4）经铁路集疏运的集装箱，港口装卸企业或者公路承运人与铁路承运人在装卸现场交接。

第二十五条　集装箱交接时，交接双方应当检查箱号、箱体和封志。重箱凭封志和箱体状况交接；空箱凭箱体状况交接。

交接双方检查箱号、箱体和封志后，应当作出记录，并共同签字确认。

第二十六条　承运人、港口装卸企业对集装箱、集装箱货物的损坏或者短缺的责任，交接前由交方承担，交接后由接方承担。但如果在交接后180天内，接方能提出证据证明集装箱的损坏或者集装箱货物的损坏或者短缺是由交方原因造成，交方应当承担赔偿责任。法律另有规定的除外。

第二十七条　除法律另有规定外，承运人与托运人应当根据下列规定，对集装箱货物的损坏或者短缺负责。

（1）由承运人负责装箱的货物，从承运人收到货物后至运达目的地交付收货人之前的期间内，箱内货物损坏或者短缺，由承运人负责。

（2）由托运人负责装箱的货物，从装箱托运后至交付收货人之前的期间内，如箱体和封志完好，货物损坏或者短缺，由托运人负责；如箱体损坏或者封志破坏，箱内货物损坏或者短缺，由承运人负责。

承运人与托运人或者收货人之间要求赔偿的时效,从集装箱货物交付之日起算不超过180天,但法律另有规定的除外。

第二十八条　由于托运人对集装箱货物申报不实造成人员伤亡、运输工具、货物自身及其他货物、集装箱损失的,由托运人负责。

第二十九条　由于装箱人的过失,造成人员伤亡、运输工具、其他货物、集装箱损失的,由装箱人负责。

第三十条　集装箱货物发生损坏或者短缺,对外索赔时需要商检机构鉴定出证的,应当依照《中华人民共和国进出口商品检验法》办理。

集装箱、集装箱货物发生短缺,对外索赔时需要理货机构出证的,应当依照有关规定办理。

## 二、中华人民共和国海上国际集装箱运输管理规定实施细则(节选)

(一)第三章 货运管理

第十四条　海上国际集装箱应当符合国际标准化组织(ISO)规定的技术标准和国际集装箱安全公约(CSC)、国际集装箱关务公约(CCC)等有关国际公约的规定。

集装箱所有人、经营人应当做好集装箱的管理和维修工作,定期对集装箱进行检查,使其保持适于货物运输的良好技术状况。

第十五条　海上国际集装箱的技术检验(制造检验、定期检验和修理检验)和发证(集装箱样箱证书、集装箱证书和集装箱检验证书)应由中华人民共和国船舶检验局(简称船检局)、中国船级社或国际海事组织(IMO)认可的有关国际船舶检验机构负责。集装箱所有人、经营人必须持船检局、中国船级社或有关国际船舶检验机构的有关证书向海关申请核发"批准证明书"和"海关批准牌照"。

对营运中的海上国际集装箱,其所有人、经营人应按有关规定向上述检验机构申请定期检验或申请实行连续检验计划(简称ACEP)。

违反本条规定,造成货物损坏或短缺的,集装箱所有人、经营人应按有关规定负责赔偿。

第十六条　海上国际集装箱运输企业应当保证船舶、车辆、装卸机械及工属具、集装箱以及堆放集装箱的场站设施处于良好的技术状况,确保集装箱运输安全。

参加营运的船舶应具备有效的适航证书;车辆应具备有效的行车执照;集装箱、装卸机械及工属具应具备有效的合格证书。

堆放集装箱的堆场、货运站(以下简称场站)应具备下列条件。

(1)地面平整能承受所堆重箱的压力,有良好的排水条件。

(2)必要的消防设施,足够的照明设施和通道。

(3)必要的交通和通讯设备。

(4)有符合标准并取得环保部门认可的污水、污染物处理能力。

(5)有围墙、门卫和检查设施。

(6)有一定的集装箱专用机械设备。

(7)有集装箱箱卡管理或电子计算机管理设备。

违反本条规定,造成集装箱或集装箱货物损坏、短缺的,责任方应当按照有关规定负责赔偿。

第十七条　国内承运人可直接组织承揽集装箱货物,托运人可直接向承运人或委托货运代理人洽办进出口集装箱货物的托运业务;货运代理人可代表托运人或收货人办理集装箱进出口运输的托运和收货业务。

第十八条　为加快进出口货物运送,托运人或收货人可根据提单注明的集装箱交付条款与集装箱所有人签订集装箱使用合同或租用合同。

第十九条　托运人应如实申报货物的品名、性质、数量、重量、规格。托运的集装箱货物标志应明显、清楚。

第二十条　托运人或承运人在货物装箱前应认真检查箱体,不得使用影响货物运输、装卸安全的集装箱。

第二十一条　使用集装箱运输和装卸危险货物,必须严格遵守《国际海上危险货物运输规则》(以下简称《国际危规》)和《集装箱装运包装危险货物监督管理规定》、《汽车危险货物运输规则》、《铁路危险货物运输规则》的规定。

第二十二条　装运粮油食品、冷冻品等易腐食品的集装箱,必须由集装箱所有人或经营人向商检机构申请检验,经检验合格后方可装运。

第二十三条　在码头堆场或收货人工厂、仓库交接的整箱货物,如需在码头拆、装箱的,托运人、收货人应委托港口国际集装箱装卸企业拆装箱、外轮理货公司理货,并负担有关费用。

第二十四条　在卸船作业中,外轮理货公司发现集装箱封志脱落、损坏,应作出实事记录,经海上承运人签认,重新施加铅封,并应及时向海关报告,拆箱时由外轮理货公司验封理货。

第二十五条　集装箱货物运达提单注明的交货地点后,海上承运人应在即日内向收货人发出提货通知,收货人应在收到通知后,凭提单办理提货手续。

收货人提运整箱货物,必须凭提货单和设备交接单,并应在规定期限内将集装箱归还至指定地点。

集装箱卸船后,在港口交付的货物超过10天不提货,港口装卸企业(以下简称港口)可将集装箱或货物转栈堆放,由此发生的费用,由收货人负担。

在10天内,由港口责任造成的集装箱或货物转栈的费用,由港口负担。

收货人超过规定期限不提货或不按期限和指定地点归还集装箱的,应当按照有关规定或合同约定支付货物、集装箱堆存费及集装箱超期使用费。

第二十六条　自集装箱进境之日起3个月以上不提货的,海上承运人或港口可报请海关按国家有关规定处理货物,并从处理货物所得的款项中支付有关费用。

第二十七条　为做好港口集装箱及集装箱货物的集疏运工作,应建立由当地政府领导、交通主管部门主持、有关单位参加的"联合办公会议"制度,协调各方的关系,确保港口集疏运计划的落实。

第二十八条　海上国际集装箱运输的运费及其他费用,应按国家有关运输价格和费率规定计收;国家没有规定的,按照双方商定的价格计收。任何单位不得乱收费用。

第二十九条　海上国际集装箱运输企业,应定期逐级向交通主管部门报送统计报表。

## (二) 第四章 场站管理

**第三十条** 场站应与海上承运人签订有关业务协议,严格信守协议规定,按照海上承运人的要求按时接、发集装箱,提供进、出场站的集装箱拆、装箱、堆存等情况。

**第三十一条** 海上承运人向场站运送、调出集装箱,除双方另有约定外,必须提前一个工作日通知场站,并及时提供有关业务资料。

**第三十二条** 集装箱进入场站后,场站应按双方协议规定,按照不同的海上承运人将空箱和重箱分别堆放。空箱按完好箱和破损箱、污箱、自有箱和租箱分别堆放。

**第三十三条** 场站应对掌管期限内的集装箱和集装箱内的货物负责,如有损坏或灭失,由场站承担责任。未经海上承运人同意,场站不得以任何理由将其堆存的集装箱占用、改装或出租,否则应负经济责任。

**第三十四条** 场站应根据中转箱发送的不同目的地,按船、按票集中堆放,并严格按海上承运人的中转计划安排中转。

**第三十五条** 集装箱修理、清洗前,场站应提出估价单,经海上承运人确认后方可修理和清洗。修理、清洗过的集装箱(包括清除危险品标志)必须经过质量检验,并由海上承运人验收认可。

**第三十六条** 场站如无条件进行集装箱修理、清洗,应及时向海上承运人提供需要修理、清洗的集装箱数量及箱号,以便海上承运人另做安排。

## (三) 第五章 装箱管理

**第三十七条** 装箱人应按规定认真检查箱体,发现集装箱不适合装运货物时,应拒绝装箱,并立即通知集装箱所有人。集装箱所有人有责任继续提供适合货物装运的集装箱,以保证货物装船。

**第三十八条** 承运人在接收集装箱时,如发现集装箱损坏并明显影响货物安全,可拒绝接收。

**第三十九条** 集装箱的目测检查:
(1) 外部检查。检查集装箱外表有无损伤、变形、破口等异样。
(2) 内部检查。对箱内侧 6 面进行察看,是否有漏水、漏光、水迹、油迹、残留物、锈蚀。
(3) 集装箱的箱门检查。检查箱门有无变形,能否 270°开启。

**第四十条** 使用集装箱装载普通货物时应做到:
(1) 根据货物在箱内的体积、重量、性质、包装强度、运输要求进行配载。
(2) 货物在箱内的重量分布应均衡并根据货物包装强度决定堆码层数。
(3) 货物装载应严密整齐,货物与箱体之间如有空隙,应加适当的衬垫器材,防止货物移动。
(4) 不同种类货物拼箱时,应注意其物理、化学性质,避免发生异味造成货损。
(5) 箱内的货物重量不得超出该箱允许的额定载重量。

**第四十一条** 使用集装箱装载液体货物应做到:
(1) 罐式集装箱本身结构、性能、箱内面涂料适合货物的运输要求。
(2) 货物的密度与罐式集装箱的容积和强度相近。

(3) 使用排罐时,具有必要的设备和阀门。
(4) 安全阀应处于有效状态。

第四十二条 使用冷冻、冷藏集装箱装载冷藏货物应做到:
(1) 集装箱具有集装箱所有人出具的集装箱合格证书或文件。
(2) 集装箱的起动、运转、停止装置处于正常状态。
(3) 集装箱通风孔处于所要求的状态,泄水管保持畅通。
(4) 货物达到规定的装箱温度。
(5) 货物装箱时,不能堵塞冷气通道,天棚部分应留有空隙。
(6) 装载期间,冷藏装置停止运转。

第四十三条 使用集装箱装载危险货物应做到:
(1) 集装箱有正确的标记、标志,并有"集装箱装运危险货物证明书"。
(2) 集装箱清洁、干燥,适合装货。
(3) 货物符合"国际危险货物运输规则"的包装要求,有正确的标记、标志,并经国家规定的有关部门检验认可。
(4) 每票货物均有危险货物申报单。
(5) 与危险货物性质不相容的货物禁止同装一箱。
(6) 与普通货物混装时,危险货物不得装在普通货物的下面,并应装载于箱门附近。
(7) 包件装箱正确,衬垫、加固合理。
(8) 装载后应按"国际危险货物运输规则"要求,在集装箱外部每侧张贴危险货物类别标志。

第四十四条 国家规定需检验、检疫监督的货物,在装箱前托运人应分别向法定检验、检疫部门申请检验、检疫出证。

第四十五条 集装箱装箱完毕后应:
(1) 使用合适的方法进行固定、绑扎,并关闭箱门。
(2) 如对货物加固的材料系木材,且目的地是澳大利亚、新西兰等国家,则应在箱体外表明显地方贴上有关部门出具的木材经免疫处理证明。
(3) 装箱人编制集装箱装箱单;按有关规定施加铅封,并应在有关单证上做好货物装载的记录。

第四十六条 由海上承运人负责按件接收集装箱货物的,外轮理货公司应派人员到装箱点,编制装、拆箱理货单,记载装入卸出箱内货物件数、标志、包装等内容。装箱完毕后,施加外轮理货公司的铅封。

由托运人负责装箱的,可委托外轮理货公司对装箱货物进行理货,并由委托方支付有关费用。外轮理货公司发现货物包装损坏应做好记录,并与有关方面联系后再决定是否装箱。

(四) 第七章 交接和责任

第五十九条 海上承运人与托运人或收货人应根据商定的集装箱货物交接方式办理交接,划分责任。商定的集装箱货物交接方式必须明确列入提单、舱单及场站收据。

海上承运人应按集装箱货物交接方式,在商定的码头堆场、集装箱货运站、托运人、收货人工厂、仓库或其他地点交接集装箱和集装箱货物。托运人、收货人在向海上承运人订舱托运时,除合同另有约定外,可选择下列集装箱货物交接方式。

(1) 门到门交接。托运人负责装箱并在其工厂或仓库整箱交货;海上承运人在托运人工厂或仓库整箱接货,负责运抵收货人工厂或仓库整箱交货;收货人在其工厂或仓库整箱接货并负责拆箱。

(2) 门到场交接。托运人负责装箱并在其工厂或仓库整箱交货;海上承运人在托运人工厂或仓库整箱接货,负责运抵卸货港集装箱堆场整箱交货;收货人负责在卸货港集装箱堆场整箱提货并拆箱,拆箱后应将空箱于规定期限内交至海上承运人指定的堆场。

(3) 门到站交接。托运人负责装箱并在其工厂或仓库整箱交货;海上承运人在托运人工厂或仓库整箱接货,负责运抵卸货港集装箱货运站拆箱按件交货;收货人负责在卸货港集装箱货运站按件接货。

(4) 场到门交接。托运人负责装箱并运至装货港集装箱堆场整箱交货;海上承运人在装货港集装箱堆场整箱接货,负责运抵收货人工厂或仓库整箱交货;收货人在其工厂或仓库整箱接货并负责拆箱。

(5) 场到场交接。托运人负责装箱并运至装货港集装箱堆场整箱交货;海上承运人在装货港集装箱堆场整箱接货,负责运抵卸货港集装箱堆场整箱交货;收货人负责在卸货港集装箱堆场整箱提货并拆箱,拆箱后应将空箱于规定期限内交至海上承运人指定的堆场。

(6) 场到站交接。托运人负责装箱并运至装货港集装箱堆场整箱交货;海上承运人在装货港集装箱堆场整箱接货,负责运抵卸货港集装箱货运站拆箱按件交货;收货人负责在卸货港集装箱货运站按件接货。

(7) 站到门交接。托运人负责将货物运至海上承运人指定的装货港集装箱货运站按件交货;海上承运人在装货港集装箱货运站按件接货并装箱,负责运抵收货人工厂或仓库整箱交货;收货人在其工厂或仓库整箱接货并负责拆箱。

(8) 站到场交接。托运人负责将货物运至海上承运人指定的装货港集装箱货运站按件交货;海上承运人在装货港集装箱货运站按件接货并装箱,负责运抵卸货港集装箱堆场整箱交货;收货人负责在卸货港集装箱堆场整箱提货并拆箱,拆箱后应将空箱于规定期限内交至海上承运人指定的堆场。

(9) 站到站交接。托运人负责将货物运至海上承运人指定的装货港集装箱货运站按件交货;海上承运人在装货港集装箱货运站按件接货并装箱,负责运抵卸货港集装箱货运站拆箱按件交货;收货人负责在卸货港集装箱货运站按件接货。

上述九种交接方式中提及的装、卸港集装箱货运站,包括内陆中转站、货运站;装、卸港集装箱堆场,也包括内陆中转站、货运站的堆场。

上述九种交接方式中,海上承运人按件交接集装箱货物的,均由外轮理货公司代表海上承运人办理交接手续。

集装箱货物交接方式在提单和舱单上未列明或填写不清楚的,一律按站到站交接方式办理。

第六十条 参加海上国际集装箱运输的企业,应对各自掌管期限内的集装箱和集装箱货物负责,加强各环节的管理,明确交接责任。

承运人、港口应按下列规定办理集装箱交接:

（1）海上承运人与港口的交接由外轮理货公司代表海上承运人与港口在船边交接。

（2）经水路集疏运的集装箱,水路承运人与港口在船边交接;在船—船(驳)直取作业时,由外轮理货公司代表海上承运人与水路承运人办理交接;在国内中转的集装箱,由外轮理货公司代表水路承运人与港口在船边交接。

（3）经公路集疏运的集装箱,港口、内陆中转站、货运站与公路承运人在其大门交接。

（4）经铁路集疏运的集装箱,铁路承运人与托运人、收货人或受委托的港口、内陆中转站、货运站在集装箱装卸现场或双方商定的地点交接。

第六十一条　集装箱交接时,交接双方应当检查箱号、箱体和封志。重箱凭封志和箱体状况交接;空箱凭箱体状况交接。

交接双方检查箱号、箱体和封志后,应做记录,并共同签字确认。

集装箱的发放、交接实行《设备交接单》制度,从事海上国际集装箱运输业务的各有关单位必须凭《设备交接单》办理集装箱发放、交接手续。

第六十二条　船舶装卸时,外轮理货公司代表海上承运人与港口交接。

凡卸船前发生的残损应认定为原残,由外轮理货公司填制《设备交接单》,并经船方大副或值班驾驶员签认。

在装船过程中发生的残损应认定为工残,由外轮理货公司填制《设备交接单》,经港口签认。

第六十三条　收货人提取进口重箱时,应持海关放行的《提货单》到集装箱所有人指定的地点办埋集装箱发放手续。

集装箱所有人依据《提货单》,向收货人、内陆承运人签发《设备交接单》。收货人、内陆承运人凭《提货单》、《设备交接单》到指定场站办理整箱提运手续;在发箱地点提取整箱,办理交接,并签署《设备交接单》;集装箱卸空后,收货人应凭《设备交接单》将卸空后的集装箱交到集装箱所有人指定地点并办理进场集装箱交接。

第六十四条　出口重箱进入港口,托运人、内陆承运人凭《场站收据》、《集装箱装箱单》和《设备交接单》到指定港口交付重箱并办理进场集装箱交接。

港口凭《场站收据》、《集装箱装箱单》和《设备交接单》收取重箱并办理进场集装箱交接。

出口重箱凡有残损或船名、航次、提单号、目的港、箱号、封志号与《场站收据》、《集装箱装箱单》或《设备交接单》所列明内容不符者,港口应拒绝收箱。

因拒绝收箱而产生的费用由责任方承担。

第六十五条　出口货载用箱,需空箱提离场站的,由托运人、内陆承运人向集装箱所有人提出书面申请;集装箱所有人根据《订舱单》或《集装箱预配清单》,向托运人、内陆承运人签发《设备交接单》。

因检验、修理、清洗、熏蒸、退租、转租、堆存、回运、转运需要,空箱提离场站,由托运人、收货人、内陆承运人或从事集装箱业务的有关单位,向集装箱所有人提出书面申请。集装箱所有人依据有关协议,向托运人、收货人、内陆承运人或从事集装箱业务的有关单位签发《设备交接单》。

第六十六条　托运人、内陆承运人或从事集装箱业务的有关单位,凭《设备交接单》到指定地点办理空箱提运、交付手续。

第六十七条　托运人、收货人、内陆承运人或从事集装箱业务的有关单位,不得将集装箱用于《设备交接单》规定外的用途,必须按规定时间、地点交箱、还箱。

第六十八条　集装箱提离场站后,严禁随意套箱、换箱。凡需要套箱、换箱,必须事先征得集装箱所有人同意,否则套箱、换箱者应承担由此引起的责任和损失。

第六十九条　《设备交接单》由集装箱所有人提供、签发。

第七十条　重箱交接标准:箱体完好、箱号清晰、封志完整无误,特种集装箱的机械、电器装置运转正常并符合进出口文件记载要求。

空箱交接标准:核对箱号并依照第三十九条规定检查箱体,特种集装箱的机械、电器装置无异常。

第七十一条　有下列情况之一的,均应在《设备交接单》上注明:

(1) 箱号及装载规范不明、不全、封志破损、脱落、丢失、无法辨认或与进出口文件记载不符。

(2) 擦伤、破洞、漏光、箱门无法关启。

(3) 焊缝爆裂。

(4) 凹损超内端 3cm、凸损超角件外端面。

(5) 箱内污染或有虫害。

(6) 装过有毒有害货物未经处理。

(7) 箱体外贴有前次危险品标志未经处理。

(8) 集装箱附属部件损坏或灭失。

(9) 特种集装箱机械、电器装置异常。

(10) 集装箱安全铭牌(CSC Plate)丢失。

第七十二条　集装箱所有人应积极组织箱源,保证出口货物用箱,并负责清除箱体外表的异样标志。出口货物所需的集装箱,应由集装箱所有人于装船 6 天前准备就绪。

第七十三条　拆箱交付的进口集装箱货物,港口和内陆中转站、货运站应在卸船后或集装箱运抵内陆中转站、货运站后 4 天内拆箱完毕,并向收货人发出催提通知。

第七十四条　堆场交付的进口集装箱货物,收货人应于整箱卸入堆场后 10 天内提运。

第七十五条　海上国际集装箱运输的各区段承运人、港口、内陆中转站、货运站,对其所管辖的集装箱和集装箱货物的灭失、损坏负责,并按照交接前由交方承担、交接后由接方承担划分责任。但如果在交接后 180 天内,接方能提出证据证明交接后的集装箱、集装箱货物的灭失、损坏是由交方原因造成的,交方应按有关规定负赔偿责任。法律另有规定的除外。

第七十六条　除法律另有规定外,承运人与托运人应根据集装箱货物交接方式按下列规定,对集装箱货物的灭失或损坏负责。

(1) 由承运人负责装箱、拆箱的货物,从承运人收到货物后至运达目的地交付收货人之前的期间内,箱内货物的灭失或损坏由承运人负责。

(2) 由托运人负责装箱的货物,从装箱托运交付后至交付收货人之前的期间内,如箱体完好、封志完整无误,箱内货物的灭失或损坏,由托运人负责;如箱体损坏或封志破损,箱内货物灭失或损坏,由承运人负责。

承运人与托运人或收货人之间要求赔偿的时效,从集装箱货物交付之日起算不超过180天,但法律另有规定的除外。

第七十七条　由于托运人对集装箱货物申报不实或集装箱货物包装不当造成人员伤亡、运输工具、货物自身或其他货物、集装箱损坏的,由托运人负责。

第七十八条　由于装箱或拆箱人的过失,造成人员伤亡,运输工具、集装箱、集装箱货物损坏的,由装箱人或拆箱人负责。

第七十九条　集装箱货物发生灭失或损坏,对外索赔时需要商检部门鉴定出证的,应按《中华人民共和国进出口商品检验法》和有关规定办理。

集装箱、集装箱货物发生灭失、损坏应按其交接方式或委托关系,由外轮理货公司向海上承运人、水路承运人或委托人提供理货凭证,作为对外索赔的依据。

## ★ 课堂活动

| 项　目 | 活动内容与结论 |
| --- | --- |
| 学习任务 | 集装箱货物运输责任如何划分？法院裁决的关键点在哪里？<br>原告为了支持自己的诉求,应提供哪些证据？<br>你认为法院最终会如何判决？理由是什么？ |
| 结论 |  |
|  |  |
|  |  |
| 思考 | 集装箱货物运输过程中潜在的索赔依据有哪些？ |
| 结论 |  |

# 项目三 集装箱码头、场站业务操作

## 学习指导书

| 学习目标与总体要求 | · 了解集装箱码头场站箱位编排规则<br>· 掌握集装箱码头场站堆存和管理的要求<br>· 了解集装箱码头出口业务<br>· 了解集装箱码头进口业务 |
|---|---|
| · 重难点提要 | · 集装箱码头检查口业务功能<br>· 集装箱码头堆场划分<br>· 集装箱码头堆存能力测算<br>· 集装箱码头重箱进场业务<br>· 集装箱码头重箱出场业务<br>· 集装箱码头还空箱回场业务<br>· 集装箱码头装卸工艺 |

## 模块一 集装箱码头箱务管理

### 任务一 认识集装箱码头

**学习任务书**

| 项目 | 任务和结论 |
|---|---|
| 学习目标 | · 了解集装箱码头布局<br>· 了解目前国际集装箱码头发展状况 |
| 情境描述 | 小李毕业于某高校物流管理专业,今天开始他将在集装箱码头的相关岗位实习 |
| 感知 | 集装箱码头　　　　　　　　　　集装箱码头泊位 |
| 任务 | 认识集装箱码头<br>了解集装箱码头布局 |

## 一、集装箱码头整体布局

集装箱码头是水陆联运的枢纽站,是集装箱货物在转换运输方式时的缓冲地,货物的交接点与服务的平台,是港口的重要组成部分。集装箱码头在整个集装箱运输过程中占有重要地位,是物流、信息流、商流汇集的重要场所,做好集装箱码头工作,对于加速车船和集装箱的周转,提高集装箱运输效益和降低运输成本有着十分重要的意义。

(一)集装箱码头的基本条件

(1)具有供集装箱船舶安全进出港的水域和方便装卸的泊位(泊位水深应能满足停靠的最大集装箱船的吃水要求,泊位长度一般为350m)。

(2)具有一定数量技术性能良好的集装箱专用机械设备。

(3)具有宽敞的堆场和必要的堆场设施。

(4)具有必要的装拆箱设备和能力(目前,我国绝大部分的集装箱运输采用 CY – CY 的交接方式,但 CFS – CFS 的交接方式仍不断出现。集装箱码头仍应保留必要的装拆箱设施和能力,以满足集装箱运输市场需求)。

(5)具有完善的计算机生产管理系统。

(6)具有通畅的集疏运条件。

(7)具有现代化集装箱运输专业人才。

(二)集装箱码头布局及要素

根据集装箱码头装卸作业、业务管理的需求,应具有以下设施。

**1. 泊位**

泊位是供集装箱船舶停靠和作业的场所,通常有三种形式:顺岸式、突堤式和栈桥式。集装箱码头通常采用顺岸式。泊位除要有足够的水深和岸线长度外,还设系缆桩和碰垫。

**2. 码头前沿**

码头前沿是指泊位岸线至堆场的这部分区域,主要用于布置集装箱装卸桥和集装箱牵引车通道。

**3. 堆场**

堆场是集装箱码头堆放集装箱的场地。为提高码头作业效率,堆场又可分为前方堆场和后方堆场两个部分。

(1)前方堆场位于码头前沿与后方堆场之间,主要用于出口集装箱或进口集装箱的临时堆放。

(2)后方堆场紧靠前方堆场,是码头堆放集装箱的主要部分,用于堆放和保管各种重箱和空箱。

**4. 集装箱货运站**

集装箱货运站是拼箱货进行拆箱和装箱,并对这些货物进行储存、防护和收发交接的作业场所。作为集装箱码头的辅助功能单元,集装箱货运站通常设于码头的后方,并配备必要的拆装箱及场地堆码的小型装卸机械。

**5. 调度指挥控制中心**

调度指挥控制中心又称中心控制室,简称"中控",是集装箱码头各项生产作业的中枢,集组织指挥、监督、协调、控制于一体,是集装箱码头重要的业务部门。

#### 6. 检查口

检查口又称闸口或道口,是公路集装箱进出码头的必经之处,也是划分交接双方对集装箱责任的分界点,同时还是处理集装箱进出口有关业务的重要部门。

#### 7. 维修车间

维修车间是对集装箱及其专用机械进行检查、修理和保养的场所。

集装箱码头平面布局及基本要素如图 3-1-1 所示。

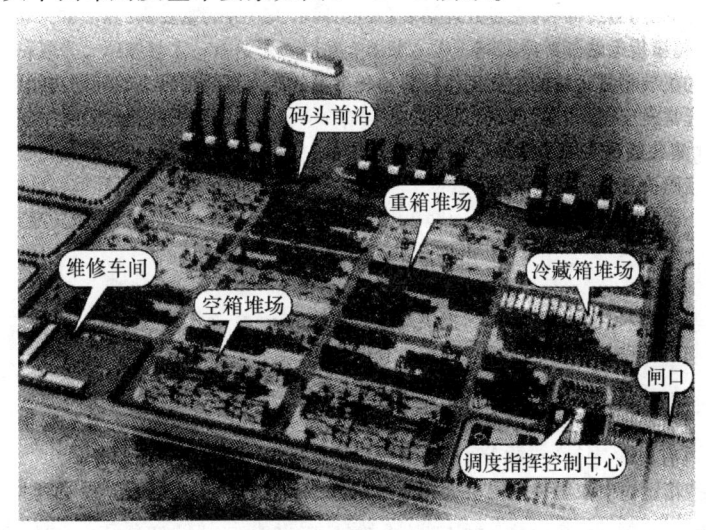

图 3-1-1 集装箱码头平面布局及基本要素

### 二、集装箱码头检查口认知

#### (一)检查口的结构和布局

集装箱码头检查口又称闸口,是进出集装箱的咽喉要道,是拖车拖运集装箱进出集装箱码头的必经之处,是集装箱码头与拖箱人进行箱体交接、单证处理和信息记录的一个重要业务部门。

检查口一般是钢结构框架两层通道式建筑:下层设有工作人员工作室和各种车道;上层为通道式走廊,便于工作人员从空中实施箱体检查。

#### 1. 进/出闸车道

进/出闸车道是专供集装箱拖车进/出码头的通道,分空车进/出闸车道和载箱进/出闸车道。车道数量根据码头业务量、作业时间、作业效率而定,通常以交柜车进闸每条道 40 台车/h,空架拖车进闸 60 台车/h 进行计算。载箱进闸车道上还应装有地衡设备,以便对集装箱实施计量。

#### 2. 进/出闸验箱区

进/出闸验箱区通常设立于车道上,并且验箱区上方有验箱桥,以保证验箱员能检验集装箱顶部的情况,验箱桥的净空高度以 4.5m～5.5m 为宜。

#### 3. 进/出闸业务操作室

进/出闸业务操作室设置于进/出闸车道上,负责办理集装箱进出场的单据交接和收费等业务,同时负责向堆场发送集装箱放箱或收箱业务指令。

### 4. 停车场

拖车进闸，司机需要等候并办理箱体检查、单据交接等手续，为此目的而设定拖车停车场。检查口布局示意图如图3-1-2所示。

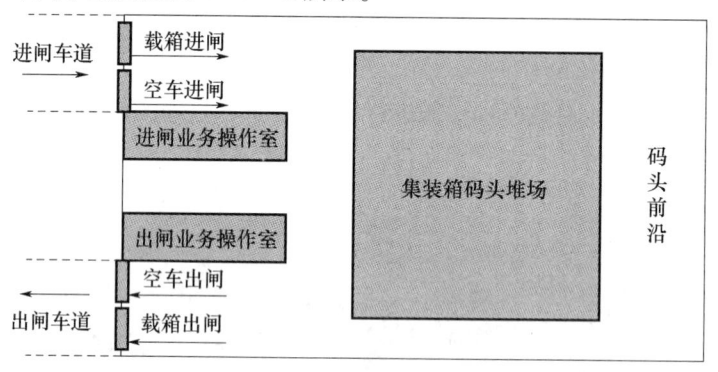

图3-1-2 集装箱检查口布局示意图

（二）检查口的业务功能

检查口是码头与拖车进行集装箱交接的场所。进出码头的集装箱必须进行交接，以划分和明确双方的交接责任。无论是空箱还是重箱，无论是进场还是出场，在集装箱交接过程中还须进行必要的单证处理，并记录有关的作业信息。这些交接工作、单证处理和相关作业信息的记录都是由码头检查口承担的。

检查口的主要功能可以归纳如下：

（1）办理集装箱接收或交付时的查验，检查集装箱箱号、铅封号、箱体外表状况是否完整、有无破损，并做好记录。

（2）办理集装箱进/出场交接手续，处理交接单据，签署设备交接单等。

（3）下达堆场作业指令。拖车在码头交接集装箱，码头会安排不同的场位交箱或提箱。为方便司机在码头内的行动，检查口在办完进闸手续后，必须给予司机书面指示，指示司机在码头内具体的交箱或提箱位置。

（4）为拖车司机提供咨询服务，与船公司进行联系等。

（5）编制堆场报告，并将集装箱交接的有关信息输入计算机系统。

（6）收费。

集装箱检查口验箱桥如图3-1-3所示。

图3-1-3 集装箱检查口验箱桥

项目三 集装箱码头、场站业务操作

★ 课堂活动

| 项目 | 活动内容与结论 ||||
|---|---|---|---|---|
| 查一查 | 参考网络和资料,指出2009年世界排名前10的集装箱港口,了解其排名依据 ||||
| ^ | 排名 | 集装箱港口名称 | 排名 | 集装箱港口名称 |
| ^ | 1 |  | 6 |  |
| ^ | 2 |  | 7 |  |
| ^ | 3 |  | 8 |  |
| ^ | 4 |  | 9 |  |
| ^ | 5 |  | 10 |  |
| 分析讨论 | 选择一个集装箱港口码头,对其进行深入了解 ||||

## 任务二 集装箱码头堆场的堆存与管理

**学习任务书**

| 项目 | 任务和结论 |
|---|---|
| 学习目标 | ● 掌握集装箱堆场箱位编排规则<br>● 了解集装箱堆存和堆场管理的要求 |
| 情景描述 | 第一天,小李跟师傅到了码头堆场。小李眼前是一眼望不到边的堆场、成千上万的集装箱、忙忙碌碌的集卡和龙门吊。这么大的堆场,这么多的集装箱和设备,如何才能使它们有条不紊地工作?如何才能在成千上万的集装箱中准确提取装船?如何才能更好地利用堆场面积? |
| 感知 | 堆场箱区划分　　　　　　　　堆场箱位 |
| 任务 | 测算集装箱堆场能力<br>为货物选择适当的堆存地点和方式 |

## 一、集装箱码头堆场划分

### (一)堆场功能分区

一般来说,集装箱码头堆场可分为前方堆场与后方堆场。

前方堆场位于码头前沿和后方堆场之间,为了提高集装箱码头运转效率,前方堆场通常为集装箱船舶接卸提供临时的堆存地,所以主要布局为重箱区。

后方堆场紧靠前方堆场,是码头堆放集装箱的主要部分,用于堆放和保管各种重箱和空箱。重箱区根据货物的特性和流向划分出不同的区域。

(1) 按进出口业务划分为进口箱区、出口箱区、中转箱区。

(2) 按箱型划分为干货箱区、冷藏箱区、危险品箱区、特种箱区。

(3) 按箱内是否载货划分为空箱区、重箱区。

危险品箱区、冷藏箱区因有特殊设备需求,如冷藏箱区有电源插座,危险品箱区有喷淋装置和隔离栏,所以这些箱区位置是相对固定的。中转箱区有海关特殊要求,其位置也是相对固定的。

### (二) 堆场箱位划分

集装箱码头堆场一般要按照集装箱箱型、尺寸预先画出标准区域,即场箱位。场箱位是组成集装箱堆场的最小单元,用一组代码来表示场箱位在堆场内的物理位置,即"场箱位号"。场箱位号由箱区、位、排、层组成。一定区域内的箱位再编上号,称为"场位号"。场位与场位之间要留出适当间距,作为场地装卸机械和运输车辆的通道。

**1. 箱区划分**

整个堆场按"区"划分,一般按照泊位顺序,每个泊位对应一个箱区。

箱区的编码有两种方法:一种是用英文字母表示;另一种是用阿拉伯数字表示。

(1) 一号泊位对应 A 区(或 1 区)。

(2) 二号泊位对应 B 区(或 2 区)。

(3) 三号泊位对应 C 区(或 3 区)。

**2. 箱区内块的划分**

大型集装箱码头每个箱区还要划分成若干个块,并从海侧到陆侧顺序编号。每块的宽度为 6 列集装箱宽度加一车道,约 24m。

箱区划分如图 3-1-4 所示。

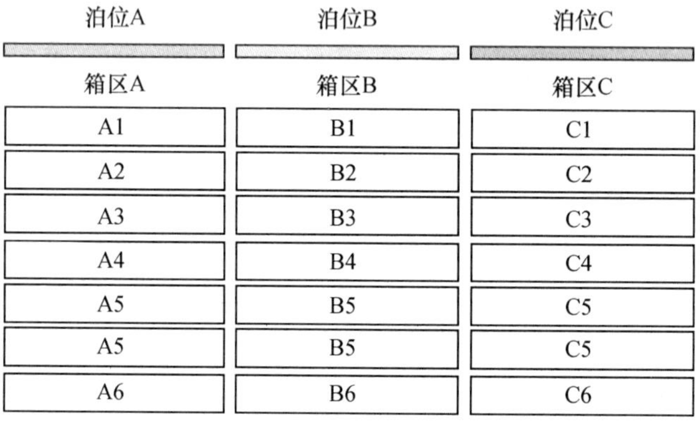

| 泊位A | 泊位B | 泊位C |
|---|---|---|
| 箱区A | 箱区B | 箱区C |
| A1 | B1 | C1 |
| A2 | B2 | C2 |
| A3 | B3 | C3 |
| A4 | B4 | C4 |
| A5 | B5 | C5 |
| A5 | B5 | C5 |
| A6 | B6 | C6 |

图 3-1-4 堆场箱区划分示意图

**3. 位的划分**

位一般称为 BAY(贝),与集装箱船箱位的 BAY 相对应。

块在长度方向上划分为若干个位,位设置的数量与箱区和泊位的长度相关。

一般奇数位表示 20ft 的集装箱;偶数位表示 40ft 的集装箱。

### 4. 排的划分

块在宽度方向上划分为若干排,一般每块放 6 排集装箱,用数字或字母顺序编号,靠近车道的为 1 或 A,依次排之。

### 5. 层的划分

层用阿拉伯数字表示,从底层向上依次编号,具体层数根据机械作业高度而定,一般为 6 层。

堆场箱位表示方法如图 3-1-5、图 3-1-6 所示。

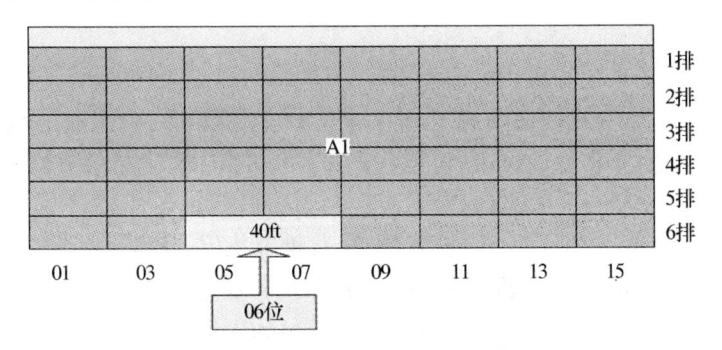

图 3-1-5 堆场箱位表示方法示意图 1

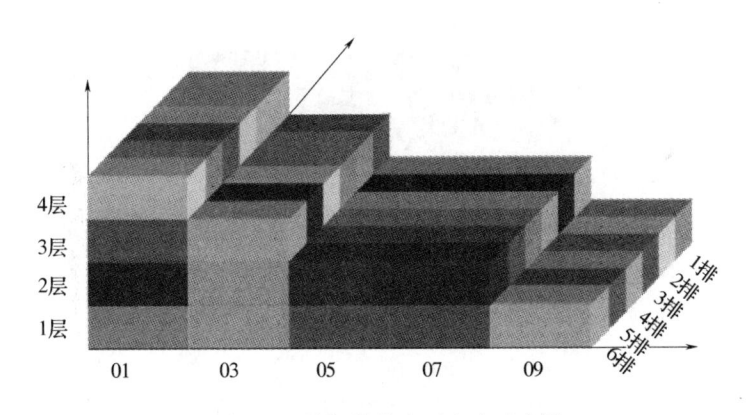

图 3-1-6 堆场箱位表示方法示意图 2

### 6. 堆场箱位号的表示

一个堆场箱位的表示方法为区、块、位、排、层,区和块的编号称为场位号,位、排、层的编号称为箱位号。

例如,A1 09 6 1,表示的是一个放在 A 箱区,第 1 块,09 位,第 6 排,第 1 层的 20ft 集装箱。

又如,A2 06 6 1,表示的是一个放在 A 箱区,第 2 块,06 位,第 6 排,第 1 层的 40ft 集装箱,它占用了 A 箱区,第 2 块,第 6 排,第 1 层中 05 和 07 两个贝位。

一般,重箱的堆放和提取按场位号和箱位号操作,而空箱的堆放和提取只需规定场位号,无需指定具体箱位号。因为船方或货方提取空箱时只需要知道提取的是该公司的集装箱,而不必非要领取某个号码的空箱;空箱进场时也只需要将其放到该公司租用的场地即可。

## 二、堆场集装箱堆存管理

码头堆场是存放集装箱的场所,是集装箱码头最大的工作场所。堆场面积大,需要存放的集装箱数量、种类繁多。堆场内通常存放空箱、重箱、危险货物箱等,同时又分进口箱、出口箱,而且箱的结构尺寸也不尽相同,箱主也不同,这些都使得堆场的管理变得困难。堆场堆存管理的目的就是要克服这些困难,充分利用有限的堆场面积,合理划分堆场,给每一个集装箱配置理想的位置,提高堆场利用率和码头生产的作业效率。

（一）集装箱堆场堆存能力计算

堆场的堆存能力不仅与堆场的面积有关,还与堆场中每个箱位的堆存高度有关。堆场的堆存高度受其使用的装卸机械性能限制。例如,采用叉车作业的场区,可以堆高 4 层 ~ 5 层;采用跨运车作业的场区,可以堆高 2 层 ~ 3 层;采用龙门吊作业的场区,可以堆高 4 层 ~ 5 层,有的最多可以堆高 7 层。

实际作业时,在同一个位上,不能将所有排都堆高 4 层 ~ 5 层,必须在每个位靠边的 1 排 ~ 2 排留出足够的空位,以便翻箱之用。一般堆高 4 层时,需要留出 3 个翻箱位;堆高 5 层时,需要留出 4 个翻箱位。因此,以轮胎式龙门吊为例,堆高 4 层,跨度 6 排,一个位内理论上可以堆放 24 个集装箱,实际只能堆存 21 个,如图 3 - 1 - 7 所示。

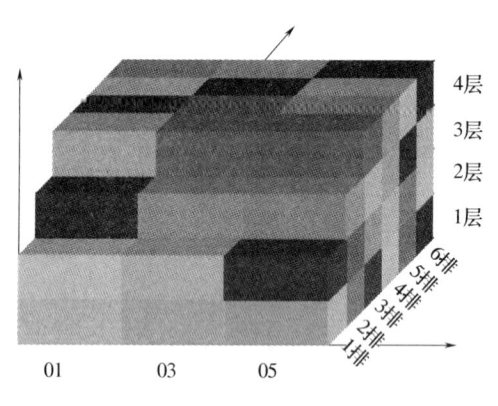

图 3 - 1 - 7 集装箱堆存示意图

根据码头堆场、分堆场、箱区、块、位、排、层的数量就可以计算出码头堆场的理论堆存能力,扣除各翻箱位的数量,即为堆场的实际堆存能力。

（二）集装箱堆存要求

**1. 集装箱堆存的基本要求**

1）根据箱型不同分开堆垛

（1）重、空箱分开堆放。

（2）20ft、40ft 和 45ft 集装箱分开堆放。

（3）冷藏箱、危险品箱、特种重箱应堆放在相应的专用箱区。

（4）进口箱和出口箱分开堆放。

（5）中转箱按海关指定的中转箱区堆放。

2）根据箱内货物不同分开堆垛

（1）危险箱堆存于专设箱区,堆码高度不超过 2 层。

(2) 冷藏箱堆存于专设箱区,堆码高度不超过2层。

(3) 超限箱超宽超过30cm,相邻排不得堆放集装箱。

(4) 超限箱超长超过50cm,相邻位不得堆放集装箱。

(5) 超高箱、敞顶箱上面严禁堆放集装箱。

3) 满足堆场作业机械的工艺要求

(1) 按箱位线堆码,箱子不压线、不出线,上下角件部位对齐,四面见线。

(2) 堆垛层数不超过机械的最高起吊点的高度。

(3) 各箱区间留有适当通道,供设备安全行驶。

(4) 相邻排孤立的层高之差不得大于3层。

4) 堆码层高符合本码头具体条件和载荷要求

### 2. 出口箱堆存要求

出口箱一般在装船前3天(72h)进场,安排堆放在靠近泊位的出口箱区,尽量减少出口箱装船时在集卡上的水平拖运距离。出口重箱堆存还必须遵循一定规则,尽可能减少翻箱,提高装船效率。一般出口箱按照不同卸货港、不同重量级、不同箱型和尺寸分开堆放。收箱机械一般采用轮胎式龙门吊。

(1) 按排堆放:同一排内,堆放同一港口、同一吨级的集装箱。

(2) 按位堆放:同一位内,堆放同一港口、同一吨级的集装箱。

(3) 同一位中,较重的箱堆放于靠近车道的两排,较轻的箱堆放于远离车道的两排,中间等级的箱子堆放于中间两排。

(4) 重吨级的箱不压轻吨级的箱。

除此以外,出口箱的堆放还要注意"集散有度"。过分集中堆放,会造成装船作业时的拥堵;过分分散堆放,由于作业点过多,会造成人员和机械配置的浪费。

### 3. 进口箱堆存要求

进口箱一般堆放在后方堆场进口箱区,按提单号和箱型尺寸堆放。

(1) 同一位中相同的提单号进同一排。

(2) 一个位结束后,再选另一个位。

进口箱一般采取混堆模式,包括全混堆和半混堆两种。全混堆模式下,对卸船集装箱不做箱区管理,即卸船箱由箱主清关后提走,期间,不对零散集装箱进行归位整理。半混堆模式下对进口卸箱区进行不间断的箱区整理,尽可能将零星存放的集装箱集中归并到某些箱位。与全混堆模式相比,半混堆模式使进口集装箱按航次相对集中,避免了后卸船集装箱压在早先卸船集装箱上面的情况,减少了货主提箱时的翻箱作业,能够更好地提高堆场箱位利用率和堆场作业效率。

### 4. 中转箱堆存要求

中转箱一般采取混堆模式,按一程船卸船航次集中堆存。一般情况下,在中转箱一程船卸箱时,码头不会按二程船的航线航次分别堆放,而是将所有卸船中转箱集中堆存。只有遇上批量较大的同属性中转箱时,码头才会考虑将其安排在二程船装船箱区,以方便二程船装船作业。

### 5. 空箱堆存要求

(1) 空箱按不同持箱人、不同尺码、不同箱型分开堆放。

(2) 污箱、坏箱分开堆放。

(3) 若是待装船的空箱,也可以按船名航次堆放在该航次重箱箱区内或附近。

★ **课堂活动**

| 项 目 | 活动内容与结论 |
|---|---|
| 实训 | 泊位1　　泊位2<br>　A1　　　B1<br>　A2　　　B2<br>　A3　　　B3<br>　A4　　　B4<br>　A5　　　B5<br>　A6　　　B6　　K1<br>　A7　　　B7　　K2<br>　A8　　　B8　　K3<br>　A9　　　B9　　K4<br>　A10　　 B10　 K5<br><br>某堆场布局如图所示,采用轨道式龙门吊。<br>A箱区最大堆高4层,每块可容纳16个位,每个位可以容纳6排集装箱;B箱区最大堆高5层,每块可容纳16个位,每个位可以容纳6排集装箱;<br>空箱区最大堆高7层,每块可容纳30个位,每个位可以容纳6排集装箱。 |
| 要求 | 请测算该堆场的实际堆存能力 |
| 结论 |  |
| 实训 | 某集装箱码头堆场中,供出口箱堆存的箱区堆存情况如图所示:<br><br>普通重箱区　　　　　　　　　　　普通空箱区<br><br>（冷藏箱区）　　　　　　　　　　（危险品箱区）<br><br>箱格里的数字表示目前堆存的高度。现接到一批出口集装箱进场堆存任务,具体情况如表所列,请根据进场要求,安排场箱位(堆场堆存最高为5层) |

(续)

| 项目 | 活动内容与结论 |||||||
|---|---|---|---|---|---|---|---|
| 实训 | 堆存任务信息 |||||||
| | 箱号 | 船名/航次 | 开仓时间 | 截关日 | 预约进场日 | 备注 ||
| | TGHU6234653 | ESTAR/068 | $3^{rd}-8^{th}$, MAR | $8^{th}$, MAR | $3^{rd}$, MAR | 40'H 空 ||
| | COSU3656281 | ESTAR/068 | $3^{rd}-8^{th}$, MAR | $8^{th}$, MAR | $5^{th}$, MAR | 20'冷藏 ||
| | TGHU3514652 | ESTAR/068 | $3^{rd}-8^{th}$, MAR | $8^{th}$, MAR | $3^{rd}$, MAR | 40'H 空 ||
| | COSU2316283 | HANJIN/0236 | $1^{st}-6^{th}$, MAR | $6^{th}$, MAR | $5^{th}$, MAR | 20'冷藏 ||
| | HANU1326581 | HANJIN/0236 | $1^{st}-6^{th}$, MAR | $6^{th}$, MAR | $2^{nd}$, MAR | 40'重 ||
| | HANU1386257 | HANJIN/0236 | $1^{st}-6^{th}$, MAR | $6^{th}$, MAR | $2^{nd}$, MAR | 20'重 ||
| | (1) 计算该堆场的堆存能力。<br>(2) 为该批集装箱分配堆存箱区,列举可堆存的箱位。<br>(3) 说明堆存中应注意的事项 |||||||

某集装箱码头堆场中,供出口箱堆存的箱区堆存情况如图所示

普通重箱区  普通空箱区

（冷藏箱区 危险品箱区 图示：箱格里的数字表示目前堆存的高度）

箱格里的数字表示目前堆存的高度。6日接到ESTAR号船即将进港卸船的 ETA 3 DAYS 的通知,具体情况如表所列,请根据进场要求,安排场箱位

| | 卸船信息 ||||
|---|---|---|---|---|
| 箱号 | 船名/航次 | 箱型 | 箱种类 | 交接方式 |
| TGHU6234653 | ESTAR/068 | 20' | 冷藏箱 | 船边提箱 |
| COSU3656281 | ESTAR/068 | 40'H | 空箱 | 码头堆场提箱 |
| TGHU3514652 | ESTAR/068 | 20' | 冷藏箱 | 码头堆场提箱 |
| COSU2316283 | ESTAR/068 | 40'H | 空箱 | 堆场提箱,装箱后转至2号泊位,15日开仓,18日截关 |
| HANU1326581 | ESTAR/068 | 40'重 | | 船边提箱掏箱后回空 |
| HANU1386257 | ESTAR/068 | 20'重 | | 码头堆场提箱掏箱后回空 |

(1) 该批集装箱进港后走向如何?哪些集装箱应落在码头堆场存放?
(2) 对需要在码头作进口堆存的集装箱应如何分配箱区,列举可堆存的箱位。
(3) 对于箱号 COSU2316283 的集装箱,需要做哪些安排?
(4) 对于箱号 HANU1326581 和 HANU1386257 的集装箱,需要做哪些安排?

# 模块二 集装箱码头出口业务操作

## 任务一 集装箱码头出口装船前的业务操作

**学习任务书**

| 项目 | 任务和结论 |
|---|---|
| 学习目标 | • 了解集装箱码头出口准备工作的主要内容<br>• 掌握集装箱码头检查口收箱业务 |
| 情境描述 | 第二天,师傅带小李熟悉码头与进出口有关的作业流程。正好有DY物流公司车队载运南京×××纺织品进出口公司出口"女士短衬衫"一批,准备进港。基本信息如下:<br><br>**箱信息**<br><br>箱号:C××U3455344 \| 箱型尺寸:GP20 \| 箱公司:ZY \| 进场时间 2011-11-16 10:07<br><br>进场情况 动态码:RIFM 箱区箱位:A01-01-01-01 \| 船名:BOSPORUS BRIDGE \| 航次:094E/W \| 提单号:C×××010382<br><br>关封:C14937××× \| 进场客户:南京×××纺织品进出口公司 \| 来自××场地 \| 车队:DY物流公司车队 车号:苏×××××<br><br>返箱地:××场地 \| 整车重:14.6t \| 空车重:10 \| 箱重:2t<br><br>**货信息**<br><br>提单号:CSA1505 \| 货名:女士短衬衫 \| 净重:2.550t \| 毛重:2.6t<br><br>体积:11.58m³ \| 件数:120 \| 包装:CTNS<br><br>**费用信息**<br><br>费用分类:港杂费 \| 费用名:入港费 \| 方向:收入 \| 金额:100元<br><br>实际金额:100元 \| 结算单位:南京×××纺织品进出口公司<br><br>该货物要求在2011年11月16日,通过检查口进入码头。<br>该批集装箱货物要经历哪些程序才能装船出口呢? |
| 感知 | 检查口　　　　　　　　码头堆场 |
| 任务 | 为该批货物办理出口重箱进场和堆存业务 |

## 一、集装箱码头出口准备

集装箱码头要顺利地完成出口集装箱装船作业,必须预先收到出口集装箱的单证资料,以便做好各项准备工作。主要有出口货运资料预报和编制出口作业计划两大部分。

（一）出口货运资料预报

一般在实施装船计划作业以前,集装箱码头要求船公司或其代理提供如下必要单证资料。

**1. 出口用箱计划及出口装货清单（订舱清单）**

船公司根据订舱资料和集装箱空箱用箱申请编写一份空箱发放计划,并注明集装箱质量及货物情况,以供集装箱码头掌握该船的船名、航次、出口箱的总体情况等,并依此情况发放空箱。

**2. 船期预报和确报**

船公司在船舶到港前96h给集装箱码头预报船舶到港时间,在船舶到港的24h前,再次进行船舶确报,以便集装箱码头根据船期预先做好各种准备工作。

**3. 预配船图**

预配船图是由船公司或船代根据订舱资料、船舶规范以及沿航线挂靠港的装卸计划而编制的船图,也是码头编制配载图的重要依据之一。

（二）编制出口作业计划

根据上述船公司提供的资料,码头计划人员编制出口作业计划。集装箱码头的计划较多,功能各异。按时间分,有年度计划、月度计划、旬度计划、5天计划、昼夜计划；按作业类型分,有船舶计划、堆场计划、配载计划、装拆箱计划、进出场计划、疏港计划等。下面介绍与出口联系紧密的船舶计划和堆场计划。

**1. 船舶计划**

因为集装箱码头是围绕船舶开展业务的,船舶计划是集装箱码头作业计划中的核心计划。船舶计划通常为24h计划,又称船舶昼夜计划。它是根据船公司或船代提供的船期表、96h预报、24h确报,并结合码头泊位营运的具体情况编制而成的,它规定了每艘船舶停靠的泊位、靠泊时间和作业任务以及开工时间、作业要求、完工时间和离泊时间等内容,并将作业任务分解到昼夜三个工班。

船计划编制时需要考虑码头泊位及装卸桥的作业效率,保证各艘船舶有序靠泊、作业和离泊,同时需要结合堆场计划而确定。

**2. 堆场计划**

出口堆场计划根据船名、航次、出口箱预到资料并结合堆场的使用状况编制而成。为保证出口箱顺利装船,出口箱在堆场通常按四分原则堆放。为充分利用堆场容量,减少翻箱,还可根据出口箱和船舶情况,采取按位或按排或箱区的堆放方法。同时,需要考虑其他船舶的集装箱进场计划,已卸船进口箱的提运计划和归并转作业,力求减少各种堆场作业的相互影响。堆场计划应充分结合船舶计划并保证两个计划的协调性。

## 二、集装箱码头空箱发放业务

根据船公司或船代提供的集装箱空箱发放箱通知,集装箱码头辨认空箱发放清单。码头进出口受理台接收集装箱卡车司机提运空箱凭证并核对无误后,开具发箱凭证,然后在计算机中作出放箱计划。集装箱卡车司机凭发箱凭证、集装箱设备交接单到码头堆场提运空箱。

## 三、集装箱码头出口堆场策划

码头堆场是存放集装箱的场所,是集装箱码头最大的工作场所。堆场面积大,需要存放的集装箱数量、种类繁多。堆场内通常存放空箱、重箱、危险货物箱等,同时又分进口箱、出口箱,而且箱子的结构尺寸也不尽相同,箱主也不同,这些都使得堆场的管理变得困难。堆场策划的目的就是要克服这些困难,充分利用有限的堆场面积,合理划分堆场,给每一个集装箱配置理想的位置,提高堆场利用率和码头生产的作业效率。

出口集装箱堆场策划主要是根据船舶到港和离港时间,编排出口箱作业摆放位置。

出口箱堆场策划的原则如下:

(1)按照就近原则,尽量安排出口箱摆放在靠近桥位的龙门吊作业区。

(2)根据泊位、同期操作船舶情况、卸箱数量及箱型等设定出口箱在码头的摆放位置,尽可能对同期操作的其他船舶作业不造成影响。

## 四、集装箱码头检查口重箱进场业务

出口集装箱重箱进闸主要是办理集装箱重箱的检验与交接业务。发货人装箱、计数、施封后,在装船集港前拖重箱进入集装箱码头。集装箱卡车司机向检查口提交装箱单、设备交接单,经对集装箱外观、重量检查后按照工作人员安排的集装箱箱位指示,将重箱送入码头堆场指定的箱区。

**1. 进闸物理检验**

检验员首先对进闸集装箱进行物理检验。集装箱停在入闸前的物理检验区,检验员查验箱体各面有无损坏、附件是否齐全、箱门是否关好、封志是否完好,并采集集装箱箱型、箱号等箱信息和车信息。

**2. 进闸操作室审核**

进闸业务操作室工作人员通过摄像、计算机等设备检查集装箱箱顶状况,通过地衡设备读取集装箱重量等信息,将其存入数据库,并核对集卡司机交来的"场站收据"、"装箱单"、"设备交接单"、"许可证"、"衡量单"、"特种货物清单"等单据。

**3. 设备交接**

操作室工作人员核对重箱进场时间、船期等信息。审核无误后,双方签署设备交接单,将黄色用箱人/运箱人联盖章交给集卡司机;并打印堆场作业纸交集卡司机,用以指示堆箱场位。

集卡司机持堆场作业纸到指定场位卸箱后,空车出闸。

**4. 资料整理及录入**

完成收箱业务后,操作室工作人员整理资料填写值班记录。

★ 课堂活动

| 项目 | 活动内容与结论 |
|---|---|
| 模拟演示 | 查阅资料,整理集装箱重箱进场业务程序及使用的单证 |
| | 为南京×××纺织品进出口公司出口的"女士短衬衫"办理进港手续,并分组分角色演示集装箱重箱进场程序 |

# 任务二 集装箱码头装船理箱及装船结束操作

**学习任务书**

| 项目 | 任务和结论 |
|---|---|
| 学习目标 | • 了解集装箱码头装卸船作业所涉及的人员及其职责<br>• 了解集装箱装船理箱的主要工作 |
| 情境描述 | 货物装船的这天,小李早早守在船边,和理货人员一起准备装船。集装箱如何从堆场转移到船边?如何实施装船?装船过程中的货损、箱损如何划分? |
| 感知 | 集装箱装船　　　　　集装箱装船 |
| 任务 | 选择集装箱装卸工艺<br>实施集装箱装船及理箱作业 |

## 一、集装箱码头装卸设备

随着集装箱运输的发展,集装箱码头装卸搬运机械也得到了相应的发展,集装箱码头的机械设备主要分为码头岸边装卸机械、水平运输机械、场地装卸机械。

（一）集装箱吊具

### 1. 固定式集装箱吊具（图 3-2-1）

固定式集装箱吊具只适合一种固定箱型,分为 20ft 型集装箱专用和 40ft 型集装箱专

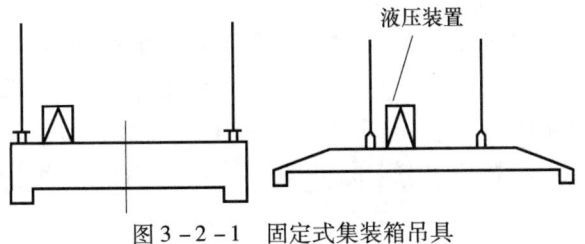

图 3-2-1　固定式集装箱吊具

用两种。

**2. 伸缩式集装箱吊具(图3-2-2)**

伸缩式集装箱吊具是专门为集装箱装卸桥而设计的,它利用液压操作使框架能自行伸缩,可用于装卸多种不同尺寸的集装箱。伸缩式集装箱吊具的特点是在变换吊具时所花的时间少,一般为1min左右,但缺点是自重大,通常为9t~10t。集装箱伸缩式吊具按照装卸集装箱的个数,可分为标准单箱吊具和双箱吊具(图3-2-3)两种。

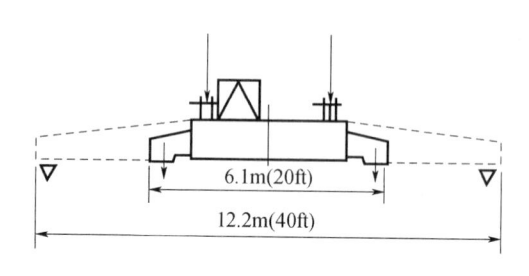

图3-2-2　伸缩式集装箱吊具

图3-2-3　集装箱双箱吊具

**3. 组合式集装箱吊具(图3-2-4)**

组合式集装箱吊具是由装卸20ft型集装箱用的基本吊具和摘挂方便的40ft型集装箱用的辅助吊具两者结合而成。

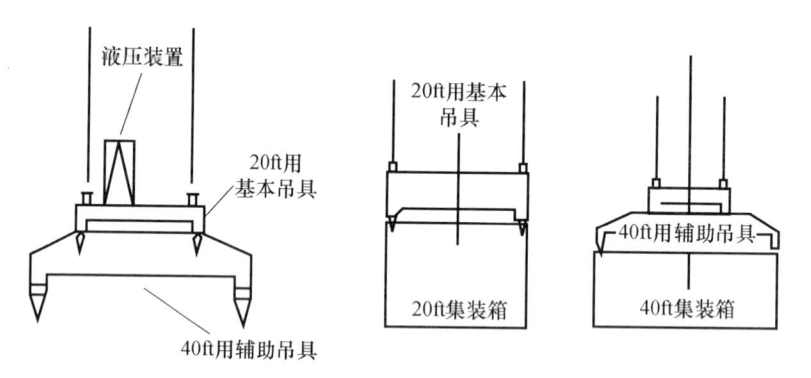

图3-2-4　组合式集装箱吊具

**(二)岸边集装箱装卸设备**

岸边集装箱装卸桥是集装箱码头前沿装卸集装箱的专用起重设备,按其外形结构主要可以分为A形框架式和H形框架式等结构。岸边装卸桥的海侧臂架都可用铰链将悬臂俯仰。

岸边集装箱起重机主要由金属结构、起升机构、小车行走机构、大车行走机构、俯仰机构、机房、司机室等组成,如图3-2-5所示。

岸边集装箱装卸桥的金属结构主要有带行走机构的门架、臂架机构、拉杆等。臂架又可分为海侧臂架、陆侧臂架以及中间臂架三个部分。为了提高集装箱装卸桥的装卸效率,并降低装卸桥的自重,起升机构多采用简单钢丝绳卷绕系统,小车行走机构多采用全绳索牵引式卷绕系统,司机室多采用具有良好视野的独立移动式司机室。

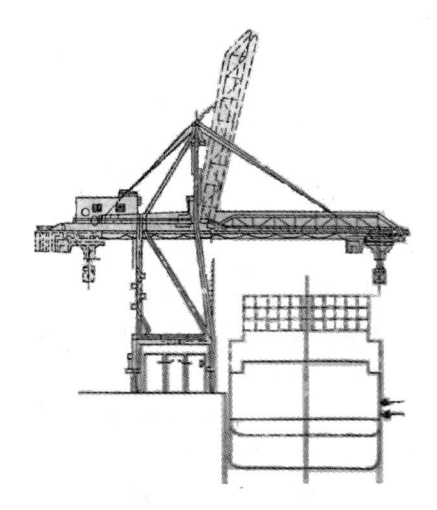

图 3-2-5 岸边集装箱装卸桥

（三）堆场集装箱装卸设备

**1. 轮胎式集装箱龙门起重机**

轮胎式集装箱龙门起重机是最常见的集装箱堆场作业机械,主要用于集装箱码头堆场的堆码及装卸底盘车作业。它由前后两片门框和底梁组成的门架支撑在充气轮胎上,可在堆场上行走,并通过装有集装箱吊具的行走小车沿门框横梁上的轨道行走,从底盘车上装卸集装箱和进行堆码作业。

该机械的主要特点是灵活,可前进、后退、左右行走,车轮可转90°,从一个堆场转移到另一个堆场作业。轮胎式龙门起重机可堆高4层~5层,跨越6列集装箱和1个车道,堆场面积利用率高,适用于吞吐量较大的集装箱码头。其缺点是自重大、轮压大、造价高。

**2. 轨道式集装箱龙门起重机**

轨道式龙门起重机是集装箱堆场进行装卸搬运和堆码集装箱的专用机械。它由两片悬臂的门架组成,两侧门腿用下横梁连接,支撑在行走轮胎上,可在轨道上行走。

该设备可堆高4层~5层,跨14排甚至更多排集装箱及一个车道,堆存能力高,堆场面积利用率高,适用于陆域不足或吞吐量大的集装箱码头。其主要缺点是灵活性较差,只能沿轨道行走,跨距大,底层取箱困难。

龙门起重机如图3-2-6所示。

轮胎式龙门起重机　　轮胎结构　　轨道式龙门起重机

图 3-2-6 集装箱龙门起重机

## （四）水平运输机械

### 1. 集装箱跨运车

集装箱跨运车是集装箱码头短途搬运和堆码的专用机械。跨运车作业时以门形车架跨在集装箱上，并由装有集装箱吊具的液压升降系统吊起集装箱进行搬运和堆码。

该机械可以堆码2层~3层集装箱，机动性好，可一机多用，既可作码头前沿至堆场的水平运输，又可作堆场的堆码、搬运和装卸底盘车作业。

集装箱跨运车如图3-2-7所示。

### 2. 集装箱牵引车—底盘车

集装箱牵引车是专门用来拖带集装箱底盘车的一种牵引车。它本身没有装货平台，不能装载集装箱，但能通过连接器与底盘车连接，牵引底盘车运输。

图3-2-7 集装箱跨运车

集装箱底盘车是一种骨架式拖车，是装有轮胎的车架，前面有支架，后面有轮胎，车上装有扭锁插头，能与集装箱角件相互锁紧。

集装箱牵引车—底盘车如图3-2-8所示。

图3-2-8 集装箱牵引车—底盘车

## （五）集装箱堆码机械

### 1. 集装箱正面吊运机

集装箱正面吊运机，又称"正面吊"，是集装箱场站专用的流动式装卸搬运机械。正面吊有可伸缩和左右共旋转120°的吊具，有能带载变幅的伸缩式臂架及多种保护装置，能堆码多层集装箱及跨箱作业。正面吊机动性强，能一机多用，既可作吊装作业，又能作短距离搬运，一般可吊装4层，轮压不高，且稳定性好，适用于吞吐量不大的集装箱码头，也适用于空箱作业。

集装箱正面吊运机如图3-2-9所示。

### 2. 集装箱叉车

集装箱叉车是集装箱场站常用的搬运机械，主要用于吞吐量不大的码头和场站。集装箱叉车的司机室设于车体一侧，以改善操作视线，叉车除采用标准货叉外，还有顶部起

图3-2-9 集装箱正面吊运机

吊装置。集装箱叉车分为重箱叉车和空箱叉车,分别用于重箱、空箱的堆码和搬运。

集装箱叉车如图 3-2-10 所示。

图 3-2-10　集装箱叉车

（六）集装箱拆装箱设备

在集装箱货运站进行装箱和拆箱作业的是小型叉车。拆装箱是在集装箱内作业,其作业条件受到限制,因此其外形尺寸有一定要求,在高度上要考虑各种集装箱内部高度、开门最小高度、过渡板厚度以及叉车作业安全间隙。此外,为了方便箱内作业,叉车还需具有自由提升性能、货架侧移性能和货叉侧移性能。

集装箱拆装箱叉车如图 3-2-11 所示。

图 3-2-11　集装箱拆装箱叉车

## 二、集装箱码头装卸工艺

码头装卸工艺是指港口装卸和搬运货物的方法和程序,即按一定的操作过程,根据港口的条件,针对不同的货物、运输工具和装卸设备,以合理和经济的原则来完成装卸和搬运任务。

（一）底盘车工艺方案

底盘车装卸工艺方案首先为美国海陆航运公司所采用,故又称为海陆方式。底盘车工艺方案的特点是,集装箱在堆场堆存时与底盘车不脱离。其工艺流程如下：

（1）装船时,用牵引车将堆场上装有集装箱的挂车拖至码头前沿,再由集装箱装卸桥将集装箱装到集装箱船上。

（2）卸船时,集装箱装卸桥将船上卸下的集装箱直接装在底盘车上,然后由牵引车拉至堆场按顺序存放。

采用底盘车装卸工艺方案的优势在于：集装箱在港的操作次数减少,装卸效率提高,集装箱损坏率小;底盘车轮压小,对场地的承载能力要求低,节省场地的铺面投资;场地不需要复杂、昂贵的装卸设备,工作组织简单;底盘车可直接用于陆运,特别适用于门到门运输。

底盘车系统的主要缺点有:为停放底盘车和拖挂作业的方便,要求较大的场地,场地面积的利用率低;底盘车的需求量大,投资大,在运量高峰期可能会出现因为底盘车不足而间断作业的现象;采用这种系统的大型码头拖运距离长,在高峰期容易造成港内道路的堵塞;底盘车不仅在码头堆场内使用,在堆场外也使用,故需频繁地修理和保养。

底盘车工艺系统主要适用于集装箱的通过量较小、场地大、特别是整箱门到门业务比例较大的码头,也可用于码头的起步阶段。

底盘车工艺系统示意图如图3-2-12所示。

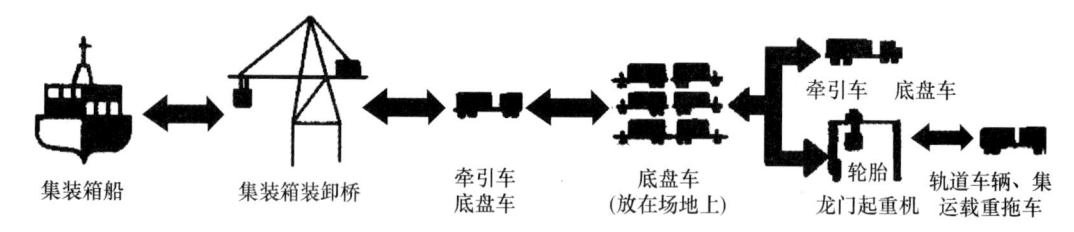

图3-2-12 底盘车工艺系统示意图

## (二)集装箱跨运车工艺方案

采用跨运车工艺方案,装船时,用跨运车拆垛并将集装箱运至码头前沿,再由码头前沿的集装箱装卸桥装船;卸船时,用码头上集装箱装卸桥将船上集装箱卸至码头前沿的场地上,然后由跨运车运至堆场进行堆垛或给拖挂车装车。

采用跨运车装卸工艺方案,集装箱在码头内的水平运输,以及在堆场内收发箱和翻箱等作业均由跨运车承担,要求跨运车的搬运效率应与集装箱装卸桥的效率相适应。理论上讲,跨运车的搬运效率约为普通型集装箱装卸桥效率的1/2。在采用全跨运车方式的集装箱专用码头,跨运车典型的搬运过程可分为单程操作循环和往复操作循环两种情况。

**1. 单程操作循环**

跨运车从码头前沿搬运卸船重箱至堆场,由堆场空车返回码头前沿。

**2. 往复操作循环**

跨运车从码头前沿搬运卸船重箱至进口箱堆场,由进口箱堆场空车行驶至出口箱堆场,并搬运出口重箱至码头前沿。

采用跨运车工艺系统的主要优势在于:跨运车一机多用,完成自取、搬运、堆垛、装卸车辆等多项作业,减少码头的机种,以便于组织管理;跨运车机动灵活、对位快,岸边装卸桥只需将集装箱从船上卸下后放在码头前沿,无需准确对位,跨运车自行抓取运走,能充分发挥岸边集装箱装卸桥的效率;机动性强,既能搬运又能堆码,减少作业环节;跨运车是一种流动性机械,当某处的作业量相对较大时,可多配几台,使码头作业进度平衡;堆场的利用率较高,所需的场地面积较小。

采用跨运车工艺系统的主要缺点是:跨运车结构复杂,液压部件多,故障率高,对维修人员的技术要求高;车体较大,司机室的位置高,视野差,对司机的操作水平要求较高,操作时需配备一名助手;场地翻箱倒垛困难;轮压较高,对场地要求高,初始投资高。

跨运车工艺方案适用于进口箱业务量大、出口箱业务量小的码头。

跨运车工艺系统示意图如图 3-2-13 所示。

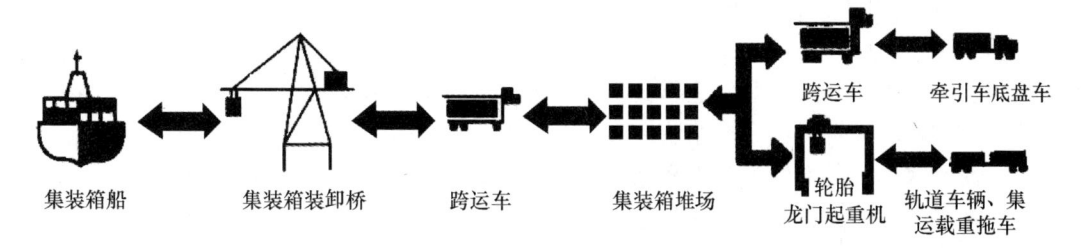

图 3-2-13　跨运车工艺系统示意图

### (三) 轮胎式龙门起重机工艺方案

采用轮胎式龙门起重机工艺方案，装船时，在堆场由轮胎式龙门起重机将集装箱装上拖挂车，运往码头前沿，等待装卸桥装船；卸船时，集装箱装卸桥将船上卸下的集装箱装在拖挂车上，运至堆场，再用轮胎式龙门起重机进行卸车和码垛作业。

该方案将集装箱拖挂车快速疏运和轮胎式集装箱龙门起重机堆码层数较多的特点结合起来，集装箱拖挂车只作水平运输，轮胎式集装箱龙门起重机担任堆拆垛作业，从而达到提高集装箱码头装卸效率的目的。

轮胎式集装箱龙门起重机工艺方案的优点是：装卸效率高，可进行大面积连续堆码；机械利用率高，机械维修量少，维修费用低；跨距大，堆层高，堆场空间利用率高；采用 90°转向和定轴转向，通道占用面积小；与轨道式龙门吊相比，不受轨道限制，可转场作业，同时又能通过直线行走自动控制装置实现行走轨道自动控制；设备操作简单，对工人技术要求不高。

轮胎式集装箱龙门起重机工艺方案的缺点是：需要与集装箱拖挂车联合作业，使用的机械数量多，初次投资较大；轮胎式集装箱龙门起重机的轮压较大，对码头的承载能力要求比较高，特别是对行走车道需要进行加固；由于轮胎吊的跨距大，堆垛层数高，故提取集装箱比较困难，倒垛率较高。

轮胎式龙门起重机工艺方案是目前我国大部分集装箱码头采用的工艺系统，一般每台岸边装卸桥需要配备 4 台以上的轮胎式龙门吊作业，故而码头的初始投资比较高。

轮胎式龙门起重机工艺系统示意图如图 3-2-14 所示。

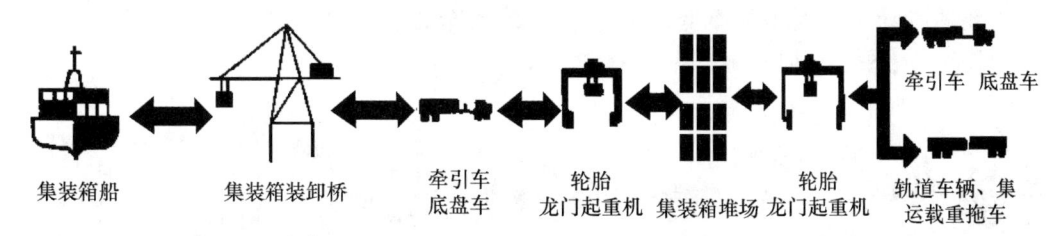

图 3-2-14　轮胎式龙门起重机工艺系统示意图

### (四) 轨道式集装箱龙门起重机工艺方案

轨道式龙门起重机工艺方案有两种。

一种是装船时,在堆场上用轨道式龙门起重机将集装箱装到拖挂车上,然后拖到码头前沿,用装卸桥装船;卸船时,用集装箱装卸桥将集装箱从船上卸到码头前沿的集装箱拖挂车上,然后拖到堆场,采用轨道式龙门起重机进行堆码。

另一种是在船与堆场之间不使用水平搬运机械,而是由集装箱装卸桥与轨道式龙门起重机直接转运。轨道式龙门起重机将悬臂伸至集装箱装卸桥的内伸距下方,接力式地将集装箱转送至堆场或进行铁路装卸。

与轮胎式龙门起重机工艺方案相比,该工艺方案,堆场机械跨度更大,堆码层数更高,能更好地提高堆场堆存能力。该工艺方案的主要优点有:机械结构简单,维修方便,作业可靠性高,管理、维修和运营费用均比较低;机械沿轨道行走,便于计算机控制。其主要缺点是:机动性差,作业范围受限制;跨距大,提箱、倒箱困难;初始投资比较大。

轨道式龙门起重机工艺系统示意图如图 3-2-15 所示。

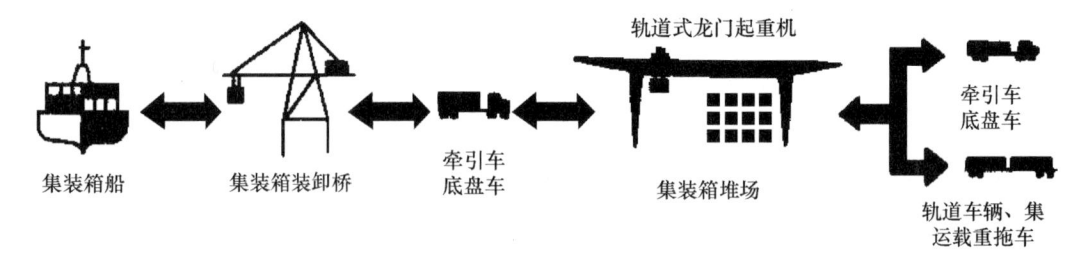

图 3-2-15 轨道式龙门起重机工艺系统示意图

### (五)集装箱叉车工艺方案

叉车工艺方案在码头前沿采用装卸桥作业,水平搬运及场地采用叉车作业。集装箱叉车是集装箱码头上常用的一种装卸机械,除了可以用于场地码垛作业和短距离的搬运作业外,还可用于装卸车辆作业。当水平运输距离比较远时,可采用拖挂车配合作业。叉车作业要求比较宽敞的通道及场地,因此场地面积利用率比较低。这种工艺方案较适合年吞吐量为 3 万 TEU 以下的小型集装箱码头作业,也可用于集装箱修理场地和空箱作业场地。

叉车工艺方案的主要优点是:叉车的通用性强,可适用于多种作业;由于叉车的使用较普遍,司机和维修人员对其都比较熟悉,存在的技术问题少;机械价格便宜,成本低。该工艺方案的主要缺点是:单机效率低,不适用于大吞吐量码头;轮压大,对路面的磨损严重;需要的通道宽,场地利用率低;装卸作业时,集装箱对位困难。

叉车工艺系统示意图如图 3-2-16 所示。

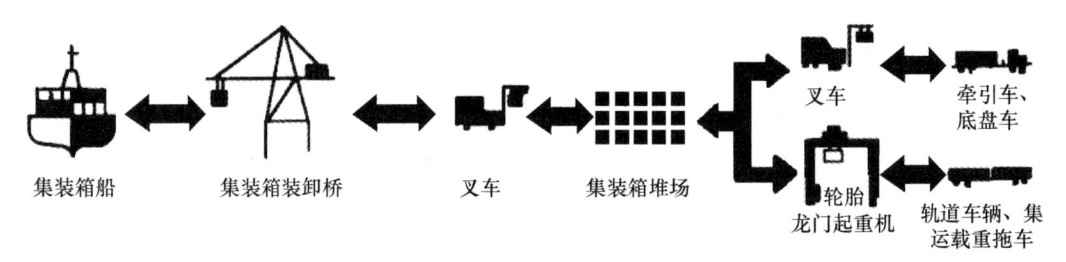

图 3-2-16 叉车工艺系统示意图

## （六）集装箱正面吊运机工艺方案

正面吊运机的工艺流程有三种类型。

（1）码头前沿至堆场堆箱作业：用集装箱正面吊从码头前沿吊起重箱，将重箱运至堆场堆箱，空载返回码头前沿进行第二次循环作业。

（2）堆场至半挂车的装箱作业：用集装箱正面吊从堆场吊起重箱，将重箱运至底盘车上放下，由牵引车拉走，然后空载返回堆场，准备第二次循环作业。

（3）操作循环作业：正面吊从码头前沿吊运重箱至堆场堆箱，然后在堆场吊运空箱返回码头前沿放下，再吊起重箱做第二次循坏。

采用正面吊运机工艺方案的主要优点有：一机多用，减少码头配置的机种，便于机械维修和保养；可以跨箱区作业，一般可堆高 4 层，最多可达 8 层，场地利用率高；可以加装吊钩或木材抓斗，用于调运重件和木材。

采用正面吊运机工艺方案的主要缺点有：跨箱作业能力有限，一般只能跨 1 个～2 个箱作业，因而要求箱区较小，通道较多；吊运集装箱时，箱体与正面吊横向垂直，因而需要较宽的通道；正面吊的单机效率低，需配备的机械台数多，初始投资较高；轮压大，工作时转向轮胎的磨损和路面的磨损都比较严重。

★ **课堂活动**

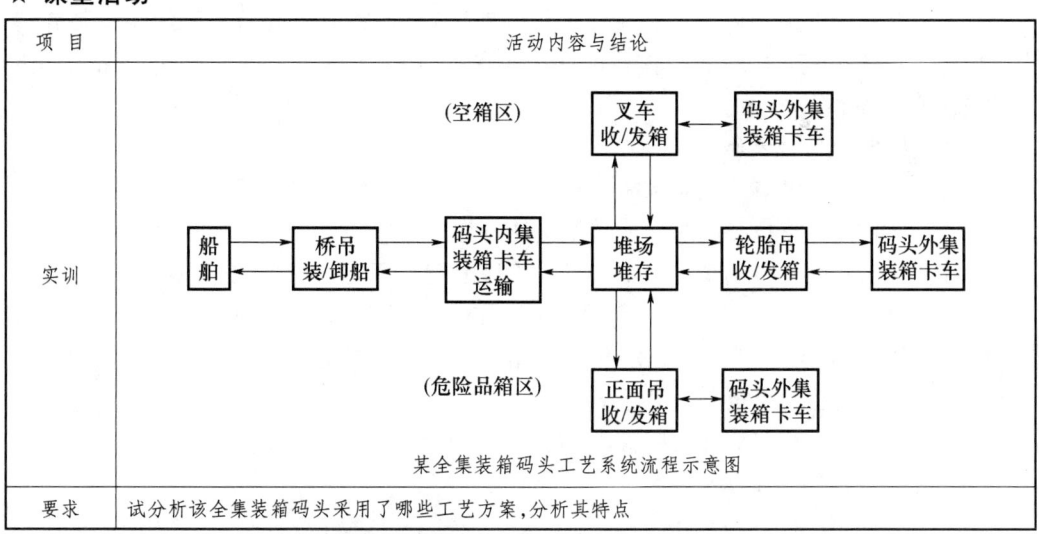

| 项目 | 活动内容与结论 |
|---|---|
| 实训 | 某全集装箱码头工艺系统流程示意图 |
| 要求 | 试分析该全集装箱码头采用了哪些工艺方案，分析其特点 |

## 三、集装箱码头装船理箱业务程序

**1. 编制装船配载图和装船顺序单**

船公司或其代理在出口箱进场的前一天，将预配船图送交码头制订配载计划，码头配载员根据装箱单、货代送来的经海关放关的场站收据和预配船图制作配载图。配载船图在送船方确认签字后方能生效，如船方根据实际情况对船图有所改动，配载员应进行调整。

配载工作完成后，配载员根据船图和出口箱的场箱位编制装船顺序单。装船顺序单包括箱号、尺寸、箱型、状态、箱重、卸货港以及堆场箱位等内容，并列明船名、航次、所有准备装船出口的集装箱的情况。在计算机中生成出口箱装船顺序单，利用网络系统将信息发送至控制室,并将其作为控制室指挥装船作业的依据。

出口装船清单和装船顺序单见表3-2-1和表3-2-2。

表3-2-1 出口装船清单

日期: 船名/航次: 页数:

| 提单号 | 箱号 | 箱型 | 尺寸 | 状态 | 铅封号 | 件数 | 卸货港 | 目的港 | 整/拼 | 放关 |
|---|---|---|---|---|---|---|---|---|---|---|
|  |  |  |  |  |  |  |  |  |  |  |

表3-2-2 装船顺序单

船名/航次: 机械号:

| 程序 | 次序 | 场箱位 | 箱号 | 尺寸 | 箱型 | 高度 | 状态 | 持箱人 | 质量 | 卸货港 | 船箱位 | 备注 |
|---|---|---|---|---|---|---|---|---|---|---|---|---|
|  |  |  |  |  |  |  |  |  |  |  |  |  |
| 合 | 计 |  |  |  |  |  |  |  |  |  |  |  |

**2. 组织装船和理箱**

跟踪船舶计划、配备机械和人员后,堆场管理员在控制室按船舶计划、配载图、装船顺序单等计划,发放发箱指令。在装船作业过程中由外理代表船方理箱,并与港方进行集装箱交接,如发现有异常,应如实填制残损记录,双方共同签字,明确责任。

集装箱装卸船的具体作业主要是由场内集卡等水平运输设备和岸边集装箱装卸桥来完成的。集装箱装卸桥沿着与码头岸线平行的轨道行走,完成集装箱船舶的装船与卸船作业。通常集装箱装卸桥装卸船作业的一个工作循环耗时120s左右。装船与卸船具体的机械作业过程如下:

(1) 装船机械作业步骤如下:

① 船靠码头前,将集装箱装卸桥运行至码头岸线的大致作业位置。

② 船靠码头后,将集装箱装卸桥移至具体的作业位置。

③ 按照装卸顺序,将小车移至水平运输机械上待装箱的正上方,放下吊具。

④ 待吊具上的扭锁装置将集装箱锁定后,吊起水平运输机械上的集装箱。

⑤ 小车沿悬臂向海侧方向移动,将集装箱吊至船上的指定位置。

⑥ 松开扭锁装置,吊具与集装箱分离。

⑦ 吊具起升,小车向陆侧方向移动,进入下一个操作。

(2) 卸船机械作业步骤如下:

① 船靠码头前,将集装箱装卸桥运行至码头岸线的大致作业位置。

② 船靠码头后,将集装箱装卸桥移至具体的作业位置。

③ 按照装卸顺序,将小车移至船上待卸箱的正上方,放下吊具。

④ 吊具上的扭锁装置将集装箱锁定后,吊起船上的集装箱。

⑤ 小车沿悬臂向陆侧方向移动,将集装箱吊至码头前沿等待着的水平运输机械上。

⑥ 松开扭锁装置,吊具与集装箱分离。

⑦ 吊具起升,小车向海侧方向移动,进入下一个操作。

一艘集装箱船的装卸作业通常会有几个作业班组同时进行,每个班配备一台装卸桥,即每台装卸桥就代表一个班组。每班装卸船的人员配备包括:

(1) 船上的桥长和装卸桥下的理货长各1名,负责整艘船的作业。

（2）船上和装卸桥下各2名工人，负责验箱（肉眼观察箱体表面有无损坏）、拆除或安装集装箱底部四角上用于箱与箱之间坚固连接的旋锁、绑扎甲板上的集装箱或解除其绑扎装置、配合装卸桥司机装卸集装箱。

（3）船上和装卸桥下各1名理货员，负责指挥拖车运行、核对集装箱号码、按实配图顺序指挥司机装卸集装箱、将集装箱数据输入手提计算机并指示司机提箱或卸箱位置。

（4）外轮理货员1名，在装卸桥下代表国家公证机关行使公正权利，记录集装箱箱号和封号，监督整个装卸过程。

（5）另外还要配备装卸桥司机1名、拖车司机、堆场理货员、龙门吊司机等。

集装箱码头装船具体的人员作业过程如下：

（1）船舶到达指定泊位。

（2）拖车根据桥边理货员的指示到堆场提取该航次出口的集装箱。在通信操作系统现代化的集装箱码头，通常是码头控制中心根据已安排的堆场计划和配载计划，通过集装箱拖车上的计算机终端系统向司机发送指令，通知其提箱具体堆场位置。

（3）堆场理货员指挥龙门吊司机将指定箱装到拖车上。在通信操作系统现代化的集装箱码头，堆场理货员和龙门吊司机会同时通过自己的计算机终端显示出提箱装车命令。

（4）堆场理货员检查集装箱箱体情况，并核定拖车提取的集装箱是否正确，车号、箱号、指令号是否一致，并在计算机中做关于集装箱变动的登记更新。如果有问题及时通知码头控制中心更改提箱命令。

（5）拖车拖箱到装卸桥下，外轮理货员及桥下理货员核对箱号和封条号，外轮理货员核对"集装箱清单"和"集装箱装船预配图"并做装船登记。

（6）装卸桥司机根据指令将拖车上的集装箱吊往船上。码头控制中心通过通信控制系统将提箱装船命令发给装卸桥上的司机。装卸桥上的司机听从指令将对应的集装箱吊向集装箱船舶所对应的箱位。

（7）船上理货员核对箱号并指示装卸桥司机该箱的摆放位置，装卸桥司机将箱装在船上，装箱完毕。如果发现指令有错误，及时通知控制中心进行更改。

（8）甲板上外理理货员逐一记录每只集装箱的箱号，以及它们的实际装载位置，如发现集装箱破损或铅封断失，及时通知船边理货员迅速处理。

（9）对装载在甲板上的集装箱，桥下工人应负责装锁，船上工人则应负责锁紧及捆扎集装箱。

（10）一个箱装上船后，桥下理货员（或者码头集装箱控制中心通过车载终端）通知拖车司机去堆场另一个位置取箱。重复装船过程，直到行箱位图上每个箱都装上船为止。

集装箱正式装船后，船长在"码头装卸作业签证"上签字，表示船方确认集装箱已装船。

## 四、集装箱码头装船结束后的工作

装船结束后，集装箱码头还要按照装船作业的实际情况，编制该船的装船作业签证、系解缆作业签证、船舶供水签证等一系列单证，将其作为结算收费的凭证。

**1. 装船作业签证**

装船作业签证是集装箱码头完成装船作业后签发的一份向船方收取费用的凭证，包括船名航次、靠泊时间、离泊时间、开工时间、完工时间等内容，并详细列明该航次所装集装箱的数量、尺寸、箱型、危险品箱、特种箱以及开关舱盖板的块数。如系非港方原因造成的翻装，则记明翻装的箱数、箱型、尺寸及翻装次数。装船作业签证由船舶指挥员签发，要求仔细核对、如实填写，并在与大副共同审核无误后，双方在装船作业签证上签字，并将其作业向船方结算装船费用的原始凭证。

### 2. 系解缆作业签证

系解缆作业签证是码头提供系解缆服务而签发的向船方收取费用的凭证，包括船名航次、船舶净重、停靠泊位和日期等内容，并列明该船系解缆的具体时向。系解缆作业签证经大副审核无误、签字确认后，将其作为向船方结算系解缆费用的原始凭证。

### 3. 船舶供水签证

在船舶停泊期间，如码头为船方提供加淡水服务，则签发供水签证，主要内容有船名航次、停靠泊位和日期等内容，并列明该船供水的吨位和具体时间。该签证经大副审核无误并签字确认后，作为向船方结算供水费用的原始凭证。

### 4. 出口单船小结

出口单船小结是装船结束后根据该船名航次实际装船集装箱而编制的汇总表，主要内容有船名航次、靠泊时间、离泊时间等，并详细列明装船集装箱总数及其分类箱数。出口单船小结是集装箱码头统计装卸业务的凭证，也是重要的备查资料。

### 5. 船舶离港报告

船舶离港报告是装船工作结束后有关该船名航次作业情况的报告，包括船名航次、靠泊时间、离泊时间、装卸时间、装卸箱量、作业时间等内容，它是掌握船舶动态情况的单证。

★ **课堂活动**

| 项目 | 活动内容与结论 |
|---|---|
| 思考 | 根据集装箱装船业务流程，分析装船过程中的货损、箱损如何划分？ |
| 结论 | |

# 模块三　集装箱码头进口业务操作

## 任务一　集装箱码头进口卸船

**学习任务书**

| 项目 | 任务和结论 |
|---|---|
| 学习目标 | • 了解集装箱码头进口泊位策划的主要工作<br>• 了解集装箱码头进口船位策划的主要工作<br>• 了解集装箱码头进口堆场策划的主要工作<br>• 掌握集装箱码头进口箱卸船的作业过程 |
| 情境描述 | 师傅通知小李有一艘名为YL910的船舶将停靠本港，预计到港时间为20××年11月18日20点，离港时间为20××年11月19日20点。码头将要组织卸船工作，并组织卸船后箱子的堆存和交付 |

(续)

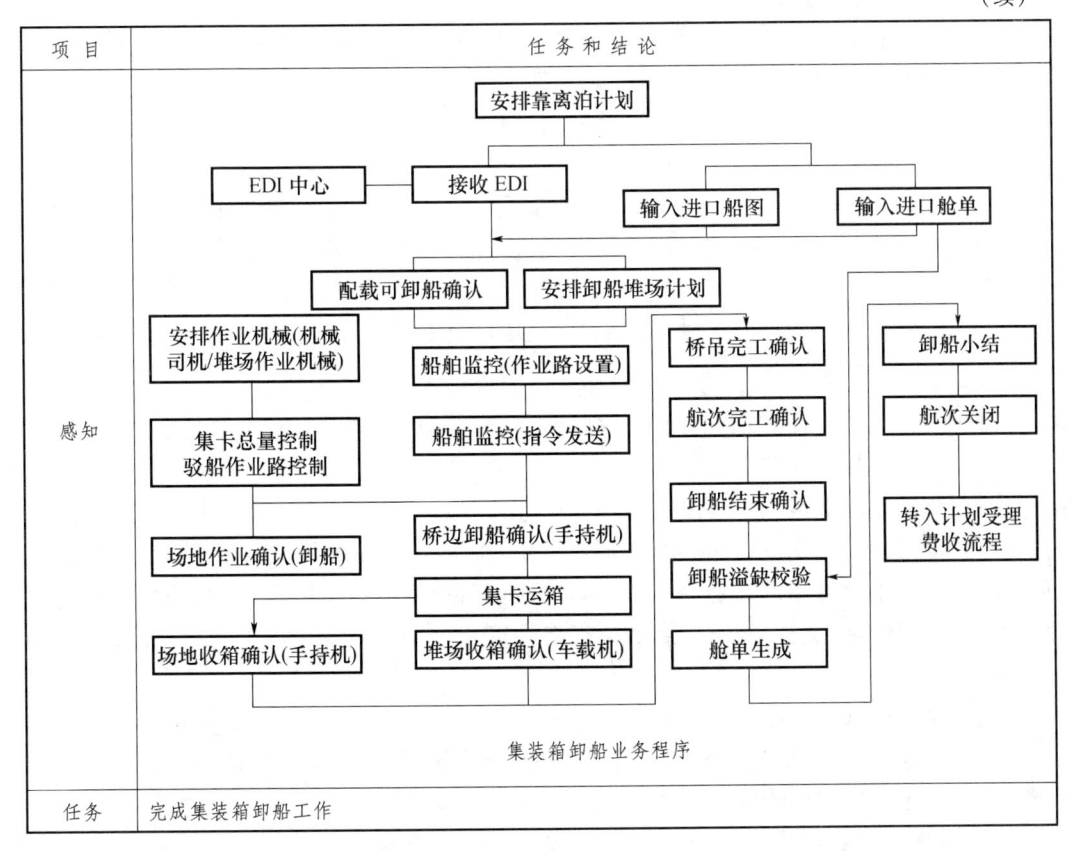

| 项目 | 任务和结论 |
|---|---|
| 感知 | 集装箱卸船业务程序<br><br>安排靠离泊计划 → (EDI中心 ↔ 接收EDI) / 输入进口船图 / 输入进口舱单<br>↓<br>配载可卸船确认 — 安排卸船堆场计划<br>↓<br>安排作业机械(机械司机/堆场作业机械) — 船舶监控(作业路设置) — 桥吊完工确认 — 卸船小结<br>集卡总量控制 驳船作业路控制 — 船舶监控(指令发送) — 航次完工确认 — 航次关闭<br>场地作业确认(卸船) — 桥边卸船确认(手持机) — 卸船结束确认 — 转入计划受理费收流程<br>场地收箱确认(手持机) — 集卡运箱 — 卸船溢缺校验<br>堆场收箱确认(车载机) — 舱单生成 |
| 任务 | 完成集装箱卸船工作 |

# 一、集装箱码头进口准备

集装箱码头进口准备工作为泊位策划、船位策划、堆场策划几个部分。

(一) 进口泊位策划

泊位策划的职责是利用现有资源制定合理而有效的泊位分配计划,最大限度地提高泊位利用率,以满足船舶靠泊的需要。其主要工作是绘制每日泊位图、制作靠泊申请、负责船舶的靠泊和离泊等事项。

**1. 靠泊计划图**

靠泊计划图是泊位策划的中心工作。它将近期的船舶动态、到港时间、靠泊时间和位置、离泊时间、装卸箱量等重要信息集中显示在一张图样上。码头操作部门根据泊位计划图进行排版、变更、安排作业机械;设备部门根据泊位计划图安排岸边装卸桥维修;引航站、代理公司根据泊位图安排引航、联检等工作。

制作靠泊计划图的主要依据是船舶安排表和月度船期表。泊位策划员在船舶到港1天~2天前与船公司和代理联系,获取集装箱装卸数量,确定准确的船舶预计到港时间(ETA)、预计靠泊时间(ETB)、预计离桥时间(ETD)。每日修订泊位图并发给有关单位和部门。

泊位图应显示未来5天~7天内所有船舶的船期和泊位安排。每艘大船在泊位图上的位置应准确无误,大船在桥位上的安全间距应不小于30m。

### 2. 靠泊和离泊通知

每艘大船在靠泊的 24h 前,泊位策划员要用传真或电子邮件向船公司发出通知,确认靠泊时间和泊位。如有变动,应及时发出更改通知。

船舶开工后也需以同样的方式通知船公司离泊时间。

### 3. 靠泊申请

第一次挂靠码头的船舶,需提前 3 天向边检递交书面申请。申请书应注明船名、国籍、船长、代理公司、出发港、目的港和预计抵港时间等内容,并附上船舶资料。

对于每日靠泊的船舶,需提前 24h 向边防检查站提交书面申请。申请书内容应包括船名、船公司、代理公司、船籍、预计靠泊时间、预计离泊时间、泊位、靠泊方向等内容。

### (二) 堆场策划

堆场策划的主要任务是负责码头堆场的集装箱摆放位置的划分与确定,指挥及控制集装箱在码头堆场内的移动。

进口集装箱堆场策划主要是规划并编排进口集装箱作业位置,计划衔接车辆的提箱位置。具体来说就是在进口箱卸船前预先与船公司核对并确认即将靠泊的卸箱数量,以便在堆场预留足够卸箱位,以及妥善安排冷藏箱等特殊箱的堆存管理。在卸船清单完成后,通过堆场计划的支持,将每个卸船箱指定到符合堆场计划要求的场位,可以形成卸船顺序单。

进口箱堆场策划的原则如下:

(1) 平衡原则,根据空场地和龙门吊作业区的密度和可使用的机械,合理调配操作,避免因操作过于集中而造成生产率降低。

(2) 以先入先出为原则安排进口箱的提箱作业。

### (三) 进口船位策划

船舶在安排好卸船事宜后,还需要对待装船的出口箱进行船位策划。船舶策划主要是安排集装箱在船上的摆放位置。在船舶装卸清单准备完成后,码头需要根据装船预配信息、装船清单、堆场计划,将在场出口箱按照一定原则安排到船上的具体箱位。

船舶策划的最终目的是获得实配图。实配图包括封面图和行箱位图,行箱位图是现场实际装卸作业的指导性文件。

## 二、进口集装箱卸船

码头工作人员根据将靠船舶的船期预报、确报,统计将在本港卸船的箱量、箱型,预先配置场地、机械、人员等,并实施装卸任务。具体过程如下。

### (一) 编制进口作业计划

工作人员根据船舶进口舱单、进口积载图、BAY 图、上一港口离港报告、欲卸特种箱货情况等资料,以及船舶性能和港口潮汐情况,编制进口船舶作业计划。

### (二) 核对统计相关货运资料

(1) 核对船舶进口舱单和进口积载图,分清港卸箱和过境箱。

(2) 分别以空箱、重箱;20ft 箱、40ft 箱、其他规格箱;中转箱、冷藏箱、特种、危险货物箱为标准,统计卸箱数量和要求。

（3）核实码头堆场部门提供的卸箱场地及箱位。

（4）根据港口作业条件、堆场场地、机械出勤、船舶技术条件等，制定卸船顺序单，分配卸箱场位。

（5）堆场控制室根据船舶作业计划下达卸船指令。

（三）船舶装卸作业实施

**1. 卸船作业流程**

（1）船舶靠泊指定泊位。

（2）船上理货员核对积载图和卸船清单内容及集装箱的箱号，船上工人检查进口集装箱的外表箱体，看有无破损和封条是否完好，如有问题立即通知理货人员。

（3）对于甲板上的集装箱，由甲板上的工人打开旋锁，解开捆绑装置。

（4）船舶理货员根据卸船计划和卸船清单并通过装卸桥上的计算机终端系统将所卸集装箱的位置和箱号通知装卸桥司机，司机得到命令后吊起对应的集装箱。

（5）码头控制中心通过拖车上的车载终端设备将卸箱具体命令发送给拖车司机，指挥司机按顺序前往装卸桥下等待装载集装箱。

（6）拖车司机将卸下的集装箱拖离船舶。

（7）作业区的外轮理货员核对箱号、封条号码，并在舱单、装箱单、积载图上标注卸下船的集装箱，逐一圈销卸船的集装箱箱号。

（8）拖车司机按车载终端设备的下一个提示指令将集装箱送去堆场指定位置卸箱，卸箱后返回装卸桥下，等待装下一个作业。

**2. 卸船理箱作业**

（1）根据船舶作业计划，派出理货组长和理货员。通常，每条船派出 1 名理货组长，每条作业线派出 2 名理货员。

（2）理货公司将整理好的船舶资料交理货组长，并在单船记录本上交代任务、提出要求。理货组长复核资料，指挥理货人员备齐单证和用品，准备登船。

（3）登船后，理货组长向船方索取积载图、进口舱单、装箱单等资料，了解装载情况和危险品箱的积载位置，商定残损箱的检残方法。

（4）理货组长分配理货员的工作舱口，确定理货员的工作岗位和理箱方法，提供理箱资料。

（5）船边理货员应根据积载图认真核对集装箱箱号，检查铅封是否完好，逐一圈销卸船的集装箱箱号，并在每工班结束后，与集装箱公司堆场人员办理交接手续。

（6）甲板理货员检查集装箱的外表有无残损、铅封是否完好，如发现异常情况，及时通知船方验看确认，并记载在"理箱单"和"设备交接单"上，经船方签认后方可卸船。工残集装箱由责任工组签认。

（7）对铅封断失的集装箱，理货员须重新施封，重新施的铅封号既要记录在"设备交接单"和"理箱单"上，又要汇总记录在"集装箱溢短、残损单"上。

（8）"进口理箱单"由船上理货员根据船边理货员提供的箱号填制，并作为理货组长圈销箱号清单或圈销积载图的原始凭证。

（9）工班结束后，理货组长根据理箱单编制"日报单"，并从总积载图上画去已卸船的集装箱积载箱位。

(10)卸船结束后,理货组长根据"理箱单"、"设备交接单"编制"理货证明书"和"集装箱溢短、残损单",并填制"单船报告单"。

(11)对船方原因造成的"舱内翻舱"或"出舱翻舱",另外编制"理箱单"和"日报单",并注明"翻舱"或"重装"的起讫时间。

★ 课堂活动

| 项目 | 活动内容与结论 |
| --- | --- |
| 思考 | 试分析 YL910 船舶到港卸箱的相关作业内容、涉及人员、所用单证都有哪些? |
| 结论 | |

# 任务二 集装箱码头进口重箱交付和空箱返场

**学习任务书**

| 项目 | 任务和结论 |
| --- | --- |
| 学习目标 | • 掌握集装箱码头进口重箱交付业务程序<br>• 掌握集装箱码头重箱拆箱后空箱回场业务程序 |
| 情境描述 | 现有 YL910 船舶卸船的集装箱货物一批,基本信息如下:<br><br>**箱信息**<br><br>箱号:CBHU1111119 \| 箱型/尺寸:GP/20 \| 箱公司:中国×× 外轮代理有限公司 \| 出场时间:20××-11-21 14:00<br><br>进场情况:<br>动态码:RIMF \| 船名:YL \| 航次910 \| 提单号:YISXYL933040<br>箱区箱位:A02-01-01-01<br><br>关封:F6524 \| 进场客户:××物流 \| 来自:××场地 \| 车队:××物流车队<br>车号:苏A×××××<br><br>返箱地:××场地 \| 整车重:25t \| 空车重 10t \| 箱重 2t<br><br>**货信息**<br><br>提单号:YISXYL933040 \| 货名:铁条 \| 净重:12t \| 毛重:13t<br>体积:15m³ \| 件数:20 \| 包装:BOXES<br><br>**费用信息**<br><br>费用分类:港杂费 \| 费用名:出港费 \| 方向:收入 \| 金额:100元<br>实际金额:100元 \| 结算单位:××物流<br><br>要为其办理重箱提箱和空箱返场业务 |

(续)

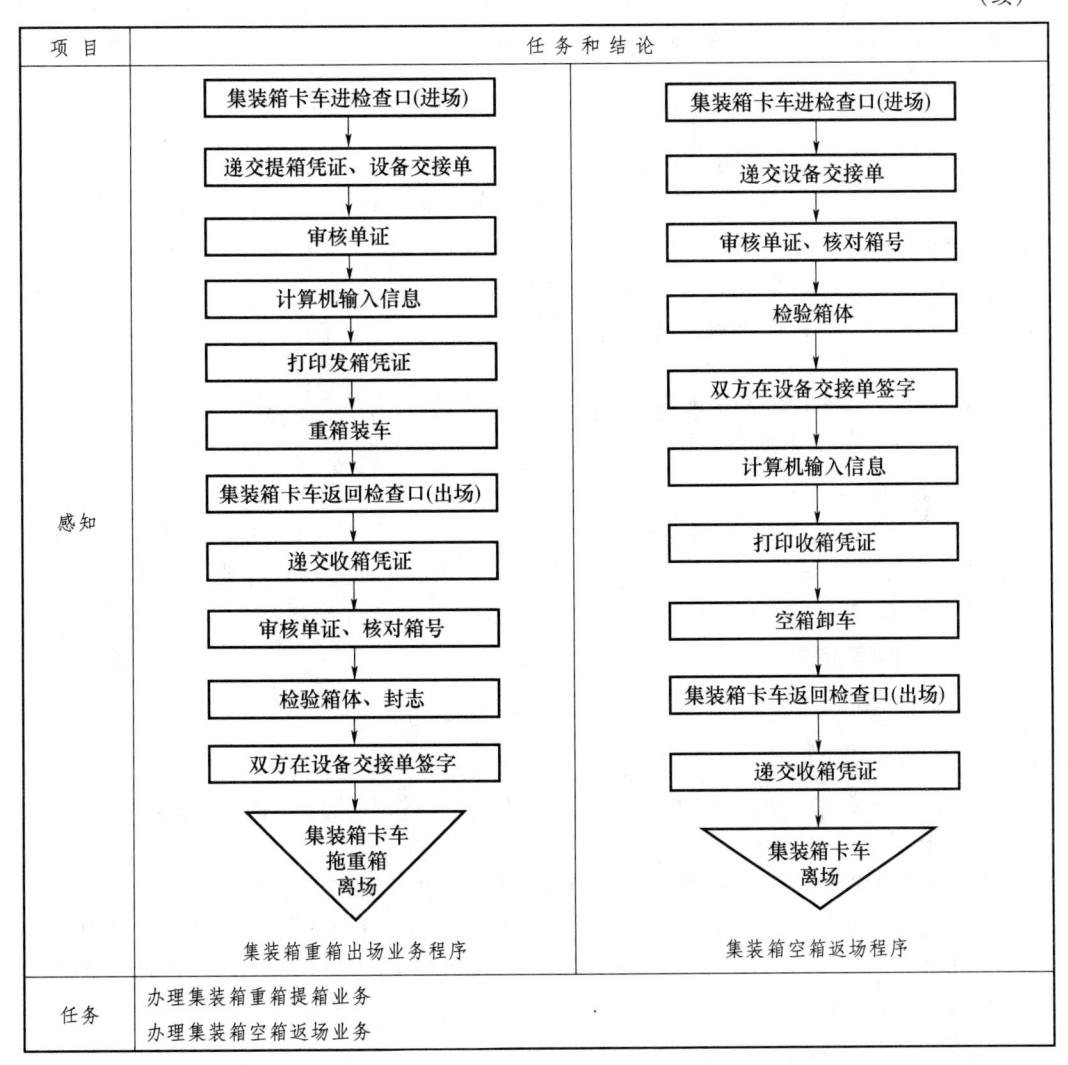

| 项目 | 任务和结论 ||
|---|---|---|
| 感知 | **集装箱重箱出场业务程序**<br>集装箱卡车进检查口(进场) → 递交提箱凭证、设备交接单 → 审核单证 → 计算机输入信息 → 打印发箱凭证 → 重箱装车 → 集装箱卡车返回检查口(出场) → 递交收箱凭证 → 审核单证、核对箱号 → 检验箱体、封志 → 双方在设备交接单签字 → 集装箱卡车拖重箱离场 | **集装箱空箱返场程序**<br>集装箱卡车进检查口(进场) → 递交设备交接单 → 审核单证、核对箱号 → 检验箱体 → 双方在设备交接单签字 → 计算机输入信息 → 打印收箱凭证 → 空箱卸车 → 集装箱卡车返回检查口(出场) → 递交收箱凭证 → 集装箱卡车离场 |
| 任务 | 办理集装箱重箱提箱业务<br>办理集装箱空箱返场业务 ||

## 一、集装箱重箱提箱业务

为了使集装箱码头的卸船工作能顺利进行,防止进口货物在码头堆场的积压,同时不使集装箱闲置,加速箱周转,在集装箱运输中一般都由船公司先向收货人发出提货通知。收货人接到提货通知后,凭正本提单到船公司换取提货单,随附费用账单和交货记录两联。收货人持上述单证随其他进口货物报关、报检单证办理完"一关三检"、放箱、理货等手续后,到码头办理提货手续。

码头箱货交付作业,根据货物交付条款 DOOR、CY、CFS 对应有 3 种作业方式:整箱提运作业、拆箱提货作业和仓库提货作业。

（一）整箱提运作业

**1. 码头提箱计划申请**

收货人要求进口集装箱整箱提运,应在提运作业前一天到集装箱码头受理台办理整箱提运作业申请手续。

码头受理台业务员检查申请人的提货单手续（图章）是否齐全，并按船名、航次和提单号查询计算机舱单内的箱号、品名、标记、件数。核对无误后，直接在计算机系统中受理计划，同时打印"提箱凭证"并交申请人作为提箱依据。"提箱凭证"的内容主要有船名、航次、箱号、堆场位置、作业时间等项目。

**2. 码头检查口办理提箱手续**

在整箱提运的当日，货主或内陆承运人凭"提箱凭证"、IC卡和"出场设备交接单"到码头进场检查口办理提箱手续。检查口工作人员验收单证，确认无误后，通过计算机打印重箱"发箱凭证"并将其交集装箱卡车司机。集卡司机根据"发箱凭证"上的场箱位进入指定堆场提箱。"发箱凭证"上的内容主要有船名、航次、箱号、堆场位置、作业时间、集卡车号等。

**3. 码头堆场发箱**

集装箱卡车司机进入指定堆场后，将"发箱凭证"交堆场作业员，核对无误后，堆场作业员指挥龙门吊司机按指定的箱号发箱，并在"发箱凭证"上签字后将其交还给集卡司机。

**4. 码头检查口出场交接**

在集装箱装上集卡后，集卡司机将集装箱卡车驶至出场检查口，并将堆场作业员签过字的"发箱凭证"交出场检查口业务员，业务员核对箱号、车号后打印出场"门票"，并在"出场设备交接单"上进行交接确认。集卡司机凭"门票"提箱出场。

（二）拆箱提货作业

进口集装箱拆箱作业可分为拆箱车提、拆箱落驳、拆箱装火车。

（三）仓库提货作业

仓库提货主要适用于CFS条款下，货运站提箱交货作业。主要业务内容如下。

**1. 堆场发箱**

（1）码头受理台业务员根据进口卸船资料编制"进口集装箱拆箱计划申请单"。

（2）控制室堆场业务员根据拆箱计划申请单编制集装箱移动指令，根据需要制成一式数联，部分交堆场作业员，部分交货运站业务员使用。堆场作业员根据集装箱移动指令指挥龙门吊和集卡将集装箱移至拆箱区。

**2. 货运站拆箱入库**

（1）货运站根据拆箱计划申请单以及进口集装箱舱单，按货物流向布置拆箱的具体要求。货运站拆箱的要求，必须一箱一清，拆完为止，并在做好箱内清扫工作后关好箱门。

（2）拆箱作业时，货运站理货员应与外轮理货员做好当面交接，查点货物的件数，验明包装和残损。

（3）拆箱作业完毕，货运站理货员应按船名、航次分别缮制"拆箱日报表"和"残损溢短报告"，并会同外轮理货员签字，然后货运站理货员在外理拆箱理货单上签字。

（4）如果拆箱过程中发现箱残损或使箱体坏损，应立即停止作业，并及时通知外轮理货员确认。

**3. 空箱归位**

拆箱完成后，由货运站理货员编制空箱报表，堆场计划员安排归箱箱位计划。中控室按归箱计划收空箱，将其归入指定箱位，在计算机中做好跟踪记录。

**4. 向收货人交付货物**

（1）收货人凭海运提单换取提货单，在办理各项申报通关手续后，到码头受理台申请提货。

（2）码头收取港务港建费、堆存费、拆箱费、制冷费、码垛费等相应费用后，打印"提货凭证"交收货人。

（3）码头仓库管理员根据"昼夜作业计划"中库提作好计划，安排好机械和劳动力。接到收货人"提货凭证"后，将其同计划及"仓库台账"和桩脚牌核对，无误后发货。

（4）发货同时，仓库管理员同收货人在交货记录上做好交接记录，并开具"出门证"。

（5）收货人凭"出门证"提货出场。

## 二、集装箱空箱返场业务

按整箱形式提箱出场的收货人，在完成拆箱后，还应负责将空箱按时送回指定的还箱点。

（1）集装箱卡车司机在检查口向业务人员递交集装箱设备交接单。

（2）检查口将箱号、箱型、尺寸、持箱人以及集装箱卡车车牌号等信息输入计算机。

（3）检查口验箱员与集卡司机共同检验箱体，如箱体良好，双方在集装箱设备交接单上无批注签字确认；如箱体有损坏，由检查口验箱员在集装箱设备交接单上如实批注后双方签字确认。

（4）完成验箱及其单证手续后，由计算机打印收箱凭证并交集卡司机，集卡驶到指定的堆场箱区卸箱后，在出场检查口递交收箱凭证，空车驶离码头。

★ **课堂活动**

| 项目 | 活动内容与结论 |
| --- | --- |
| 思考与训练 | 分析并整理YL910该批货物的重箱提箱和空箱返场业务程序<br>简述其中涉及人员及相关作业内容<br>分组演示重箱提箱业务程序和空箱返场业务程序 |
| 结论 | 持箱人业务 |
| | 提箱人业务 |
| | 还箱人业务 |
| | 收发箱场地业务 |

# 项目三 集装箱码头、场站业务操作

## 学习指导书

| | |
|---|---|
| 学习目标与总体要求 | • 了解集装箱运载工具的类型和结构<br>• 理解集装箱船舶配积载图的内容和作用<br>• 了解承运人进行集装箱配置的主要方法<br>• 掌握确定航线集装箱配置量的方法<br>• 掌握集装箱租赁合同的主要条款<br>• 了解集装箱调运的目的和方法<br>• 掌握集装箱水路运输业务,掌握场站收据的使用流程<br>• 了解其他运输方式下集装箱运输业务<br>• 掌握集装箱多式联运程序<br>• 了解集装箱运输相关的法律法规<br>• 掌握集装箱运费的基本构成和集装箱多式联运运费的计收方法<br>• 了解集装箱内陆运费的计费项目和计费方法 |
| 重难点提要 | • 集装箱船舶的特点和箱格结构<br>• 集装箱船舶箱位号<br>• 集装箱船舶配积载<br>• 航线集装箱配置策略<br>• 集装箱租赁业务及租赁量的确定<br>• 集装箱空箱调运的原因和途径<br>• 集装箱船期表的识读<br>• 集装箱出口/进口业务流程<br>• 集装箱提单的内容和流转程序<br>• 集装箱多式联运经营人的职责<br>• 集装箱运价构成和运费计算 |

## 模块一　集装箱运输工具认知及运用

### 任务一　集装箱船舶认知

**学习任务书**

| 项目 | 任务和结论 |
|---|---|
| 学习目标 | 了解集装箱船舶的类型<br>掌握集装箱船舶的结构特点 |
| 情境描述 | 小张是一名物流管理专业的毕业生,应聘到某船舶代理公司工作。师傅带小张到码头认识集装箱船舶。集装箱船舶与件杂货船、散货船有什么不同?那么多集装箱整整齐齐地堆放在船上是如何做到的? |

| 项 目 | 任 务 和 结 论 |
|---|---|
| 感知 | 集装箱船舶　　　　　集装箱船舶箱格结构 |
| 任务 | 认知集装箱运输工具的结构<br>认识集装箱船舶的箱格结构 |

## 一、集装箱船舶的类型

集装箱船舶是随着集装箱运输的发展而产生的一种特殊船型,具有装卸作业快、停港时间短和货损小的特点。船舶运载能力通常以装载20ft标准箱(TEU)数计算,也可用船舶的载重吨位计算。船舶外形狭长,其类型主要包括全集装箱船、半集装箱船、兼用集装箱船和滚装集装箱船。

（一）全集装箱船

全集装箱船指专门用以装运集装箱的船舶。它与一般杂货船不同,船舶所有货舱都是专门为装运集装箱而设计的,货舱内有格栅式货架,并装有垂直导轨,便于集装箱沿导轨放下,四角有格栅制约,可防倾倒。全集装箱船的装卸作业大多采取吊进吊出方式,利用岸边装卸桥进行装卸作业。一般集装箱船的舱内可堆放3层~9层的集装箱,甲板上还可堆放3层~4层的集装箱。

（二）半集装箱船

半集装箱船仅将船舶中央部位的货舱设计为集装箱的专用舱位,其他舱位仍装普通件杂货。

（三）兼用集装箱船

兼用集装箱船又称可变换集装箱船,其货舱内装载集装箱的结构为可拆装式,装上时,可装运集装箱,拆下时,也可装运一般件杂货或散货。

（四）滚装集装箱船

滚装集装箱船主要用来运送集装箱拖挂车。这种船本身无需装卸设备,一般在船侧或船的艏、艉有开口斜坡连接码头,装卸货物时,载箱拖挂车直接开进或开出船舱。这种船的优点是,一方面是通用性较强,除了可以装载集装箱及车辆以外,还可以装载其他重大件;另一方面是不依赖码头上的装卸设备,装卸速度快,可加速船舶周转,特别是在沿海和近洋运输中,水陆联运能收到较好的经济效果。

## 二、集装箱船舶的结构

以吊装式全集装箱船为例,说明集装箱船舶结构。

（1）集装箱船舶机舱基本上设置在船艉或偏艉部，以使船舱尽可能方整。

（2）全集装箱船均为统舱口船，即船舱的尺度与舱口的尺度相同，并且在船体强度允许的条件下，尽量把舱口开大，这既可便于装卸，又可多装集装箱。

（3）由于是统舱口船，舱口缘材垂直向下直到舱底，形成双层侧壁，双层侧壁长度占船长的 1/2 以上，横舱壁也为双层舱壁，船底为双层船底。集装箱船的大舱口，使集装箱船的纵向强度较弱，但双层侧壁和双层船底规避了这个缺点。

（4）由于集装箱装卸的需要，舱内无中间甲板，上甲板平直无舷弧和梁拱，在甲板上可堆放 2 层~7 层集装箱，直接堆装在舱口盖上，并有专用的紧固件和捆扎装置。

（5）为了使舱内集装箱固定而不能随意移动，舱内采用分格结构，用箱格导柱把船舱分隔成许多箱格。

（6）集装箱船的横剖面成"U"字形，为了抵抗横向的水压力、波浪的冲击载荷、纵向弯矩和扭力，防止"U"字形上部自由端的变形，集装箱船的纵向设置了很多横舱壁，增加了船舶的横向强度。

### 三、集装箱船舶的技术性能

（一）船舶的航行性能

**1. 浮性**

浮性是指船舶在各种装载情况下保持一定浮态的性能。船舶具有浮性是由于船舶具有浮力，浮力的大小等于船舶所排开的同体积水的重量。

储备浮力的大小与船的用途、结构、航行季节和区域等因素有关。为了保证船舶具有一定的储备浮力，决不允许其吃水超过相应的装载水线。

**2. 船舶吃水**

船舶吃水是指船底龙骨外缘到实际水线间的垂直距离。船舶吃水是一个变数，在不同的载重量情况下有不同的吃水，同时也反映了船舶一定的载重量。

船舶艏部吃水量值称为首吃水，船舶艉部吃水量值称为尾吃水，船中部吃水量值称为船中吃水或平均吃水。船舶的平均吃水也可以用六面水尺求得。

**3. 船舶吃水差**

当船体由于装载或其他原因产生船舶纵倾时，其艏艉吃水就会不相等，产生的艏艉吃水差额称为吃水差。

**4. 稳性**

船舶受外力作用离开平衡位置而倾斜，当外力消除后能自行回复至原平衡位置的能力，称为船舶的稳性。

**5. 抗沉性**

船舶破损浸水后仍保持一定浮态和稳性的能力，称为船舶的抗沉性。

**6. 快速性**

船舶的快速性，是指船舶主机以较小的功率消耗而得到较高航速的性能。

**7. 适航性**

船舶在多变的海况中的运动性能和营运条件，称为船舶的适航性。

## 8. 操纵性

船舶操纵性是指船舶能保持或改变航行方向的性能。

### (二) 船舶的重量性能

运输船舶的重量性能包括船舶的排水量和载质量,以 t 为计量单位。

#### 1. 排水量

排水量指船舶浮于水面时所排开水的质量,亦等于船的总质量。排水量又可根据不同装载状态分为:

(1) 空船排水量:指船舶空载时的排水量,也就是空船质量。
(2) 满载排水量:指船舶满载时的排水量,即船舶在满载水线下所排开水的质量。

#### 2. 载质量

载质量指船舶所允许装载的质量。载质量有总载质量、净载质量和船舶常数。

(1) 总载质量:指在任一水线下,船舶所允许装载的最大质量。
(2) 净载质量:指船舶所能装载的最大限度的货物质量。
(3) 船舶常数:指实际空船质量与新船出厂资料上空船质量之间的差值。

#### 3. 船舶载重线标志

根据船舶航行于不同航区和季节,分别规定了船舶的最小干舷及允许使用的载重水线,称为船舶的载重线。它用载重线标志的形式勘绘在船的中部两舷外侧,以限制船舶的最大吃水。

### (三) 船舶的容积性能

#### 1. 集装箱船舶货舱容积

集装箱船因其货舱和甲板均装载集装箱,故以船舶标准箱容量来表示其容积。

#### 2. 船舶登记吨位

船舶登记吨位是指按吨位丈量规范所核定的吨位。它是为船舶注册登记而规定的一种以容积计算的专门吨位。

★ **课堂活动**

| 项 目 | 活动内容与结论 |
| --- | --- |
| 查一查 | 查找相关资料,了解集装箱船舶 |
|  | 列举一艘目前世界最大型集装箱船舶的相关信息,包括货舱容积、船型尺寸等 |
| 结论 |  |
| 试一试 | 收集集装箱船舶箱格结构的有关资料,根据理解,准备材料,并以小组为单位绘制或制作箱格结构模型 |

## 任务二 集装箱船舶配积载

**学习任务书**

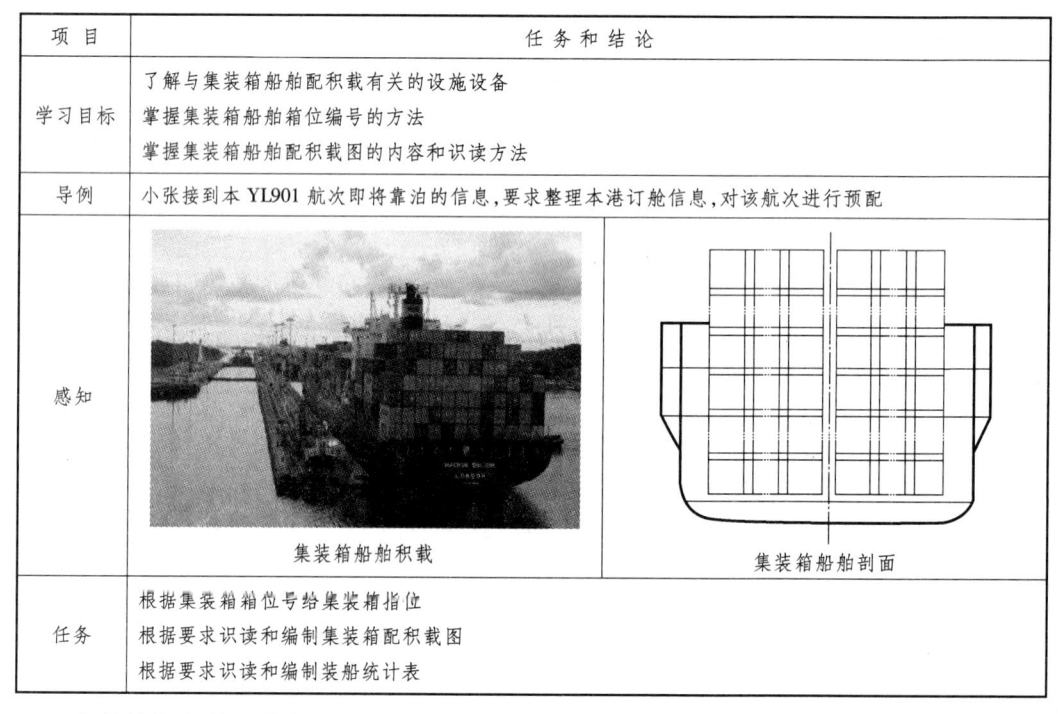

| 项目 | 任务和结论 |
|---|---|
| 学习目标 | 了解与集装箱船舶配积载有关的设施设备<br>掌握集装箱船舶箱位编号的方法<br>掌握集装箱船舶配积载图的内容和识读方法 |
| 导例 | 小张接到本 YL901 航次即将靠泊的信息,要求整理本港订舱信息,对该航次进行预配 |
| 感知 | 集装箱船舶积载　　　　　　　　　集装箱船舶剖面 |
| 任务 | 根据集装箱箱位号给集装箱指位<br>根据要求识读和编制集装箱配积载图<br>根据要求识读和编制装船统计表 |

集装箱船与普通货船一样,为了船舶的航行安全,减少中途港的倒箱,缩短船舶在港停泊时间,保证班期和提高经济效益,要进行配积载。

### 一、与积载有关的装置和设施

（一）箱格导柱

全集装箱船均采用箱格结构,利用角钢把船舱按集装箱的尺寸分割成许多箱格。箱格从货舱底部到舱口垂直设置,集装箱装卸时角钢起导向柱作用,同时对集装箱在舱内进行了定位。

箱格导柱的尺寸一般为 101mm×101mm～152.4mm×152.4mm(4in×4in～6in×6in),焊接结构。在导柱根部的内底板上,装有 1in 厚的水平垫板,以承受集装箱的重量。

箱格导柱与集装箱之间的空隙长度方向一般是 38.0mm(1.5in),宽度方向一般为 25.4mm(1in),超过了这一限度集装箱就会受到较大的冲击力,对运输安全不利。

有的船舶为了减少集装箱的绑扎作业,在露天的甲板上也装有甲板箱格导柱。

（二）箱格货舱

箱格货舱是有箱格导柱的集装箱专用舱。舱内设有箱格的目的是,一方面可以减少舱内的绑扎作业,另一方面可以使舱内上下层集装箱之间堆码整齐。集装箱在舱内堆码时,舱底板上承受了集装箱四角的集中载荷,因此,位于承受集中载荷的这部分面积的双层底板应作必要的加强。此外,由于集装箱船是大舱口船,船体翘曲或扭曲极易造成箱格导柱变型,导致装卸困难,这点必须引起注意。

### (三) 箱格导口

由于箱格导柱与集装箱之间的空隙较小,为了便于集装箱进入箱格内,在箱格导柱的上端设有倾斜面的导向装置,即导口。导口分为固定式、铰接式、调节式几种,其中调节式导口又分为移动式和翻转式两种。各种导口的形式如图 4-1-1 所示。

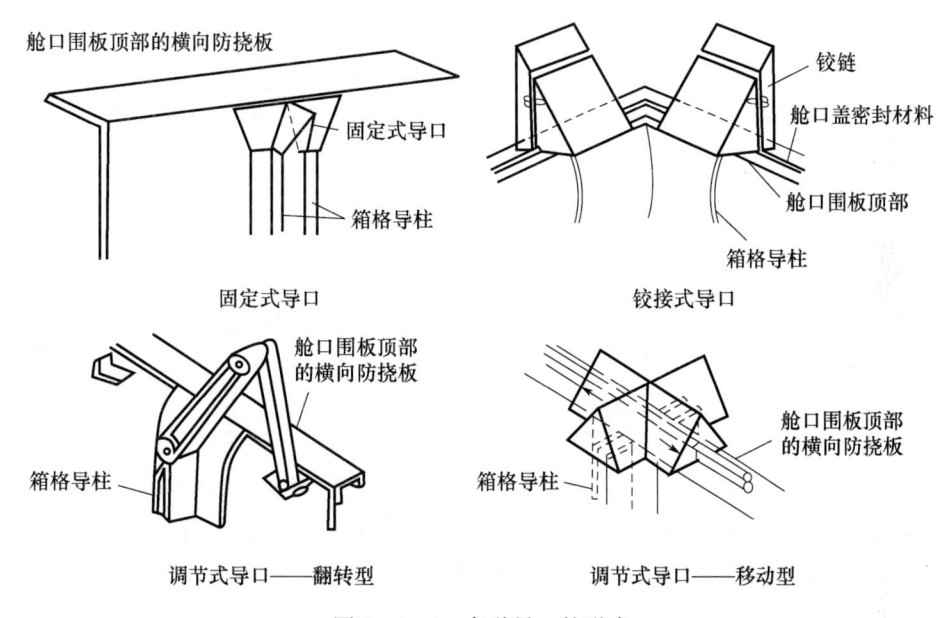

图 4-1-1 各种导口的形式

### (四) 舱口

集装箱船的舱口有单列、双列和三列 3 种,如图 4-1-2 所示。

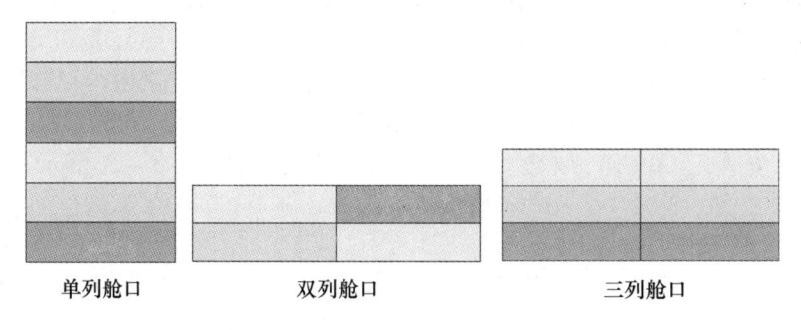

图 4-1-2 舱口示意图

单列舱口,长度方向覆盖 1 行集装箱,而宽度方向可覆盖好几列集装箱(一般可盖住 7 列以内)。

双列舱口,长度方向可覆盖 2 行集装箱,宽度方向可覆盖 2 列集装箱。

三列舱口,长度方向可覆盖 2 行集装箱,宽度方向可覆盖 3 列集装箱。

单列舱口对于船体结构以及甲板上和舱内集装箱的装卸是十分有利的,但只限于装载 7 列 6.1m～7.3m(20ft～24ft)的集装箱。而且不能兼装 1C 型和 1A 型集装箱。

双列和三列舱口有利于兼装 1C 型和 1A 型两种集装箱,但给甲板上集装箱的装卸带来了不利。

（五）舱盖

集装箱船的舱盖为了能承受较大的集装箱载荷,一般采用钢质箱型舱盖,用集装箱装卸桥进行开闭,靠舱盖四周内侧的橡胶垫和舱口围板顶部的密封材料保持水密。舱盖端板和侧板的下面与舱口围板顶部相接触,把装在舱盖上面的集装箱重量和舱盖本身的重量传给舱口围板。

由于舱盖是利用集装箱装卸桥进行吊装的,因此,舱盖的重量应与装卸桥的额定负荷相一致,有时要利用浮吊等特殊设备作为重大件来装卸。大型集装箱船的舱盖尺寸重量有时会受到限制,一般限制在 150kg/cm² 左右。

集装箱堆放在舱盖上时,其载荷集中在集装箱四角的角件底部,由于这几个载荷承载点靠近舱盖的边板,因此在结构上是能够承受这些载荷的。但是,在装 1A 型集装箱的船舱的舱盖上,若要堆装两行 1C 型箱时,则在舱盖中央部位承受的载荷相当大,这就要在这一部位增加舱盖桁材的高度和舱盖板的厚度,以提高这一部位舱盖的强度,但这会使甲板集装箱重心提高。

## 二、集装箱船舶的箱位容量和箱位号

每个集装箱在全集装箱船上都有一个用 6 个阿拉伯数字表示的箱位号。它以行、列、层三维空间来表示集装箱在船上的位置。第 1、2 两位数字表示集装箱的行号;第 3、4 两位数字表示集装箱的列号;第 5、6 两位数字表示集装箱的层号。

（一）行号的表示方法

"行"是指集装箱在船舶纵向(首尾方向)的排列次序号,规定由船首向船尾顺次排列。由于集装箱有 6.1m(20ft) 和 12.2m(40ft) 之分,因此舱内的箱格也分 6.1m(20ft) 和 12.2m(40ft) 两种。根据箱格结构的不同,有的箱格导柱是固定的,20ft 的箱格只能装 20ft 箱,40ft 的箱格只能装 40ft 箱。但也有的箱格,其箱格导柱是可以拆装的,把 20ft 箱格的箱格导柱拆除就可以装 40ft 箱。通常情况下,40ft 箱格内可以装 2 个 20ft 箱(注意:并非所有的 40ft 箱格内都可以装 20ft 箱)。为了区分 20ft 和 40ft 箱的行位,规定单数行位表示 20ft 箱,双数行位表示 40ft 箱。如图 4-1-3 所示,01、03、05、07、…均为 20ft 箱,而 02、06、10、14 均为 40ft 箱。由于 04、08、12 等箱位间有大舱舱壁隔开,无法装 40ft 箱。

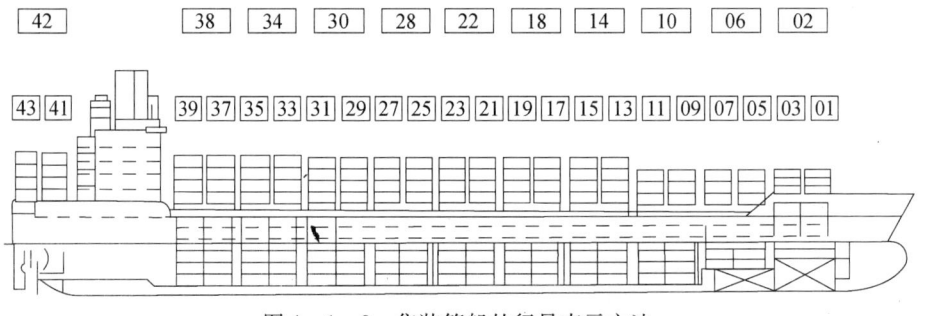

图 4-1-3 集装箱船的行号表示方法

## (二) 列号的表示方法

"列"是指集装箱在船舶横向(垂直于船舷方向)的排列次序号,有两种表示方法,如图 4-1-4 所示。

第一种,从右舷算起向左舷顺次编号,01、02、03、04、…以此类推(按船尾向船首的视向,船的左侧称为左舷,船的右侧为右舷)。

第二种,从中间列算起,向左舷为双数编号,向右舷为单数编号。如左舷为 02、04、06;右舷为 01、03、05、…,中间列为"00"号,如列数为双数,则"00"号空。这种表示法目前较常用。

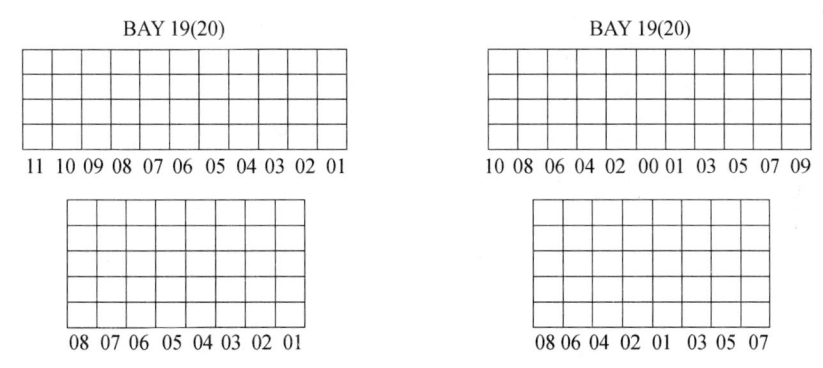

图 4-1-4　集装箱船的列号表示方法

## (三) 层号的表示方法

"层"是指集装箱在船舶竖向(上下方向)的排列次序号,有三种表示方法,如图 4-1-5 所示。

第一种,从舱内底层算起,直往上推到甲板顶层,如舱底第 1 层为 01,往上为 02、03、04。

第二种,舱内和甲板分开编号,舱内层号数字前加"H"字头,从舱底算起为 H1、H2、H3、H4…;甲板上层号数字前加"D"字头,从甲板底层算起为 D1、D2、D3、…。

第三种,舱内和甲板分开编号,从舱底算起用双数,即 02、04、06、…;甲板上从甲板底层算起,层号数字前加"8",即 82、84、86、…。目前这种编号方法比较常见。

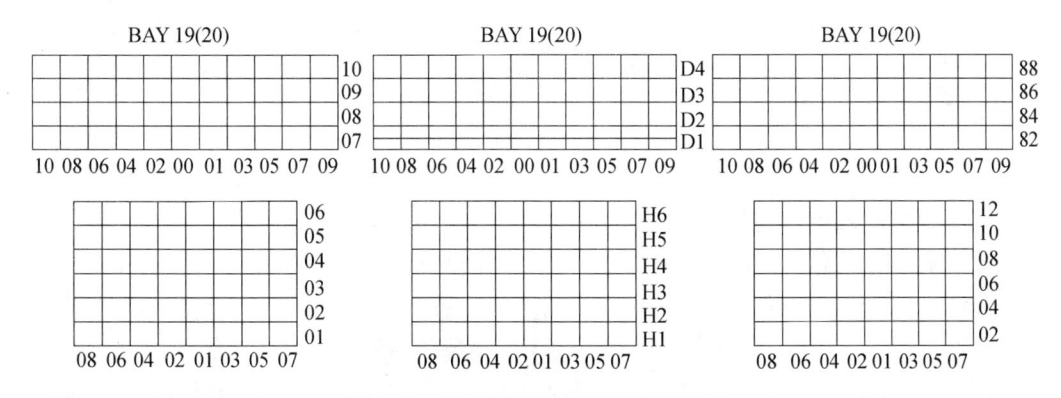

图 4-1-5　集装箱船的层号表示方法

★ **课堂活动**

| 项 目 | 活 动 内 容 与 结 论 |
|---|---|
| 试一试 | 用两种不同方法分别在下图中标出列号和层号 |
|  | 指出下图中各箱格中集装箱的船箱位号<br><br>BAY 13(14)　　　　　　　　BAY 19(18)<br><br>（图中标有 1、2、3、4 位置的箱格示意图） 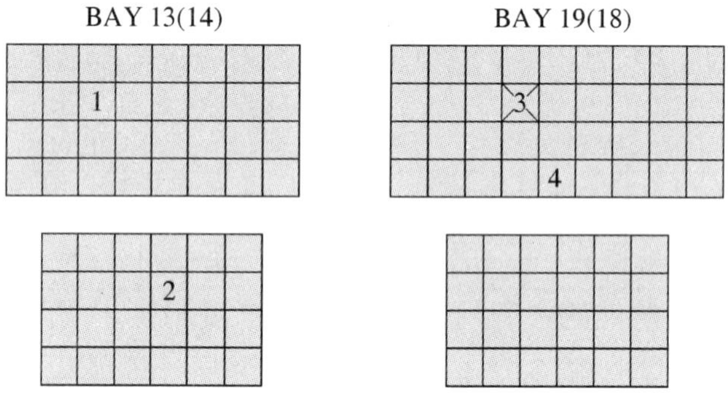 |
| 结论 |  |
| 试一试 | 在下图中标出指定箱位号的集装箱位置<br>① 130482　　② 150303　　③ 1501D4　　④ 1401H2<br><br>BAY 13(14)　　　　　　　　BAY 15(14) |

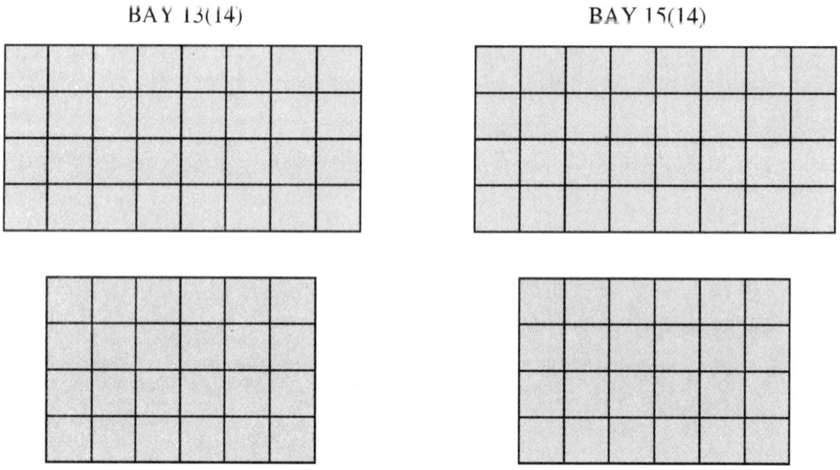

## 三、集装箱船舶配积载的基本要求

### 1. 充分利用箱位容量

由于集装箱货舱容积利用率比较低，为了充分利用其装载能力，需要在甲板上和大舱里都堆装一定数量的集装箱。为了保证船舶航行的稳定性，通常甲板堆装集装箱的数量为总箱数的 20%～50%，大舱内装箱量应大于全船装箱总量的 60%。

为了充分利用集装箱船舶的箱位，还需要掌握集装箱船舶箱位的分布情况，即掌握集装箱船舶标准箱容量在甲板上和大舱内的分配量，在甲板上和大舱内各有多少标准箱箱位,以及在甲板上和大舱内20ft和40ft集装箱箱位的分配情况。

具体来说,充分利用集装箱船箱位容量的主要途径如下:

(1) 在集装箱船预配时,如船舶某离港状态箱源数量接近船舶标准箱容量时,应当注意使该离港状态下订舱单上所列的20ft箱数量、40ft箱数量与船舶20ft箱容量、40ft箱容量相适应,以提高船舶的箱位利用率。

(2) 为提高中途港承载在该港以后卸港集装箱的承载能力,减少或避免集装箱的倒箱数量,应尽量保持不同卸港集装箱垂向选配箱位,以及保证卸箱通道各自独立。

(3) 在装箱港箱源充足的条件下,选配特殊箱箱位时,应当尽量减少由此引起的箱位损失数量。例如,在条件许可时,可以将原安排于舱内占用两个箱位的超高集装箱,选配于舱面的顶层,以减少舱内箱位的损失。

(4) 要考虑受到稳性和吃水差要求的制约。集装箱船一般船艏部箱位较少,故在配载时极易产生过大的艉吃水,艉吃水过大就需要用压载水来调整,从而增加压载重量,减少集装箱的装载量。另外,船舶满载时重心高度较高,为保证航行时的稳性,需要在双层舱底加一定数量的压载水,同样会增加压载重量,减少集装箱的装载量。因此,努力提高集装箱船配积载计划的编制水平,合理确定不同卸港轻重集装箱在舱内和舱面的配箱比例,减少用于降低船舶重心所需打入的压载水重量,是充分利用集装箱船舶装载能力的主要措施。

**2. 保证集装箱船舶具有适度的稳性**

集装箱船舶有近1/2的箱位分布在甲板上,满载时重心高度较高,为保证船舶航行的稳性,需加一定数量的压载水,但是航行时集装箱船的初稳性高度又不能过大,否则船舶横摇周期过短,使甲板集装箱受到很大的加速度,将对集装箱本身的强度及系固、绑扎设备带来不利的影响,甚至使集装箱移动。所以,初稳性高度应保持在一定的范围内。为此,在配积载时,应把重箱装在舱底,轻箱及结构强的集装箱装在甲板上,以保证船舶的稳性及集装箱的稳固。

**3. 保证集装箱船舶具有适当的吃水差**

船舶是不允许有艏倾的,因为这会造成螺旋桨产生空泡,但也不应有过大的艉倾,这会增加船舶吃水,导致装载量减少,也会影响船舶航速。因此,集装箱船舶应保持适当的吃水差,以保证具有良好的操作性。在集装箱船舶积载时应注意集装箱重量在船舶纵向上的分配。在船艏附近的箱位,由于船舶线型和驾驶视线良好的要求,应尽可能减少艏部甲板上的装箱层数,形成艏部箱位少的装载。此外,集装箱船一般采用艉机型,艉部较重,为防止艉吃水过大,或避免较多的压载水来调整吃水差,预配时应将较重的集装箱配置在船艏的箱位上。

在预配船舶进出吃水受港口水深限制的港口时,更应注意集装箱的纵向分布,以减少使用压载水来调整吃水差,从而减少船舶的总排水量和平均吃水,使船舶能够顺利进出港。

**4. 保证集装箱船舶的纵向强度**

集装箱船大多数是艉机型船,油舱、淡水舱一般也集中在艉部。如果船舶在开航时艏部箱量满载,容易产生中拱。而且集装箱船都是大舱口,船舶纵向强度较弱,如果配载不当,在风浪中容易断裂。为了使船舶有较好的纵向强度,抵消船舶的中拱变形,配载时要适当地在船中部多配重箱。

### 5. 保证集装箱船舶的局部强度

集装箱船舶积载时应注意堆积负荷,即集装箱船舶的舱底、甲板和舱盖上所允许堆积集装箱的最大重量,此数值可以从船舶资料中查取,要求在集装箱船舶的舱内、甲板和舱盖上,每列集装箱的重量均不应超过其允许的堆积负荷,否则将影响船舶的结构强度。近年来,集装箱装货后的总重量越来越大,容易出现超负荷现象,尤其在甲板和舱盖上更易超负荷。因此,必要时应减少集装箱的堆积层数,以防止损伤船体结构。

### 6. 尽量满足装卸要求,避免中途港倒箱

集装箱船一般途中均需要挂靠多个中途港,箱位配置应满足卸箱的先后顺序,避免中途港倒箱,影响装卸效率,延长船舶在港停留时间,甚至延误船期。箱位配置还应考虑便于装卸作业,避免同一卸港的集装箱过分集中,以提高装卸效率。因此配载时必须注意卸港顺序,避免中途港倒箱。

### 7. 满足特殊集装箱的积载要求

对于冷藏箱,应根据其冷却方式选择适合的位置,要考虑冷藏箱电源插座和临近插座的位置,不能随意配置;对于危险货物箱,应配置远离热源、机舱及船员生活区的位置,严格按照《国际危规》执行;对于超长和超宽箱,预配甲板上时,为了减少箱位浪费,应充分考虑集装箱在横向或纵向上的间距,相对集中,合理安排箱位;对于超高箱,预配时,不论配置在甲板上还是在舱内,均应配置在最上层,如配在舱内,其超高的尺寸应小于该舱内舱盖底与最高一层集装箱的间隙,否则,应减少集装箱的层数。此外,对动物集装箱及装运水果、蔬菜的通风集装箱,应配置在甲板上,平台箱只能配置于舱内或甲板上的最上一层,其上不能再堆其他集装箱。

### 8. 装卸作业中要保持船舶左右平衡

全集装箱船都采用箱格结构,故在装卸中不能产生过大的横倾,一般如横倾大于3°,集装箱进出箱格时就会产生困难。因此在配载时要注意不要把同一港口的集装箱集中配于一侧,应左右对称。

### 9. 注意平衡舱时,消灭重点舱

对于箱量特别多的港口,应分舱装载,不要集中在一个舱内,以避免造成重点舱,延长船舶在港装卸的时间。在分舱配载时还要注意几台装卸桥同时作业的可能性。

★ **课堂活动**

| 项目 | 活动内容与结论 |
| --- | --- |
| 归纳总结 | 归纳总结集装箱船舶配载的方法和要求 |
| 结论 | |

(续)

| 项目 | 活动内容与结论 |
|---|---|
| 实训 | 根据所给资料将集装箱配置于给定舱位中,要求给定船舱前后、左右基本平衡,尽量满足船舶配载的要求。<br>待装集装箱信息如下:<br><br>| | 到港 | 数量 | 尺寸/ft | 重量/t |<br>|---|---|---|---|---|<br>| 1 | BUS | 100 | 20 | 10 |<br>| 2 | BUS | 70 | 20 | 15 |<br>| 3 | KOB | 90 | 20 | 15 |<br>| 4 | KOB | 50 | 20 | 14 |<br>| 5 | HOK | 80 | 20 | 15 |<br>| 6 | HOK | 60 | 20 | 12 |<br><br>现要将这些集装箱装入 A、B、C、D、E、F 六个舱,船舱分布(俯视)如图所示:<br><br>假设每舱可装箱80TEU,试分析这些集装箱应如何分配 |
| 结论 | |

## 四、集装箱船舶配积载图的编制

### (一)集装箱船配积载概述

船舶的配载和积载有不同的含义。通常理解是,首先由集装箱船公司根据订舱单进行分类整理以后,编制船舶在某港的一个计划配载图,又称预配图或配载计划,而后船公司将该图交给码头集装箱装卸公司。码头集装箱装卸公司根据船方提供的集装箱装卸清单、预配图等,结合码头实际进箱情况,编制出口集装箱实配图,再将实配图交船方审核确认。船方审核确认后的实配图将被复印若干份,交有关部门,按此对船舶实施装卸作业。实际上集装箱装船情况与实配图也会有所出入,装船完毕后,再由理货公司根据实际装船情况而编制的船图称为积载图,又称最终积载图或主积载图。

### (二)编制预配图

集装箱船舶预配是集装箱船配积载中的重要环节,关系到船舶航行安全和货运质量,也关系到船舶装载能力的充分利用和集装箱船舶运营的经济效益。

集装箱船舶预配后产生预配图。预配图由船公司编制,是依据船舶积载能力和航行条件等,按不同卸货港顺序和集装箱装货清单上拟配集装箱数量,编制而成的全船行箱位总图。它将集装箱船上每一个装20ft箱的行箱位横剖面图由船艏到船艉按顺序排列,形成总剖面图。预配图由三幅图组成:字母图、重量图、冷藏箱和危险货物箱图。

**1. 预配字母图**

预配字母图上,每个箱位内用一个英文字母表示该箱位所装集装箱的卸箱港,如 K 代表神户港(Kobe)、L 代表长滩港(Long beach)、N 代表纽约港(New York)等,一般各字母表示的卸箱港含义在预配图上会有注明。

例如,图4-1-7中BAY05的舱内放置的全部是到长滩的集装箱。

**2. 预配重量图**

预配重量图上,每个箱位内用阿拉伯数字表示该箱位所装集装箱以吨为单位计算的集装箱总重。

例如,图4-1-8中BAY05的舱内12层放置了5个总重16t和3个总重15t的集装箱。

**3. 冷藏箱和危险货物箱图**

冷藏箱和危险货物箱图上用不同的符号或字母表示该箱位所装集装箱的特殊属性。例如:冷藏箱在图上的箱位内用英文字母"R"表示;危险货物箱在图上箱位内用阿拉伯数字表示按国际危规规定的危险等级;空箱在图上的箱位内用英文字母"E"表示;超高箱在图上的箱位上方加注符号"∧",并加注超高尺寸;超宽箱用"＜"或"＞"表示,并加注超宽的尺寸;选卸港箱可在图上的箱位中加注"卸港1/卸港2"等。

例如,图4-1-9中BAY19的甲板上82层放置了7个冷藏箱。

预配图编制完成后,应仔细审核每个卸港的箱量与订舱信息是否相符、每个卸港的箱区分布是否合理、特殊箱的配位是否符合要求等。审核无误后,将预配图送交码头集装箱装卸公司,供其编制实配图。

**4. 40ft箱的表示方法**

由于一个40ft箱占用两个标准箱箱位,因此在船图中需要在两张行箱位图中同时标注。为了区分20ft箱和40ft箱,通常对放置40ft箱的两个箱格,前一幅行箱位图中的箱格作正常标注,后一幅行箱位图中的相应箱格内用"×"标注,表示此箱位已被40ft箱占用。

例如,图4-1-7中BAY19和BAY21舱内全部放置的是40ft的集装箱,卸货港均为神户港。

**(三)编制实配图**

集装箱装卸公司收到预配图后,按照预配图的要求,根据码头上集装箱的实际进箱量及其在码头上的堆存情况,着手编制实配图。

集装箱实配图由全船行箱位总图(封面图)和每行一张的行箱位图两种图组成。

**1. 封面图**

封面图又叫总图,表明集装箱船舶纵向积载情况。封面图只有一幅,通常在图上标注着集装箱的卸箱港和特殊集装箱的标记。

封面图上卸箱港的表示方法有两种:一种与预配图一样用一个英文字母表示;也有用不同的颜色填图箱位来表示不同的卸箱港,各种颜色所代表的卸货港含义同样会在图中注明。两者比较起来后一种表示更清楚。

封面图上特殊集装箱的标注与预配图一样。例如,冷藏箱仍用用"R"表示;危险货物箱因图上箱格内用字母表示了卸箱港,所以一般在该箱格上加"○",并在旁边注明危险等级,如"D4.1"等。

例如,图4-1-10中BAY03甲板上82层放置了3个20ft的到休斯顿危险货物箱,危险级别均为4.1。

## 2. 行箱位图

行箱位图是船舶某一装 20ft 集装箱的行箱位横剖面图,表明集装箱船舶横向积载情况。行箱位图是每一行位一张,可以在该图中查到某一特定行所装每一集装箱的详细数据,具体标注以下内容。

1) 集装箱的卸箱港和装箱港

卸箱港和装箱港的表示方法,一般卸箱港在前,装箱港在后,中间用"×"符号隔开,也有的只标注卸箱港不标注装箱港。

卸箱港和装箱港各用 3 个英文字母代号表示,此代号表示方法借用国际航空港标准代码,不另订标准。

2) 集装箱的总重

标注集装箱总重,包括货物重量和集装箱自重。

3) 集装箱箱号

集装箱箱号由箱主代号、箱号和核对数字共 11 位代码组成。

4) 堆场上的箱位号

堆场上的箱位号主要提供码头堆场管理员该集装箱在堆场上的堆放位置,方便提取或堆存。

5) 特殊箱标注

危险箱标注危险级别;冷藏箱标注温度要求;超限箱标注超高、超宽尺寸等。

例如:图 4-1-6 中 1702D1 箱格内标注的含义如下:

(1) 该集装箱箱位号:1702D1。
(2) 卸箱港:NYK。
(3) 装运港:SHA。
(4) 箱号:COSU8204254。
(5) 箱主:COSCO。
(6) 箱总重:17t。
(7) 堆场箱位号:G30714。
(8) 箱型:冷藏箱。

图 4-1-6 行箱位图

图4-1-7 集装箱预配图—字母图

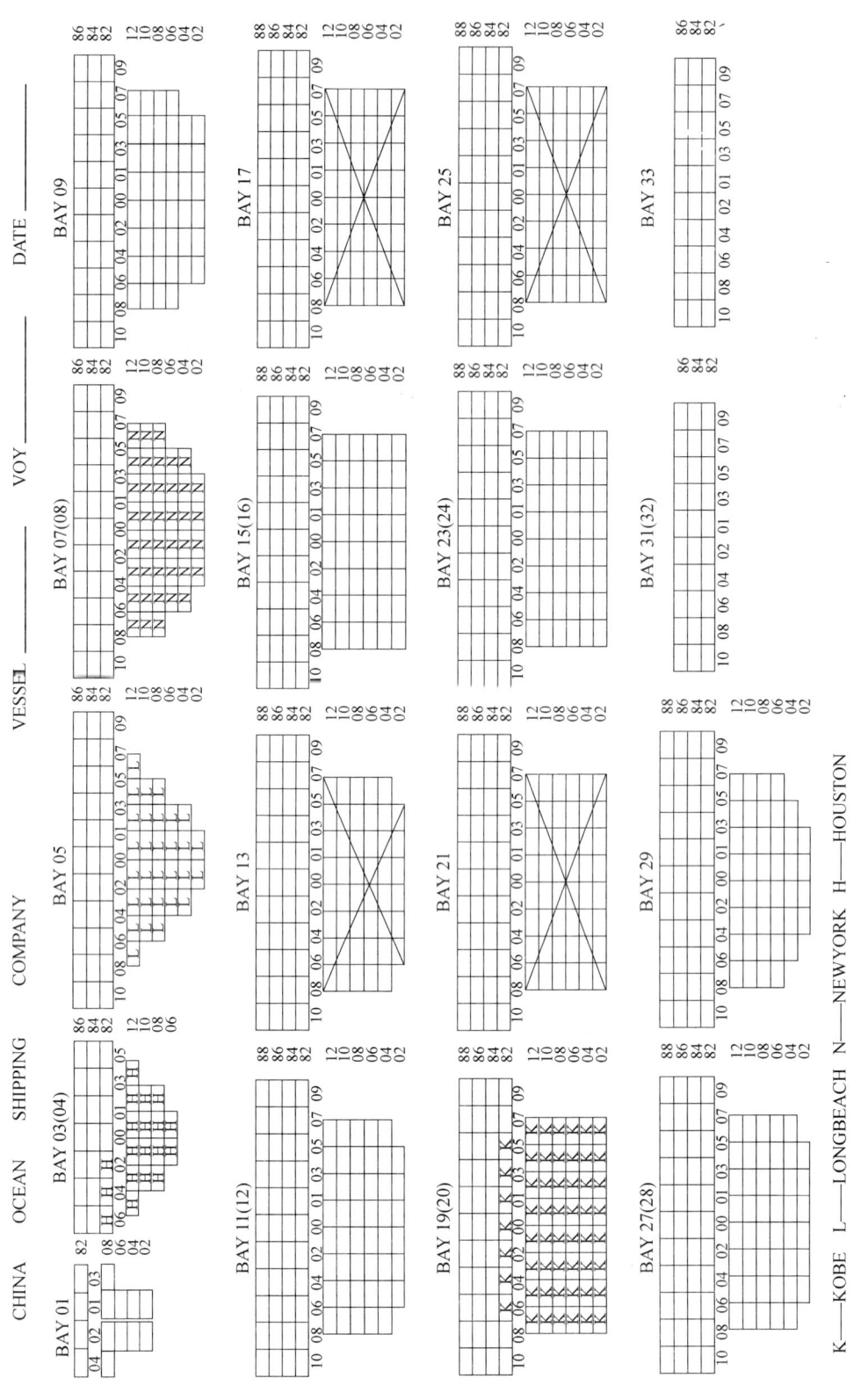

K——KOBE　L——LONGBEACH　N——NEWYORK　H——HOUSTON

图4-1-8 集装箱预配图—重量图

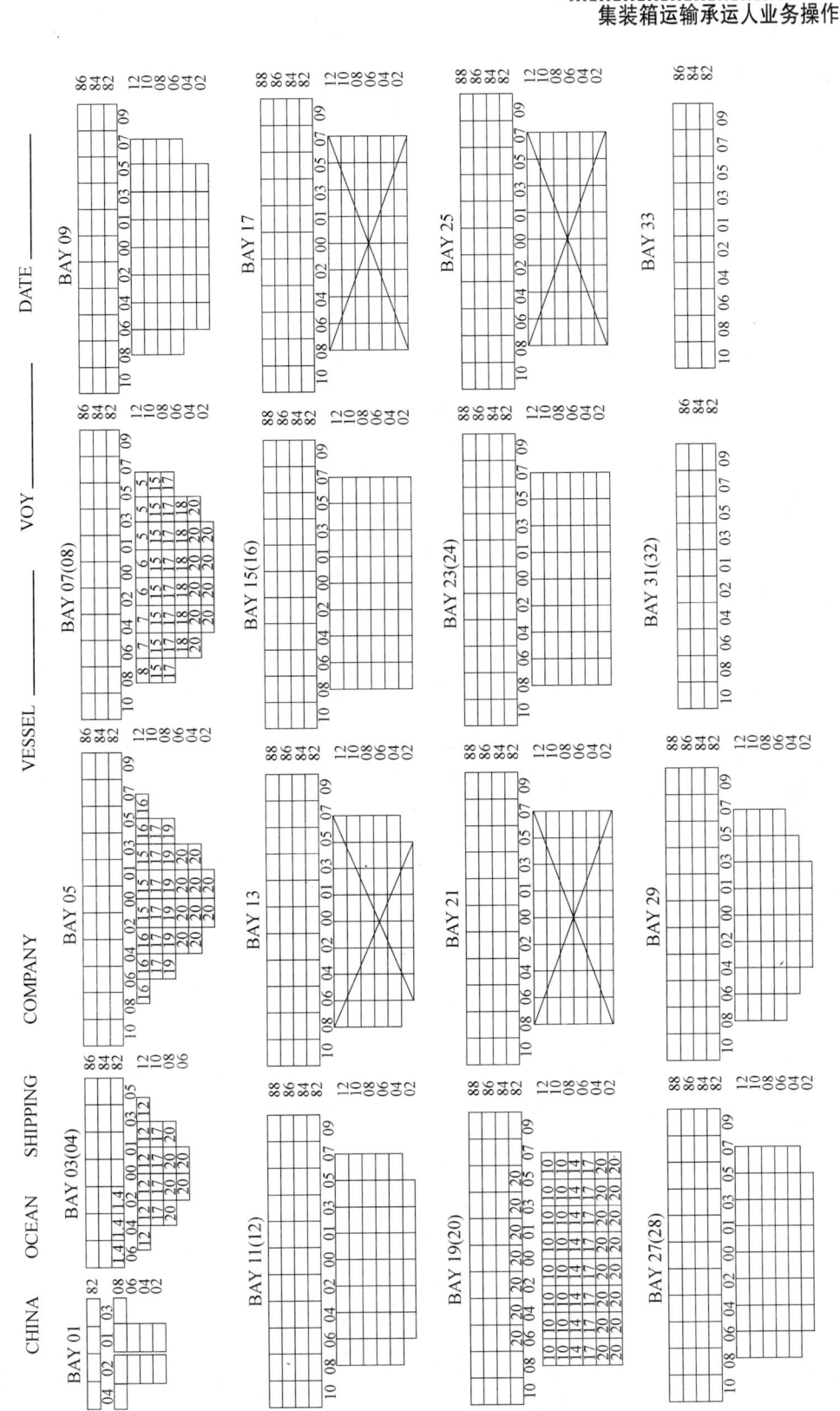

图4-1-9 集装箱预配图—特殊箱图

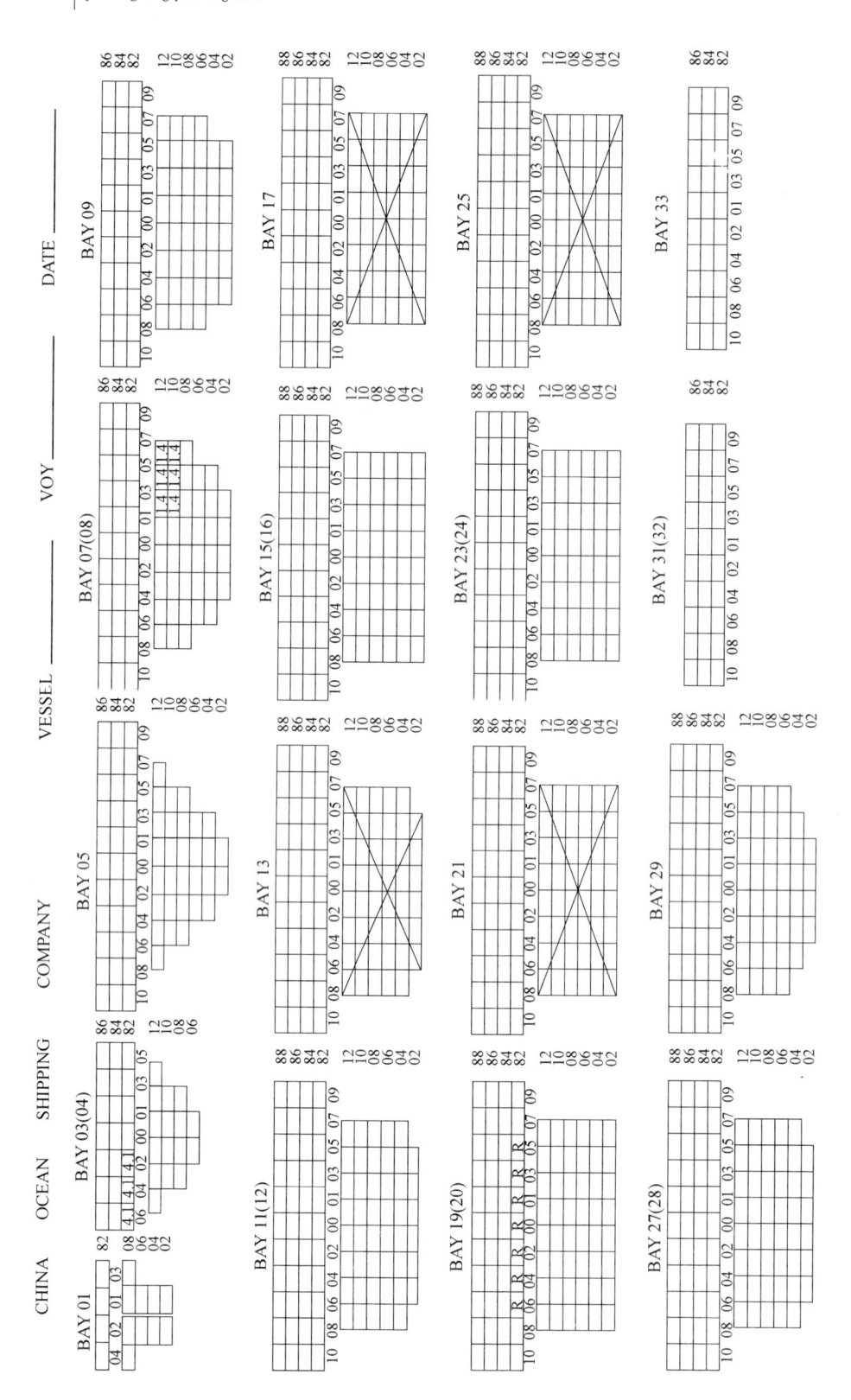

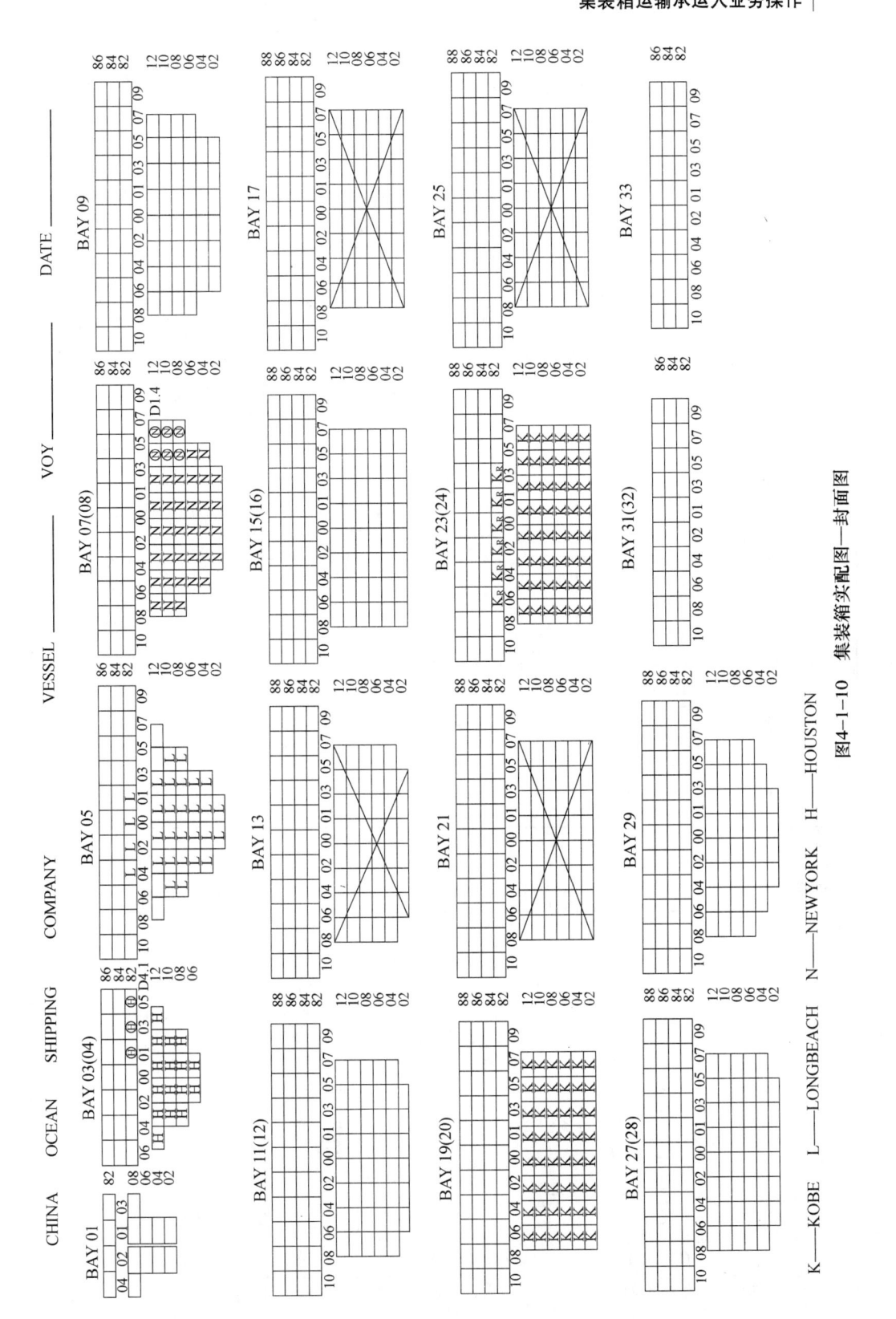

项目四 集装箱运输承运人业务操作

图4-1-10 集装箱实配图—封面图

K——KOBE　L——LONGBEACH　N——NEWYORK　H——HOUSTON

## (四)编制最终积载图

最终积载图是船舶实际装载情况的说明,它是计算集装箱船舶稳性、吃水差、强度的依据。最终积载图由最终封面图、最终行箱位图、装船统计表三部分组成。

最终封面图与配载图封面图的内容相似,实际上是把预配图中的字母图和特殊箱位图放到一起,并结合实际装船的情况填入相应箱格内。预配重量图中的信息可以到最终行箱位图中查找。最终行箱位图的内容与配载图行箱位图的内容相似,根据实际装船情况将信息填入相应箱格内。

装船统计表用于统计实际装船集装箱的不同装卸港(包括装港和卸港)、不同箱状态(包括重箱、空箱冷藏箱、危险货物箱)、不同箱型(包括 20ft 箱、40ft 箱等)的数量和重量,及其合计等信息。装船统计表见表 4-1-1。

表 4-1-1 装船统计表

| 装货港 | 箱型 | 到港1 |  | 到港2 |  | …… |  | 总计 |  |
|---|---|---|---|---|---|---|---|---|---|
|  |  | 20ft | 40ft | 20ft | 40ft | 20ft | 40ft | 20ft | 40ft |
| 装港1 | 重箱 |  |  |  |  |  |  |  |  |
|  | 冷藏箱 |  |  |  |  |  |  |  |  |
|  | 危险货物箱 |  |  |  |  |  |  |  |  |
|  | 空箱 |  |  |  |  |  |  |  |  |
| ⋮ |  |  |  |  |  |  |  |  |  |
| 总计 | 集装箱数 |  |  |  |  |  |  |  |  |
|  | 重量 |  |  |  |  |  |  |  |  |
| 总重量 |  |  |  |  |  |  |  |  |  |

### ★ 课堂活动

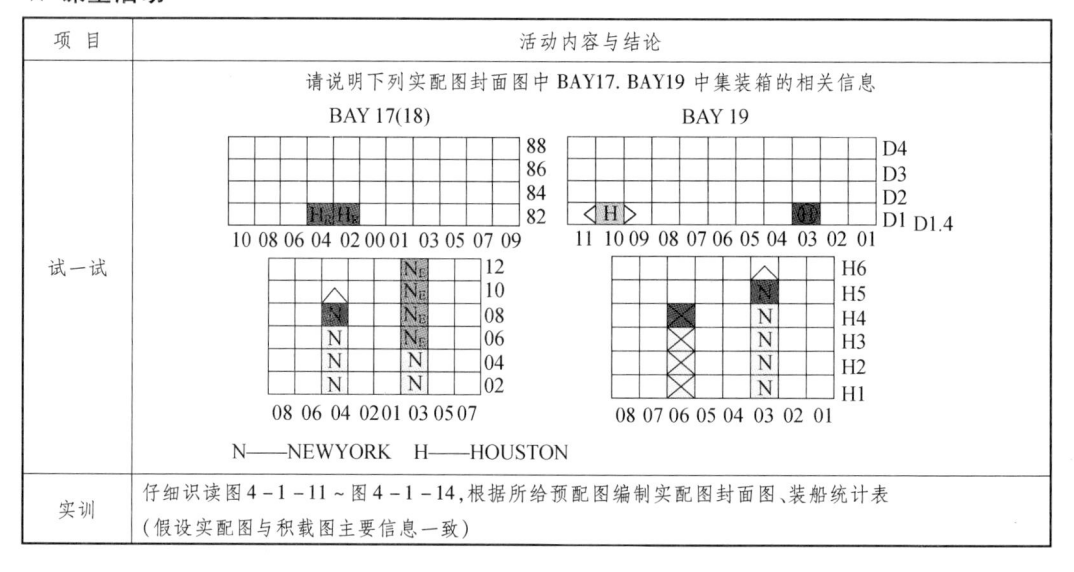

| 项目 | 活动内容与结论 |
|---|---|
| 试一试 | 请说明下列实配图封面图中 BAY17. BAY19 中集装箱的相关信息<br>BAY 17(18)  BAY 19<br>N——NEWYORK  H——HOUSTON |
| 实训 | 仔细识读图 4-1-11 ~ 图 4-1-14,根据所给预配图编制实配图封面图、装船统计表<br>(假设实配图与积载图主要信息一致) |

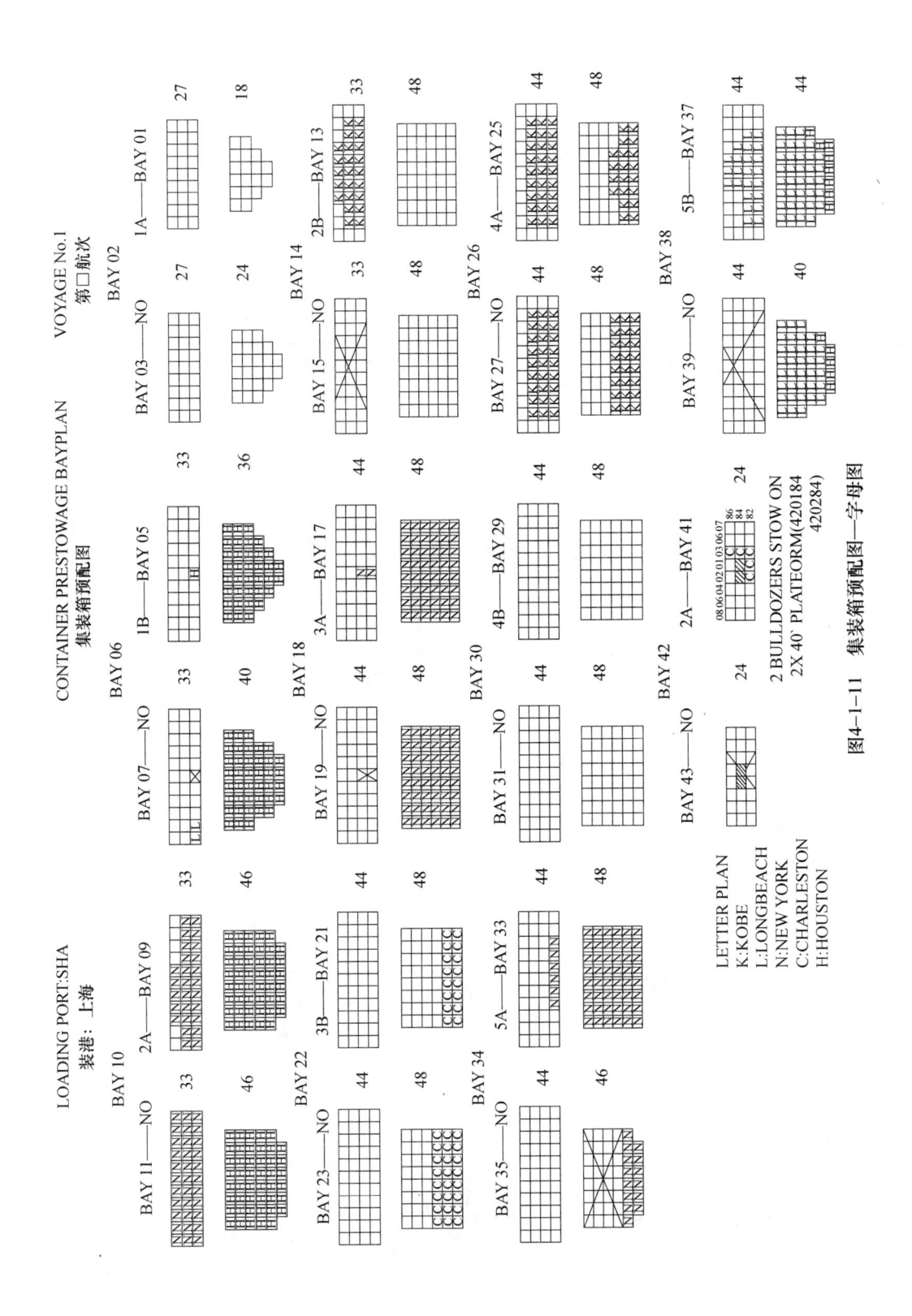

图4-1-11 集装箱预配图—字母图

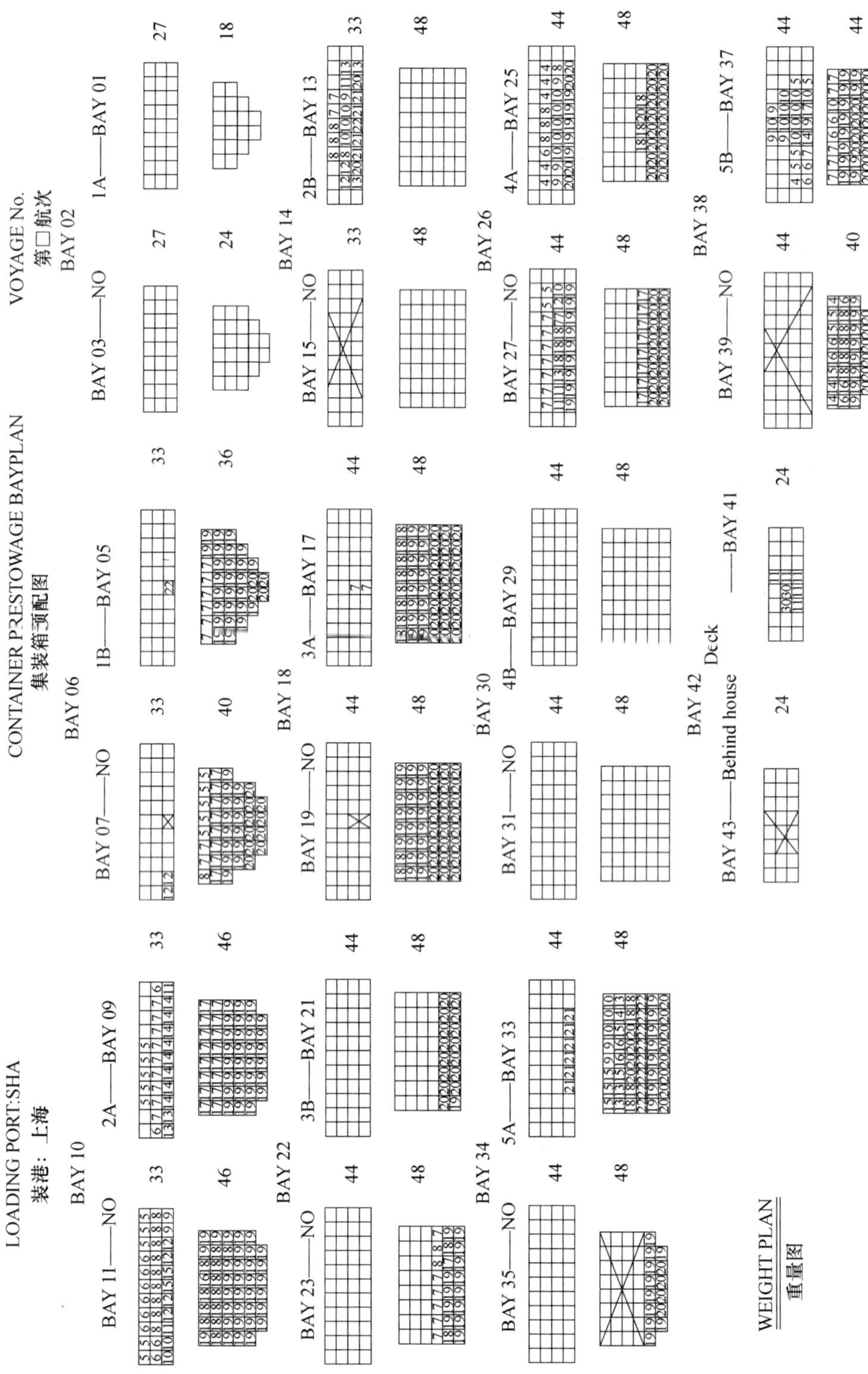

图4-1-12 集装箱预配图——重量图

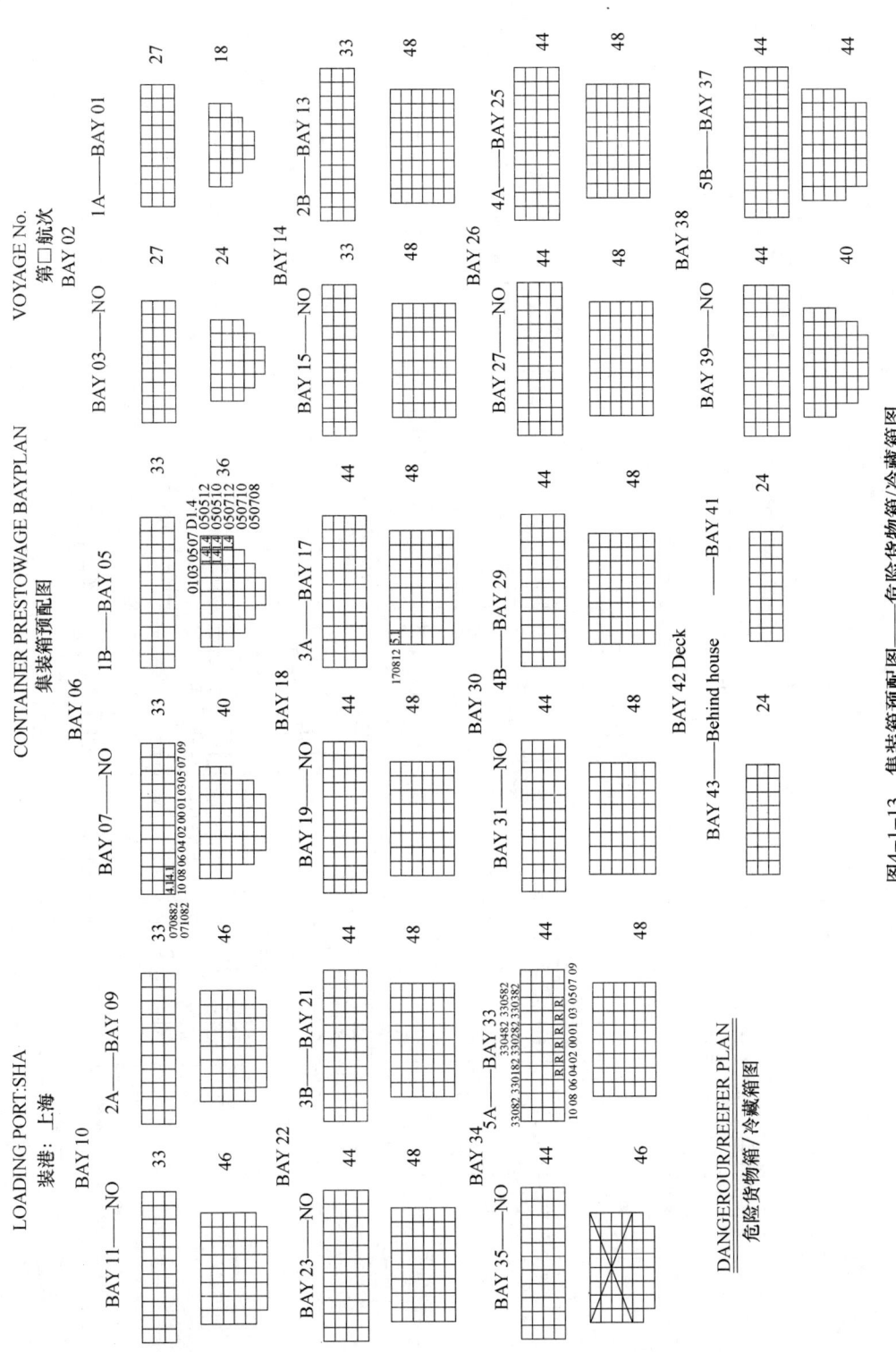

图4-1-13 集装箱预配图——危险货物箱/冷藏箱图

图4-1-14 实配图

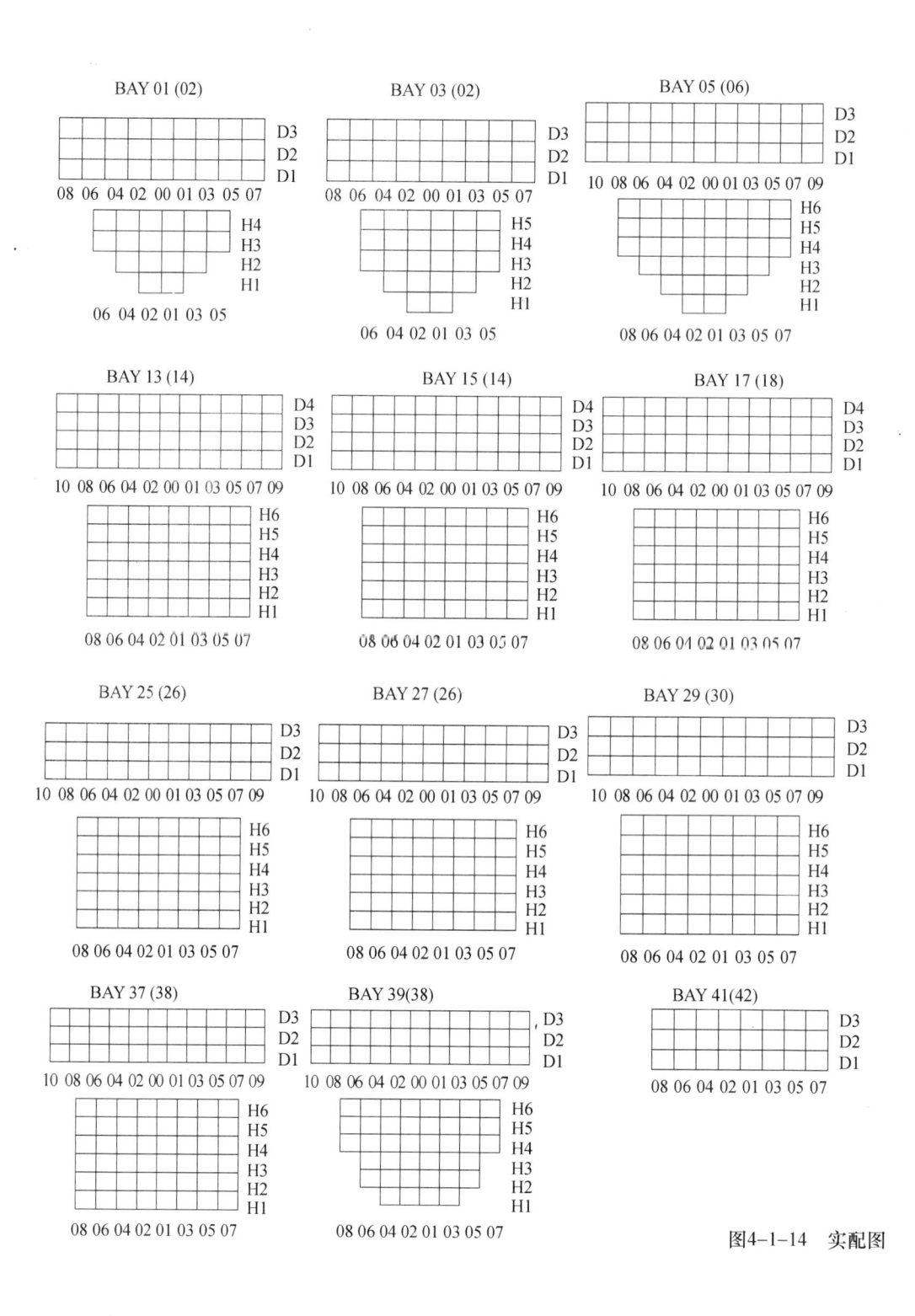

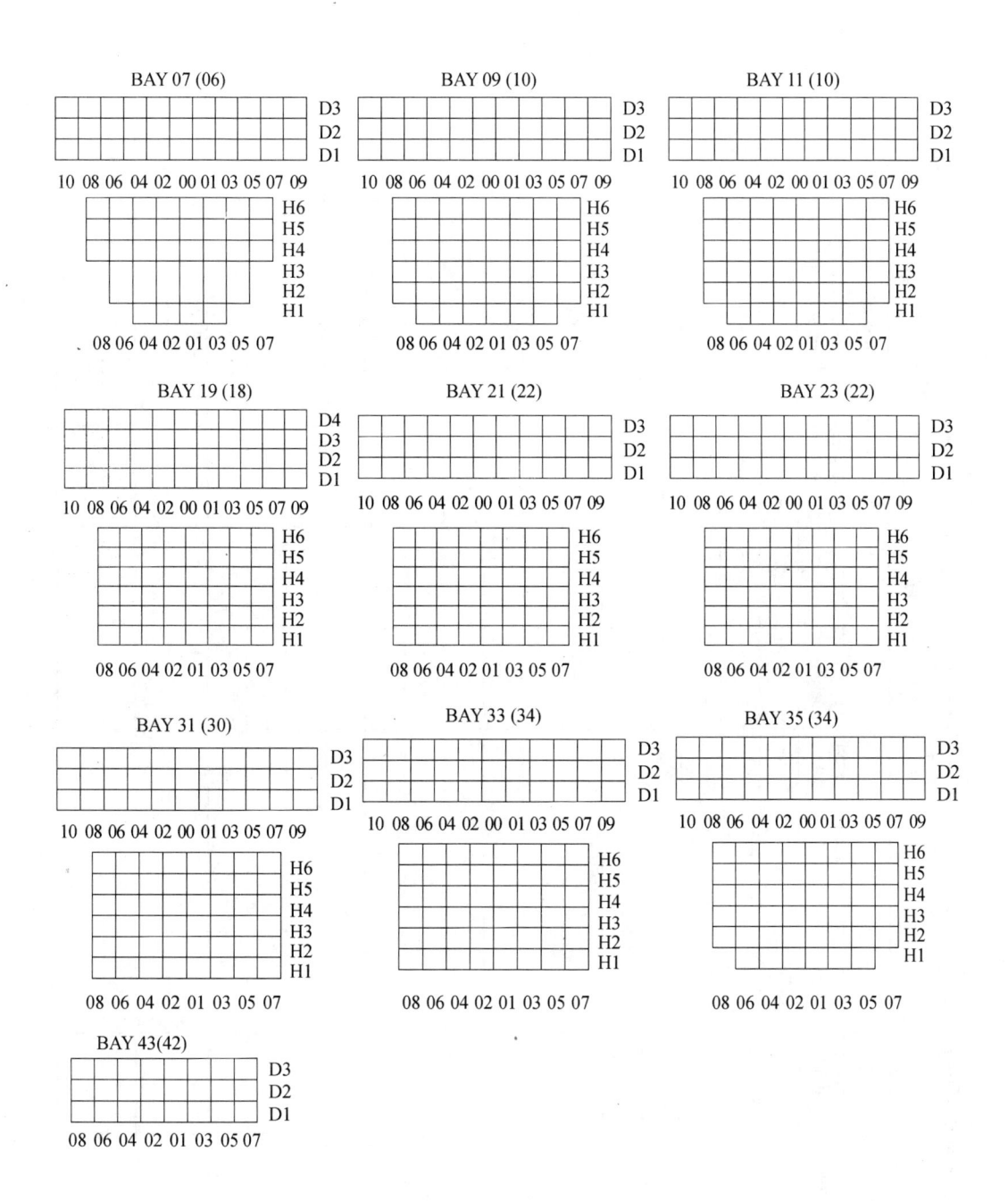

项目四 集装箱运输承运人业务操作

| BAY 07 (06) | BAY 09 (10) | BAY 11 (10) |

K:KOB  L:LGB  N:NYK  C:CHS  H:HOU

一 封面图

该舰次在上海港的装船统计表见表4-1-2。

表4-1-2 装舱统计表

| 装货港 | | 神户 | | 长滩 | | 纽约 | | 查尔斯顿 | | 休斯顿 | | 总计 | |
|---|---|---|---|---|---|---|---|---|---|---|---|---|---|
| | | 20ft | 40ft | 20ft | 40ft | 20ft | 40ft | 20ft | 40ft | 20ft | 40ft | 20ft | 40ft |
| 上海 | 重箱 | | | | | | | | | | | | |
| | 冷藏箱 | | | | | | | | | | | | |
| | 危险货物箱 | | | | | | | | | | | | |
| | 空箱 | | | | | | | | | | | | |
| 总计 | 集装箱数 | | | | | | | | | | | | |
| | 重量 | | | | | | | | | | | | |
| 总重量 | | | | | | | | | | | | | |

## 任务三　公路、铁路、航空集装箱运输工具认知

**学习任务书**

| 项目 | 任务和结论 |
|---|---|
| 学习目标 | 了解目前主要集装箱运载工具 |
| 感知 | 集卡　　集装箱列车<br>集卡　　装货 |
| 任务 | 利用网络资源，了解目前我国和国外集卡的主流车型<br>利用网络资源，了解目前我国铁路集装箱列车的主要车型<br>利用网络资源，了解目前我国航空集装箱运输的主要机型 |

### 一、公路集装箱运载工具

（一）公路集装箱运输车辆

集装箱运输车辆简称为集卡，由集装箱牵引车和挂车组成。

**1. 集装箱牵引车**

集装箱牵引车本身不具备装货平台，需要与挂车连在一起使用。牵引车按司机室的形式可分为"平头式"和"长头式"两种。

"平头式"牵引车的司机室短，视野比较好；轴距和车身短，转弯半径小。缺点是发动机直接布置在司机座位下面，司机受机器振动的影响，舒适感较差。

"长头式"牵引车的发动机和前轮布置在司机室的前面，司机舒适感较好，安全性好，开启发动机罩进行维修也比较方便，但车身较长，转弯半径大。

**2. 集装箱挂车**

1）平板式集装箱半挂车

这种半挂车除有两条承重的主梁外，还有多条横向支承梁，在这些支梁上全部铺

上花纹钢板或木板,同时在应装设集装箱固定装置的位置,均按集装箱的尺寸和角件规格要求,装设转锁件。因而它既能装运国际标准集装箱,又能装运一般货物。在装运一般货物时,整个平台承受载荷。平板式集装箱半挂车由于自身的整备质量较大,承载面较高,所以只有在需要兼顾装运集装箱和一般长大件货物的场合才采用它。

2)骨架式集装箱半挂车

这种半挂车专门用于运输集装箱,它仅由底盘骨架构成,而且集装箱也作为强度构件,加入到半挂车的结构中予以考虑。因此,其自身整备质量较轻,结构简单,维修方便,在专业集装箱运输企业中普遍采用。

3)鹅颈式集装箱半挂车

这是一种专门运载40ft集装箱的骨架式半挂车。其车架前端拱起的部分称作鹅颈。当半挂车装载40ft集装箱后,车架的鹅颈部分可插入集装箱底部的鹅颈槽内,从而降低了车辆的装载高度,在吊装时,还可起到导向作用。

4)可伸缩式集装箱半挂车

这是一种柔性半挂车,它的车架分成三段。前段是一带有鹅颈及支承20ft箱的横梁,并有牵引销与牵引车连接,整个前段为一个框架的刚体。中段是一根方形钢管,一段插入前段的方形钢管中,另一段被后段的方形钢管插入,使前段和后段成为柔性连接。后段由两个框架组成,上框架与一方形管固定,后段方形管插入中段方形管后,与前段组成整个机架,支承及锁紧装运的集装箱,并且通过不同的定位销确定车架不同的长度,可适应装运20ft、30ft、40ft和45ft各型集装箱的要求。下框架则通过悬挂弹簧与后桥连接,同时,上下框架之间可以前后移动,最大的移动距离为4ft,通过移动这一距离,可以调整车组负荷,使其不超过规定的数值,从而提高车辆的通行能力。

5)自装自卸集装箱车

这种车辆按其装卸形式的不同,又可分为两类。一类是正面吊装型,它是从车辆的后面通过特制的滚道框架和由液压马达驱动的循环链条将集装箱拽拉到车辆上完成吊装作业的,卸下时则相反。另一类是侧面吊装型,它是从车辆的侧面通过可在车上横向移动的变幅式吊具将集装箱吊上、吊下的。由于自装自卸集装箱车具有运输、装卸两种作业功能,在开展由港口车站至货主间的门到门运输时,无需其他装卸机械的帮助,而且使用方便,装卸平稳可靠,又能与各种牵引车配套使用,除了装卸和运输集装箱外,它还可以将大件货物放在货盘上进行运输和装卸作业。

(二)集装箱在公路运输车辆上的固定

为了保证集装箱公路运输的安全,集装箱必须用四个底角件固定在集卡上。集装箱在集卡上的固定方法通常是扭锁,扭锁顶端椎体状的蘑菇头可以用手动操作,摆动手柄使其旋转90°,以实现扭锁的开启和锁闭。

除了扭锁外,集卡上还有其他固定件固定集装箱,如锥体固定件和导位板固定件等。锥体和导位板固定件一般是在场站内低速和短距离行驶条件下使用的,使用时用锁销把集装箱锁住。

为了确保公路运输的安全,集装箱栓固装置的位置必须明显易见,启动车辆之前必须检查集装箱的栓固情况,起吊之前必须松掉栓固件。

## 二、铁路集装箱运载工具

### (一) 铁路集装箱专用车辆的沿革

最早的时候,由于铁路集装箱运输数量不多,所运的是小型的非标准集装箱,所以铁路没有集装箱专用车辆,以普通铁路货车代用。随着铁路集装箱运输的发展,尤其是采用国际标准集装箱,箱子形体增大以后,普通货车已无法代用,因此,产生了铁路集装箱专用车辆。

铁路集装箱专用车辆的发展大约经过了三个阶段。

第一阶段,利用普通平车改造成集装箱专用车。这样处理费用较低,能应付急用。但缺陷是集装箱的固定比较困难,作业效率低;数量仍然有限。

第二阶段,大量新造集装箱专用车。20世纪60年代开始,随着集装箱国际标准化的推进和运量的大幅增加,对铁路集装箱运输提出了越来越大的需求,这促使欧洲各国设计与制造了集装箱专用车。这些专用车与国际标准集装箱配套,装卸与固定便捷,作业效率高,能很好地体现集装箱运输的优越性。

第三阶段,不断创新,改进集装箱专用车的结构。围绕降低能耗、提高车速、简化结构、加长尺寸等,欧美各国进行了大量的研究与试验,对集装箱专用车进行了很多创新,出现了集装箱双层运输专用车等高效率的专用车结构。

### (二) 铁路集装箱专用车辆的类型

目前,铁路集装箱专用车从装卸方式角度讲大部分是吊装式集装箱专用车,即集装箱的装卸采用各种起重设备进行吊装的铁路集装箱专用车。我国铁路部门已经研制了X6B集装箱专用车,载重量60t,可装载1个40ft集装箱,或2个20ft集装箱,或1个45ft集装箱,全长16388 mm,最大宽度3170mm,空车装载面高度为1166mm,构造速度120km/h,自重22t。

按车辆组织划分,铁路集装箱专用车可分为编挂于定期直达列车的专用车辆和随普通货物列车零星挂运的专用车辆两种。

**1. 编挂于定期直达列车的专用车辆**

这类集装箱专用车结构比较简单,大部分车采用骨架式,底架有旋锁加固装置,用以固定集装箱。由于这类车辆都以固定形式编组,定期往返于两个办理站之间,无需经过调车作业,所以车辆不必有缓冲装置,各种用于脱挂钩、编组的设施都可简化。这类集装箱专用车,整车的结构简单,重量轻于普通平车,运行中空气阻力小,停车、启动和行驶中振动很小。

**2. 随普通货物列车零星挂运的专用车辆**

这类专用车辆需要编挂到普通货物列车中运行。由于要进行调车作业,所以必须像普通铁路车皮一样装有缓冲装置,结构比较复杂。

### (三) 集装箱在铁路专用车辆上的固定

集装箱在铁路专用车辆上的固定与在卡车上固定的方法相同,即利用四个底角件加以固定。集装箱在铁路车辆上一般采用锥体固定件来固定。铁路货车上锥体固定件有两种形式:一种是固定件直接安装在货车底板上;另一种是把固定件安装在一块活动翻板上。翻板式的固定件,当货车上不装载集装箱时,翻板通过铰链可翻倒在货车的两侧,这样在装载其他货物时,既不会影响货物的装载,也可避免固定件的损坏。

### 三、航空集装箱运载工具

迄今为止,航空运输的运量与水路、铁路、公路运量相比,还处于比较小的状态,这主要是因为飞机的负荷处于非常有限的范围内。飞机中能装载航空成组器的机型主要是波音、道格拉斯和洛克希德三类。装载航空成组器的飞机主要技术参数见表4-1-3。

表4-1-3 装载航空成组器的飞机主要技术参数

| 机种项目 | 普通货机 ||||| 重型货机 ||
|---|---|---|---|---|---|---|---|
| | 道格拉斯 DC-8-55F | 道格拉斯 DC-8-62F | 道格拉斯 DC-8-61F | 道格拉斯 DC-8-63F | 波音707F | 波音747F | 洛克希德 L-500 |
| 总宽/m | 43.4 | 45.2 | 43.4 | 45.2 | 44.4 | 59.6 | 67.9 |
| 总长/m | 45.9 | 47.8 | 57.1 | 57.1 | 46.6 | 69.8 | 75.0 |
| 总高/m | 12.9 | 13.2 | 12.9 | 13.1 | 12.9 | 19.3 | 19.8 |
| 离陆最大重量/t | 147.4 | 152.0 | 147.4 | 161.0 | 150.1 | 322.0 | 385.6 |
| 货舱容积/m³ 上部货舱 | 214.1 | 228.9 | 147.4 | 285.4 | 228.6 | 499.2 | 主舱479.4 |
| 货舱容积/m³ 下部前方货舱 | 20.2 | 4 | 70.8 | 70.8 | 23.7 | 79.2 | 上屋舱210.6 |
| 货舱容积/m³ 下部后方货舱 | 19.8 | 45.7 | 70.8 | 70.8 | 34.5 | 92.0 | 隔舱50.9 |
| 货舱容积/m³ 托盘或集箱数 | 88″×108″ 13块 | 14块 | 18块 | 18块 | 13块 | (8′×8′×10)-28 或 (8′×8′×20)-13 (8′×8′×10)-4 | (8′×8′×10) -28 |
| 有效最大装载量/t | 44.0 | 48.0 | 50.0 | 53.8 | 43.6 | 118.5 | 136.0 |
| 经济航速/(km/h) | 932 | 965 | 965 | 965 | 966 | 990 | 919 |
| 高度/m | 9145 | 9150 | 9150 | 9150 | 9620 | 7620 | 7600 |
| 续航距离/km | 8980 | 9640 | 6030 | 7240 | 9915 | 7400 | 5760 |
| 营运时间 | 航行中 | 航行中 | 航行中 | 航行中 | 航行中 | 1972年左右 | 1970年左右 |

### ★ 课堂活动

| 项目 | 任务和结论 |
|---|---|
| 查一查 | 利用网络资源,了解目前我国和国外集卡的主流车型 |
| | 利用网络资源,了解目前我国铁路集装箱列车的主要车型 |
| | 利用网络资源,了解目前我国航空集装箱运输的主要机型 |

# 模块二　集装箱配置

## 任务一　确定集装箱需配量

**学习任务书**

| 项目 | 任务和结论 |
|---|---|
| 学习目标 | 了解航线集装箱的配置方法<br>确定航线集装箱需配数量 |
| 情境描述 | 在给 YL901 航次做配载的过程中,小张思考了一个问题,这些集装箱是谁的,是谁提供给货主使用的?于是小张向师傅请教。经过师傅的解释,小张得知,在国际集装箱运输中货主所使用的集装箱大多由船公司提供免费使用的。看着堆积如山的一船一船的集装箱,小张又开始思考,承运人在一条航线上得准备多少集装箱才够用呢?不够用的时候怎么办呢? |
| 感知 | 集装箱销售和租赁价格:<br><br>|  | 柜型 | 购买价格 | 租金/月 | 租金/天 |<br>|---|---|---|---|---|<br>| 1 | 20ft 通用箱 | 22000 | 500 | 20 |<br>| 2 | 40ft 通用箱 | 29000 | 600 | 25 |<br>| 3 | 40ft 冷藏箱 | 56000 | 1900 | 100 | |
| 任务 | 根据要求确定航线集装箱配置量<br>查找资料,了解铁路集装箱配置方案 |

### 一、集装箱配置概述

在国际远洋运输中使用的集装箱一般是由集装箱运输承运人免费提供给货主使用的,为了保证集装箱运输的正常开展,集装箱船公司必须付出巨额资金配置一定数量的集装箱。航线集装箱配置量的多少及其采用的方法直接关系到企业的经济效益和客户的满意度。配置量过小,货主租船订舱时无箱可用,影响企业形象和市场竞争力;配置量过大,大量占用企业资金,影响企业正常运作。因此,集装箱运输企业必须根据航线特点、货源情况、港口堆存期及内陆周转期的长短,合理选择集装箱配置方案和配置数量。

### 二、航线集装箱配置数量的确定

(一)影响航线集装箱配置量的主要因素

**1. 条件假设**

(1)假设航线集装箱船舶只挂靠两个港口。

(2)假设集装箱在 A、B 两港内陆周转的时间均小于船舶发船的间隔。

理论上说,最简单的情况下,集装箱船在一条航线上只挂靠两个港口,即起运港 A 和目的港 B。这种情况下,航线集装箱需配量由三部分组成:在 A 港内陆周转的集装箱、在

B 港内陆周转的集装箱、在途船舶装载的集装箱。当集装箱在内陆周转时间小于发船间隔时,能保证每条船到港时,具有充足的待装船集装箱已经在码头集港。

据上所述,航线配置集装箱的数量与航线运营船舶的数量 $N$ 之比应是:$N:(N+2)$。

**2. 影响因素**

由此可见,影响航线集装箱配置量的主要因素如下:

(1) 航线集装箱船舶的配置量。

(2) 集装箱船舶往返航次的时间。

(3) 集装箱内陆平均周转时间。

(4) 集装箱船舶装载量及其利用率。

(5) 集装箱船舶沿航线挂靠港的数量等。

(二) 典型条件下航线集装箱配置量的确定

**1. 条件假设**

(1) 假设航线集装箱船舶只挂靠两个港口。

(2) 不考虑周转机动箱和修理备用箱。

(3) 不考虑航线集装箱用量不平衡的问题。

(4) 航线集装箱船舶的船型相同。

**2. 参数说明**

(1) $S$——航线集装箱需配量。

(2) $K$——航线集装箱需配套数。(航线上每条船的载箱量为一套)。

(3) $L$——每套集装箱的数量。

(4) $D$——集装箱船舶的载箱量。

(5) $f$——集装箱船舶箱位平均利用率。

(6) $T_a$——集装箱在 A 港内陆周转时间。

(7) $T_b$——集装箱在 B 港内陆周转时间。

(8) $T_r$——集装箱船舶往返航次时间。

(9) $K_a$——A 港集装箱配置套数。

(10) $K_b$——B 港集装箱配置套数。

(11) $K_r$——在途集装箱配置套数。

(12) $N$——航线集装箱船舶配置量。

(13) $I$——发船间隔。

**3. 配置量确定**

(1) 当集装箱班轮航线为简单直达航线,仅挂靠两个端点港口时,集装箱需配量可用以下方法确定:

$$S = K \times L$$
$$L = D \times f$$
$$K = K_a + K_b + K_r$$

(2) $K$ 的确定。$K$ 包括三部分。

① 在途船舶载箱需配套数 $K_r$,$K_r$ 航线集装箱船舶配置数量有关。

$$K_r = N = T_r/I$$

② A 港集装箱需配套数 $K_a$。
$$K_a = T_a/I$$
当 $K_a > 1$ 时,取 $K_a = T_a/I$
当 $K_a < 1$ 时,取 $K_a = 1$

③ B 港集装箱需配套数 $K_b$。
$$K_b = T_b/I$$
当 $K_b > 1$ 时,取 $K_b = T_b/I$
当 $K_b < 1$ 时,取 $K_b = 1$

(3) 配置量确定:
$$S = K \times L = (K_a + K_b + K_r) \times (D \times f)$$
$$= \begin{cases} \left(\dfrac{T_a}{I} + \dfrac{T_b}{I} + \dfrac{T_r}{I}\right) \times (D \times f) & (T_a > I, T_b > I) \\ \left(\dfrac{T_a}{I} + 1 + \dfrac{T_r}{I}\right) \times (D \times f) & (T_a > I, T_b < I) \\ \left(1 + \dfrac{T_b}{I} + \dfrac{T_r}{I}\right) \times (D \times f) & (T_a < I, T_b > I) \\ \left(1 + 1 + \dfrac{T_r}{I}\right) \times (D \times f) & (T_a < I, T_b < I) \end{cases}$$

(三) 实际条件下航线集装箱配置量的确定

在实际情况下,要考虑以下问题。
(1) 航线集装箱船舶要挂靠中途港。
(2) 周转机动箱和修理备用箱。
(3) 航线集装箱用量不平衡的问题。
(4) 富余系数。

**1. 参数说明**

(1) $Q_i$——中途港 $i$ 装卸箱量(假设中途港装/卸集装箱量相等);$i = 1,2,3,\cdots,m$。
(2) $T_i$——集装箱 $i$ 港内陆周转时间;$i = 1,2,3,\cdots,m$。
(3) $S_1$——因周转、修理、延误所需增加的备用箱量。
(4) $S_2$——因用箱量不平衡所需增加的备用箱量。
(5) $\lambda$——富余系数,一般取 $1.05 \sim 1.1$。

**2. 配置量确定**

$$S = \left[K \times L + \sum\left(Q_i \times \dfrac{T_i}{I}\right) + S_1 + S_2\right] \times \lambda$$

$$= \left[\left(\dfrac{T_a}{I} + \dfrac{T_b}{I} + \dfrac{T_r}{I}\right) \times (D \times f) + \sum\left(Q_i \times \dfrac{T_i}{I}\right) + S_1 + S_2\right] \times \lambda$$

其中,当 $T_a \leqslant I$ 时,$\dfrac{T_a}{I} = 1$;

当 $T_b \leq I$ 时，$\dfrac{T_b}{I} = 1$；

当 $T_i \leq I$ 时，$\dfrac{T_i}{I} = 1$。

## （四）分析说明

应该指出，在发船周期不变的情况下，集装箱配备总套数与其航线平均总周转时间成正比例关系，中途港挂靠的多少以及箱型的不平衡等将直接影响航线集装箱的需配量。在满足航线货源需求的情况下，班轮公司应想方设法缩短集装箱在港口堆存的时间和内陆周转时间，加速船舶周转，以减少航线集装箱配置量，这对降低集装箱运输总成本、提高班轮公司经济效益具有重要意义。

## ★ 课堂活动

| 项目 | 活动内容与结论 |
|---|---|
| 实训 | 某班轮公司在其航线上挂靠 4 个港口，配置 4 艘 5000 标准箱的船舶，船舶利用率 85%，船舶往返航次时间为 28 天。集装箱内陆周转时间如下： <br><br> |  |  | A | B | C | D | <br> | 内陆周转所需时间 | 7 天 | 5 天 | 10 天 | 60%，7 天内<br>30%，7 天~14 天<br>10%，14 天~20 天 | <br> | 平均装卸量 | 整船 | 3000 | 2500 | 整船 | <br><br>在不考虑修理积压箱、不平衡用箱、富余系数的条件下，确定该航线的集装箱需配量 |
| 结论 |  |
| 试一试 | 查阅资料，了解铁路集装箱配置情况 |
| 结论 |  |

# 任务二 集装箱租赁

## 学习任务书

| 项目 | 任务和结论 |
|---|---|
| 学习目标 | 了解集装箱租赁方式<br>理解集装箱租赁合同的主要条款<br>能够根据所给情况确定集装箱租赁方案 |
| 情境描述 | 在实习过程中，小张查阅了大量资料，从中发现一年中航线上集装箱的货运量在不同时期不是稳定不变的，往往呈周期性波动。在这种情况下，如果船公司在一条航线上配备了足够多的集装箱满足旺季用箱需求，那么到了淡季会有很多富余空箱积压，一来占用了大量资金，二来还要为此支付箱管费用。如何才能避免这样的情况呢？师傅告诉小张，一般船公司都不会自购所有需求集装箱，而是会租赁一部分空箱使用。那么，应该自购多少？租赁多少？什么时候租赁呢？ |
| 感知 | **集装箱租赁合同**<br>甲方：<br>乙方：<br>　　甲乙双方本着平等互利的原则，经协商一致，根据《中华人民共和国合同法》及其他有关法律、法规规定，就乙方租用甲方 40 尺框架箱事宜签订本合同，以资双方遵守。<br>　　一、租赁集装箱类型、规格：<br>　　_____<br>　　二、租赁集装箱数量：_____（以实际提箱数量为准）<br>　　三、租赁方式为灵活租用，各个集装箱的租赁期限分别按该箱的实际起租日计至退租日止。<br>　　四、租金和租金支付及押金条款<br>　　1. 租金：　　租金为_____美元/每天<br>　　2. 租金支付<br>　　租金每月支付一次，不满一个月按实际租赁天数计算，甲方应于每个月的 5 日前向乙方提供上个月的账单。<br>　　五、租赁集装箱交付条款<br>　　1. 交接地：甲方指定堆场<br>　　2. 箱况：甲方保证提供完好适货的集装箱（SEAWORTHY 标准）。<br>　　3. 上车费：由乙方直接跟甲方指定堆场结算。<br>　　六、用途：乙方租赁甲方集装箱应用于通常的合理的用途，不得用于从事任何非法活动，否则因此而造成的一切损失和后果均由乙方承担全部责任。<br>　　七、集装箱在租赁期间的保养和维修<br>　　乙方在租用期内正常使用并妥善维护集装箱。如果集装箱在使用中发生故障，乙方应按集装箱的技术支持手册进行检查后，并予以维修。<br>　　八、租赁集装箱还箱条款：<br>　　1. 还箱地点为：××堆场（××区××路××号）<br>　　2. 还箱时集装箱的质量问题：<br>　　2.1 甲方应当提前 5 个工作日通知乙方具体还箱堆场。乙方须安排集装箱退还至指定堆场。<br>　　2.2 退箱时由甲方负责检验（按 SEAWORTHY 标准）。若甲方发现集装箱损坏需要修理的，则修理费由乙方来承担。但甲方在修理前应将估价单书面通知乙方，并允许乙方进行检验。如果乙方在收到通知之日起 10 个工作日内未对估价单提出任何异议，则视为乙方同意修理。乙方应在甲方修理完毕之日起 30 天内向甲方支付该修理费。<br>　　2.3 退租下车费：USD5.0/UNIT，由乙方在租金账单中与甲方结算。 |

(续)

| 项目 | 任务和结论 |
|---|---|
| 感知 | 3. 重置费：若集装箱在租赁期间丢失、损毁或甲方确定已不能修复时，乙方必须根据集装箱重置费向甲方赔偿损失。按照USD4500/40'FR为准，乙方支付重置费后，相关集装箱所有权归乙方所有。<br>九、租赁集装箱的转租或转借<br>在租凭期间内，乙方未经甲方同意，不得擅自将集装箱转租或转借给第三人使用（乙方为营业需要供给客户使用除外），也不得变卖或抵押集装箱。<br>十、违约责任<br>未经甲方同意，乙方拖欠租金或擅自转租、变卖、抵押租赁集装箱，则甲方有权解除合同，如数收回全部集装箱。乙方应赔偿因此给甲方所造成的损失。<br>十一、争议解决<br>甲乙双方同意，将基于本协议产生的、或与本协议的生效、履行、终止有关的任何争议，由甲乙双方协商解决；协商不成，任何一方可以向对方所在地海事法院提起诉讼。<br>十二、本协议第二条所述10个集装箱交接完毕后，相关箱号及交接时间作为本协议的附件，双方盖章后是本协议的有效组成部分。<br>十三、本合同未尽事宜，按《中华人民共和国合同法》的有关规定，经合同双方共同协商，作出补充规定，该补充规定与本合同具有同等法律效力。<br>十四、本合同自签订之日起即发生法律效力。本合同一式两份，双方各持一份，具有同等效力。<br>十五、随附箱号：××××、××××。<br><br>甲方：　　　　　　　　　　　　　　乙方：<br>签字：　　　　　　　　　　　　　　签字：<br>　　年　月　日　　　　　　　　　　　年　月　日 |
| 任务 | 确定集装箱租赁方案<br>办理集装箱租赁业务 |

## 一、集装箱租赁业务概述

在国际货物运输中开始使用集装箱时，装载货物的集装箱一般是由各种类型的承运人所拥有并提供使用的。随着集装箱运输向海上发展，集装箱租赁业也开始发展起来。初期集装箱租赁业的规模较小，多是一些船公司或其他行业的兼顾性业务，到1968年为止，与船公司拥有的集装箱数量相比，世界上供出租使用的集装箱数量仅占10%左右。

从1968年开始，随着集装箱运输的迅猛发展，对集装箱的需求量迅速增长，许多船公司为提高运输效率和保证市场占有率需在船舶或其他固定设施方面投入大量资金，因而在集装箱上继续投资以增加箱子拥有量较为困难。另外，随着集装箱运输经营组织上的变化，许多无船承运人开展了集装箱运输业务，这些人无力购置与其业务量相适应的大量集装箱供运输使用。在这种情况下，许多较有财力的各种类型的企业开始大量购入集装箱，提供集装箱租赁服务。这期间，日本一些汽车制造厂在汽车市场不景气的情况下也纷纷转向大型钢制集装箱的制造。这种钢制箱安全性能好，适于大批量生产且价格便宜，使集装箱供应量大大增加，至此集装箱租赁业进入了迅速发展的阶段。

到目前为止，供出租使用的集装箱数量已占世界集装箱总量的40%以上，而且还有继续增长的趋势。世界上具有相当规模的集装箱租赁公司有100多家。这些公司，特别是一些资金雄厚、综合技术较完善的公司（如美国国际集装箱公司、海洋集装箱公司、海陆公司），都在世界范围内开展租赁业务。

集装箱租赁业在集装箱运输中的作用可归纳为如下几个方面。

（1）船公司或其他集装箱运输经营人因业务发展需要增加集装箱数量，可以采用以租代购的方式补充，以减少临时巨额投资或借款，或将资金用于其他需要的方面和项目。

（2）需要对长期使用的集装箱进行更新时，同购买新的集装箱一样，可通过租赁集装箱暂时弥补箱量不足，从而减轻资金的筹备及利息的负担。

（3）在各航线来回程货源不平衡的情况下，可通过单程租赁或其他临时租赁方式解决空箱回运问题。

（4）在某些货物、货源量随季节变化时，可以通过短期或者临时租赁方式租用集装箱来满足这种不平衡的需要，提高箱子的利用率。

（5）通过租赁能满足不同货主、不同运输要求所需要的不同类型的集装箱（特别是特种箱），以减少自有箱中利用率低的各种类箱，同时还能保证运输的实际需要。

## 二、集装箱租赁方式

目前世界各地集装箱租赁方式很多，对各种租赁方式名称的说法也不统一，但总的来说可分为期租、程租、灵活租赁三大类。

（一）期租

集装箱期租是租用人在一定时间内租用集装箱的一种租赁方式。在租期内租箱人可以像自己拥有的箱子一样自由调配使用。

根据租期的长短，期租又可分为长期租赁和短期租赁两种形式。长期租赁一般有较长的期限（一年或以上）；短期租赁一般是以租赁人实际需要的使用期限租用集装箱，时间一般较短（几个月）。

长期租赁又可分为金融租赁和实际使用期租赁两种方式。两者租期都较长，其区别在于前者租用期满后租箱人要买下租用的箱子，而后者是租用期满后租箱人将箱子退还给租箱公司。

长期租赁对租箱公司来讲，可以保证在较长时期内有稳定收入，所以长期租赁的租金一般较低。同长期租赁相比，短期租赁较为灵活，租箱人可以根据自己需要确定租箱时间、地点及租期，但租金较高，租箱人一般用这种方式租箱来保证临时需要。

（二）程租

程租也称即期租赁，是租期由航程时间决定的租赁方式，一般分为单程租赁和来回程租赁两种。

在单程租赁情况下，租箱人仅在起运港至目的港单程使用集装箱。这种租赁方式一般用于一条航线上来回程货源不平衡的场合。在起运地租箱，在目的地还箱，可以减少空箱回运。如果从集装箱租赁行情好的地方采用单程租赁到行情差的地方，租箱人一般需支付提箱费或还箱费，以弥补租箱公司调运空箱的费用。

来回程租赁一般用于来回程有货运的航线，这种方式的租期由来回程所需时间决定，有时可不限于一个来回程。

在程租方式下，一般对提箱、还箱地点有严格限制，且租金较期租要高。

### (三) 灵活租赁

灵活租赁是在租期上类似于长期租赁(一般为一年),而在箱子的具体使用上类似于短期租赁或程租的一种租赁方式。在灵活租赁合同中,除明确租期外还订有租箱人每月提箱和还箱的数量和地点。在这种租赁方式下,租箱人在租期内至少保证租用一定数量的箱子(一般可以多租),这就类似于长期租赁;但在具体使用过程中,这些箱子并不是固定不变的,租箱人可根据自己的实际需要,在合同规定的时间、地点、数量下随租随还,这又类似于短期租赁或程租。采用这种租赁方式可使租箱人更好地适应货源不平衡、季节不平衡等变化的需要。

灵活租赁的租金比程租低,与长期租赁接近。无论采用哪一种租赁方式,租金都按租箱人实际使用箱子天数计算。上面谈到的租金是指每箱天需要支付的租费。

## 三、集装箱租赁合同的主要条款

集装箱租赁合同(租箱合同),是规定租箱人与租箱公司双方权利、义务和费用的协议和合同文本。

租箱人在签署合同之前一般要与租箱公司或其代理人商定租箱方式、数量、租金、交/还箱期、地点、提/退箱费用、损害修理责任及保险等事宜。租箱合同的主要条款一般有以下几方面内容。

### (一) 交箱条款

交箱条款主要是制约租箱公司的,要求租箱公司应在合同规定的时间和地点将符合合同规定条件的集装箱交给租箱人。

**1. 交箱期**

交箱期是指租箱公司将箱子交给租箱人的时间。为了给双方都提供方便,交箱期通常规定一个期限,一般为 7 天~30 天。

**2. 交箱量**

为了适应市场上箱、货供求关系的变化,合同中对交箱量一般有两种规定方法:一是最低交箱量,即合同中规定的交箱量的交箱数量(或);另一种是实际交箱量,即超出或不足租箱合同规定交箱量。在可能的情况下,租箱公司都希望租箱人超规定量租箱。

**3. 交箱时箱子的状况**

租箱公司交给租箱人的箱子应符合有关国际公约与标准的规定,同时租箱人还箱时应保证箱子保持或接近原来的状况。为了保证这一点,双方在提箱时应共同检验箱子的状况。租箱人提箱时箱子的状况是通过双方签署的设备交接单来体现的。在具体操作中,可由租箱人雇用的司机和箱子所在堆场的箱管员、门卫作为双方代表签署设备交接单。

### (二) 还箱条款

租箱合同中的还箱条款主要是制约租箱人的,要求租箱人应在租用期满后,按合同规定的时间、地点,将状况良好的箱子还给租箱公司。

**1. 还箱时间**

还箱时间指规定的还箱日期。在实际租箱业务中,经常有到期不能归还或没有到期却要提前还箱的情况,这种情况称为不适当还箱。如果是超期还箱,合同中一般通过规定对超期天数加收租金的方式来解决。如果是提前还箱,在未签署"提前终止条款"的情况下,租箱人即使提前还箱仍需支付提前天数的租金。"提前终止条款"规定,在租箱人支付提前终止费用后,可以提前还箱,租期截止到集装箱进入租箱堆场为止。提前终止费用一般相当于 5 天~7 天的租金。

### 2. 还箱地点

租箱人应按合同规定的或租箱公司另用书面形式确认的具体地点还箱。还箱地点与租箱人最终用箱地点关系密切,在订立合同时,租箱人应尽量使还箱地点与箱子最终使用地点一致或接近,这样可以减少空箱运输费用。

### 3. 还箱时箱子状况

该条款规定,租箱人在还箱时应保证箱子外表状况良好,即与提箱时签署的设备交接单上记载的情况基本一致。如果还箱时集装箱外表有损,还箱人应承担修理责任和费用。如果双方签署过"损害修理责任条款",则在一定范围内的损害由租箱公司负责。

还箱条款中一般还会规定,还箱期满若干天后(如 30 天),租箱人仍不还箱,租箱公司将作为箱子全损处理。租箱人应按合同规定的金额支付赔偿金,在租箱公司未收到赔偿金前,租箱人仍需按实际天数支付租金。

## (三) 损害修理责任条款

损害修理责任条款,简称 DPP 条款,该条款规定,如果租箱合同中签署了"损害修理责任条款",租箱人并且为此支付了相应的费用,则租箱人对租箱期内所造成的损坏在一定程度上不负修理责任,可将未修理的箱子退还租箱公司。此条款使租箱人避免了一旦发生箱子损坏后所引起的修理、检验等事务,在一定程度上节省修箱费用,并可节省将受损箱子送到修理厂产生的额外运费。但是,合同中一旦定有 DPP 条款,则不论箱子在租赁期间实际上是否发生损坏,租箱人除支付租金外,都必须支付 DPP 费用。

DPP 条款从某种意义上讲,相当于租箱人对租箱期内的集装箱损害进行了保险,但不是向保险公司。租箱人还必须了解 DPP 费用只保箱子的部分损害,不承担全损和共同海损等责任,也不承担对箱子里所装货物的有关责任。习惯上 DPP 费用只负责比箱子当时的价值低一些的一个固定限额,如 80%。集装箱损害修理的费用在这个限额内,由租箱公司承担;若超出这个限额,超出部分仍由租箱人承担。DPP 费用一般按租箱天数收取。

## (四) 租金及费用支付条款

租箱人应按时支付合同中规定承担的各种费用和租金,这是自由使用集装箱和具有某些权利和减少责任的前提。不按时支付费用和租金,则构成违约,租箱公司有权采取适当的行动,直至收回集装箱。

### 1. 租期

租期一般理解为从交箱之日起到还箱之日止的一段时间。

### 2. 租金的计算方法

租金按每箱天计收。租用天数计算一般从交箱当日起,算至租箱公司接受还箱的次日为止。在超期还箱的情况下,超期天数按合同规定的租金另行支付,通常比正常租金高一倍。如合同中定有提前终止条款的,租箱人支付提前终止费用后,租期到集装箱进入还箱堆场日终止。

3. 租金支付方式

一般租金支付方式有两种:按月支付或按季支付。租箱人应在收到租金支付通知单后,在规定时间内支付,如30天内。如延误,则需按合同规定的费率加付利息。

4. 交、还箱手续费

租箱人应按合同规定支付交、还箱手续费。该费用主要用来抵偿因在堆场交还箱所产生的费用。其数额由合同规定,或按交还箱所在堆场的费用确定。

(五)设备标志更改条款

租箱人可以在租赁的集装箱箱体外表贴上自己的标识,但未经租箱公司同意,不得更改原有标识。在长期租赁情况下,租箱公司一般接受租箱人更改原有标志加上自己标志的要求,但还箱时租箱人必须除去更改的标识,恢复原来的标识,或承担恢复的费用。

(六)保险条款

集装箱保险是租箱业务的主要内容之一,在集装箱租赁期内,箱子的保险可由承租人自行投保,也可以由租箱公司投保。

1. 保险条件

保险条件包括:

(1)以每一只标有唛头标志的集装箱为一个单独投保单位。

(2)被保险人对投保的集装箱应做好维修和保养工作。

(3)保险期可视具体情况修改,如规定租期内若箱子损害修理频率超过一定比例租箱公司有权修订保险条款。

2. 保险方式

保险方式有全值保险和有限额保险两种。

全值保险是保险公司按保单或协议规定的使用价值支付修理费用,其使用价值根据对箱子规定的金额决定。

有限额保险是保险公司有限度地承担集装箱的损害修理费,如损害超过投保的限度,其超过部分由承租人支付。

3. 保险期与退租

集装箱保险的期限从租箱协议订立、集装箱交箱起生效,至集装箱退还租箱公司指定的租箱堆场时终止。如由承租人投保,应在对箱子修复、符合条件后才能退租。如发生箱子全损,退租的日期应为租箱公司收到有效证明文件的当日。

租箱合同中除上述条款外,还有其他有关租箱责任、义务和转租等条款。对于各船公司及其他集装箱运输经营人来讲,租箱业务是较经常性的业务。在租箱业务中,租箱人除根据自己的需要租用合适类型的集装箱外,还应根据自己的实际情况考虑各租箱公司的业务范围、信誉、费率和其他限制规定等做出比较,并根据各租箱公司租赁特点选择合适的公司订立合同。

## 四、集装箱租赁量的确定

### （一）集装箱租赁量的确定

集装箱船公司在配置航线所需集装箱时,不可能全部购置自备箱,这需要巨额投资。同时,若自备箱量过多,当市场欠佳时,则要支付大量闲置箱的费用;若自备箱数量过少,难以满足市场需求,大量租箱耗资过大。因而,船公司和集装箱运输经营人应根据自身的实际情况,以降低经营成本为目标,确定合理的集装箱的购置或租用数量。

集装箱租赁量的确定可以根据成本最小化原则来求得,即通过自备箱的用箱成本与租赁箱的用箱成本相比较,运用数学方法,在一定的约束条件下,根据成本最小化原则,求出租箱量。也可以根据最小自备箱量原则来确定船公司年度总租箱量,然后再进一步分别确定长期和短期的租箱量。

这里介绍以最小自备箱量为原则确定集装箱租赁量的方法。

**1. 参数定义**

（1）$S_T$——年度总用箱需求量。

（2）$M_i$——预测年各月的用箱需求量,$i = 1,2,\cdots,12$。

（3）$S_S$——年度自备箱需求量。

（4）$S_C$——年度租赁箱需求量。

（5）$S_{LC}$——年度长期租赁箱需求量。

（6）$S_{SC}$——年度短期租赁箱需求量。

**2. 确定集装箱租赁量**

以自备箱量最小原则确定集装箱租赁量时,自备箱以满足用箱量最小月份的需求为原则确定;长期租赁量以满足月平均用箱需求为原则确定;短期租赁量以满足各月用箱量不平衡的偏差为原则确定。

（1）确定年度自备箱需求量:

$$S_S = 12 \times \min(M_i) \quad i = 1,2,\cdots,12$$

（2）确定年度租赁箱需求量:

$$S_C = S_T - S_S$$

（3）确定长期租赁箱需求量:

$$S_{LC} = S_C - \frac{1}{2}\sum \left| \frac{S_T}{12} - M_i \right|$$

（4）确定短期租赁箱需求量:

$$S_{SC} = S_C - S_{LC}$$

### （二）集装箱租赁量的调整

由于集装箱班轮航线上的货源变化多端,集装箱船公司随时需要根据实际用箱量的增减来调整租箱量,以降低用箱成本,提高集装箱的利用率。

租箱量的调整可以根据航线集装箱平均总周转天数以及月需求量的变化进行。

（1）参数定义

① $U$——月集装箱需求量。

② $S$——航线集装箱配置总量。

③ $T$——航线集装箱平均总周转时间（天）。

④ $L$——每套集装箱数量。

⑤ $I$——发船间隔。

⑥ $K$——航线集装箱需求套数。

（2）集装箱月需求量的确定：

$$U = L \times \frac{30}{I}$$

（3）航线集装箱配置总量的确定：

$$S = L \times K = L \times \frac{T}{I}$$

（4）航线集装箱配置量与航线集装箱总周转时间、集装箱月需求量的函数关系：

$$\left. \begin{array}{l} U = L \times \dfrac{30}{I} \\ S = L \times \dfrac{T}{I} \end{array} \right\} \Rightarrow S = L \times \frac{T}{30 \times L/U} = \frac{T \times U}{30}$$

（5）航线集装箱配置量调整方案见表4-2-1。

表4-2-1 航线集装箱配置量调整方案

| | 集装箱平均周转时间变化 | 集装箱月需求量变化 | 航线集装箱配置量变化 | 因果关系 | 调整办法 |
|---|---|---|---|---|---|
| 1 | $t_a = T$ | $U_a > U$ | $S_a > S$ | 需求上升,箱子需配量增加 | 短期租箱 |
| 2 | $t_b = T$ | $U_b < U$ | $S_b < S$ | 需求下降,箱子需配量减少 | 退还租赁箱 |
| 3 | $t_c > T$ | $U_c = U$ | $S_c > S$ | 周转率下降,箱子需配量增加 | 短期租箱 |
| 4 | $t_d < T$ | $U_d = U$ | $S_d < S$ | 周转率提高,箱子需配量减少 | 退还租赁箱 |
| 5 | $t_e < T$ | $U_e < U$ | $S_e < S$ | 需求下降,部分箱子闲置 | 等待需求恢复 |
| 6 | $t_f > T$ | $U_f < U$ | $S_f < S$ | 周转率下降,月承运量减少 | 提高周转率 |
| 7 | $t_g < T$ | $U_g > U$ | $S_g = S$ | 周转率提高,月承运量增加 | 改善周转率,或争取扩大货源 |

★ **课堂活动**

| 项目 | 活动内容与结论 |
|---|---|
| 查一查 | 分析 DPP 条款的使用条件，并根据要求，分析集装箱损害由谁承担责任。<br>20ft 箱其价值 3000 美元，而合同中的 DPP 条款负责的最高费用为 2400 美元。如箱子在租赁期间发生损坏，其修理费用和其他费用为 2900 美元 |
| 结论 |  |
| 试一试 | 某集装箱船公司预测年度每月用箱量如下：<br><br>| 月份 | 1 | 2 | 3 | 4 | 5 | 6 | 7 | 8 | 9 | 10 | 11 | 12 |<br>|---|---|---|---|---|---|---|---|---|---|---|---|---|<br>| 用箱量 | 5.1 | 3.1 | 3.8 | 3.6 | 5.4 | 2.8 | 5.7 | 4.4 | 5.6 | 3.8 | 5.8 | 4.9 |<br><br>试确定该公司年租箱总量及年长期租箱量和年短期租箱量 |
| 结论 |  |
| 实训 | 分组实训，签订集装箱租赁合同 |

# 任务三　集装箱空箱调运

**学习任务书**

| 项目 | 任务和结论 |
|---|---|
| 学习目标 | 了解集装箱调运产生的原因和几种表现形式 |
| 情境描述 | 在查阅的资料当中，小张还发现港口进出的货运量也不是相等的。小张联想到在学校的时候学过的知识，由于地区与地区之间资源状况和劳动力水平的不一致，一国或地区进口和出口的货物类型和货运量往往是不相等的。经过分析，小张认为，一个地区或某个港口进口到达的集装箱和出口需求的集装箱在数量和箱型上应该也是不平衡的。那么出口需求量大于进口到达量的箱型会出现供不应求的状况；而出口需求量小于进口到达量的箱型则会积压。如何解决这个问题呢？有哪些原因会造成这种现象呢？ |

| 项 目 | 任 务 和 结 论 |
|---|---|
| 感知 | 积压在站的集装箱 |
| 任务 | 分析调运产生的原因及减少调运的方法 |

## 一、空箱调运的形式和原因分析

集装箱作为集装箱运输中的主要设备之一,及时为货方提供足够数量、性能优良、类型齐备的集装箱,对航运公司提高服务质量、加快集装箱周转、提高企业经济效益具有重要意义。

由于各地区、各港口对于集装箱的需求和供给之间存在不平衡,存在着大量的集装箱空箱调运问题。空箱调运占据了大量的集装箱运力,理论上说,应尽可能避免发生空箱调运,但由于集装箱运输的复杂性,空箱调运在所难免。海上集装箱运输一般都有一定的空载率,航运公司可以利用这部分箱位调运部分空箱,而对于运能一向比较紧张的承运企业,如铁路部门,空箱调运直接影响了铁路货物运输业务的展开。据统计,目前全球空箱调运量约占集装箱总量的20%,2008年铁路集装箱空箱回送量819128TEU,占发送铁路箱量的42.6%,空箱调运费用逐年增长。空箱调运涉及航运公司、场站、港口等多个部门,了解空箱调运的现象,分析空箱调运产生的原因,找出减少空箱调运的方法,有利于更好地开展集装箱运输业务。

空箱调运的形式主要有以下几种。

（一）港到港的调运

**1. 国际间调运**

国际货物运输中,由于货源不平衡及各航线货物流向不平衡等原因,会造成各港空箱数量的不平衡,因此,必须将某些港口的剩余空箱调运到空箱不足的港口。例如,我国是出口量大于进口量的国家,各航运公司必须定期或不定期从其他有富余空箱的港口调运空箱到我国沿海各港,以满足出口货源对集装箱的需求。

箱管部门应与货运部门配合,掌握各港空箱数量及其需求量,及时做好调运计划,通过在各港的船代部门(集装箱代理人)做好报关、装运等工作,及时将根据调运计划安排的空箱按其类型、数量调运到指定港口。一般情况下,尽可能安排本公司船舶利用富余箱位运载空箱,以降低空箱调运成本;特殊情况下也可委托其他船公司的船舶运输。

**2. 国内调运**

空箱调运也可能发生在国内用箱量不平衡的各港口或铁路站点之间。国内间调运时,不需要办理海关报关手续,所以国内运输中箱管部门做好调运计划后,安排船舶将空箱运至目的港。通过水路运输空箱时,箱管部门一方面要与货运部门配合,掌握空箱的需求情况,另一方面必须与航运部门合作,了解船舶的配载情况,充分利用船舶的剩余舱位进行空箱调运,尽量不影响重箱的载量。

(二)港到堆场、货运站、中转站间的调运

由前述可知,经常会出现空箱在某些港口的大量积压。因此,箱管部门必须及时将空箱调运到各堆场、货运站等地。箱管部门必须尽早掌握空箱的达到时间、数量,及时或提前为各堆场、货运站、内陆运输部门签发"集装箱设备交接单",联系运输单位,尽早将空箱调运到使用空箱的地点。

此外,在港场间调运空箱时,经常是将各堆场的闲置集装箱调运至港口,所以箱管部门必须及时与集装箱代理人及各堆场进行联系,及时将调运计划安排的空箱运至港口。

(三)堆场、货运站之间的调运

空箱除少部分在港口堆存外,大量的空箱是在堆场和货运站堆存。因此各堆场和各货运站之间由于使用的不平衡,需要进行空箱调运。

场地之间调运时,箱管部门应制定调运计划,联系运输单位(水运、公路、铁路),签发"集装箱设备交接单",将空箱从指定的提箱地点运至指定的收箱地点。

(四)临时租用箱的调运

在集装箱运输过程中,某些地区船公司的空箱储备量不足时,可以采用前述的方法进行调运。但由于调运需要一定的时间,不能完全满足需要,此时箱管部门必须向租箱公司临时租箱或向其他船公司临时租用集装箱。箱管部门应向租箱公司或其他船公司联系,提出租用集装箱申请,经其同意并取得"集装箱设备交接单"后,联系运输公司,到租箱公司或其他船公司指定的场地,将空箱运至本公司的协议堆场或货运站等地,并做好设备交接手续。用毕后将空箱运至租箱公司或其他船公司指定的场地,或者与租箱公司协议将临时租用的集装箱转为期租集装箱,并支付租箱费用。

(五)还箱的调运

集装箱的成本是集装箱运输成本中的重要组成部分,所以船公司租用集装箱一般同时采用长期、短期和临时租箱等方式。在运输市场不景气或货源不足的情况下,及时返还部分租用的集装箱,以降低运输成本。

箱管部门应与租箱公司联系还箱的手续,按租箱公司指定的地点将空箱运还并办理交接手续。

(六)其他调运

**1. 拆空箱回运**

拆空的集装箱一般由货方或其代理人、内陆承运人负责还箱运输。箱管部门应及时掌握该集装箱动态,以便再次投入使用。

**2. 修理、熏蒸等集装箱调运**

集装箱在修理、清洗、熏蒸、检验时,箱管部门应做好调运计划,联系运输公司将集装箱运至指定地点,以加快集装箱周转。

## 二、减少空箱调运途径

由于客观货物流向、流量与货种不平衡,产生一定数量的空箱调运是必然的。但采取一定的措施,将空箱调运量下降到较低水平,是完全可以做到的。目前在实务中,行之有效的减少空箱调运的措施有以下一些。

(1)组建联营体,实现船公司之间集装箱共享。联营体通过互相调用空箱,可减少空箱调运量和航线集装箱需求量,节省昂贵的空箱调运费和租箱费。

(2)强化集装箱集疏运系统,缩短集装箱周转时间。通过做好集装箱内陆运输各环节工作,保证集装箱运输各环节紧密配合,缩短集装箱周转时间和在港时间,以提供足够箱源,不至因缺少空箱而进行空箱调运。

(3)强化集装箱跟踪管理系统,实现箱务管理现代化。通过优化集装箱跟踪管理计算机系统、采用 EDI 系统,以最快、最准确的方式掌握集装箱信息,科学而合理地进行空箱调运,做到最大限度地减少空箱调运量及调运距离。

(4)进行科学论证与选择,以租箱代替空箱调运。当某港集装箱空箱紧缺时,可以采用两种方案予以解决:一是从其他港调运本公司的空箱;二是租用租箱公司的空箱。这时就应进行论证,选择最好的方法。比较的依据就是两者的成本,如调运本公司空箱的成本大于租箱费用时,应采用租箱;租箱费用大于本公司调运空箱时,应采用调运本公司空箱。尤其应注意寻找合适的机会,如某租箱公司正好箱流不平衡,需将空箱调回,这时采用"单程租赁"方式租用,可能享受很低的租箱费用。

★ **课堂活动**

| 项 目 | 任 务 和 结 论 |
|---|---|
| 归纳 | 分析集装箱空箱调运产生的原因 |
| 结论 |  |
| 思考讨论 | 分组思考并讨论减少或避免空箱调运的方法 |
| 结论 |  |

# 模块三　集装箱运输组织

## 任务一　办理集装箱水路运输业务

**学习任务书**

| 项目 | 任务和结论 |
|---|---|
| 学习目标 | 掌握集装箱水路运输业务<br>掌握场站收据的使用流程<br>掌握集装箱提单背面条款的主要内容<br>能正确使用场站收据、提单、交货记录等单据 |
| 情景描述 | 南京×××纺织品进出口公司出口美国一批"女式针织短衬衫",试为其办理出口集装箱货运业务 |
| 情景描述 | 上海×××化工进出口公司从美国进口一批设备,试为其办理进口集装箱货运业务 |
| 感知 | **NORTHWEST EXPRESS--NWX**<br><br>| Vessel Name | SAVANNAH EXPRESS | Vessel Name | VANCOUVER EXPRESS | Vessel Name | SEATTLE EXPRESS | Vessel Name | COLOMBO EXPRESS |<br>|---|---|---|---|---|---|---|---|<br>| Vessel/Voyage | SVX / 050 | Vessel/Voyage | VCX / 022 | Vessel/Voyage | STX / 022 | Vessel/Voyage | CMX / 049 |<br>| Port | Arr--Dep | Port | Arr--Dep | Port | Arr--Dep | Port | Arr--Dep |<br>| Ningbo | 01--01 Oct | Ningbo | 08--08 Oct | Ningbo | 15--16 Oct | Ningbo | 22--23 Oct |<br>| Shanghai | 02--03 Oct | Shanghai | 09--10 Oct | Shanghai | 16--17 Oct | Shanghai | 23--24 Oct |<br>| Qingdao | 04--05 Oct | Qingdao | 11--12 Oct | Qingdao | 18--19 Oct | Qingdao | 26--26 Oct |<br>| Busan | 07--08 Oct | Busan | 14--14 Oct | Busan | 21--22 Oct | Busan | 28--29 Oct |<br>| Vancouver | 20--21 Oct | Vancouver | 25--27 Oct | Vancouver | 02--04 Nov | Vancouver | 09--11 Nov |<br>| Tacoma | 22--24 Oct | Tacoma | 27--29 Oct | Tacoma | 04--06 Nov | Tacoma | 11--13 Nov |<br>| Vancouver | 24--27 Oct | Vancouver | 31--01 Nov | Vancouver | 07--08 Nov | Vancouver | 14--15 Nov |<br>| Tokyo | 06--07 Nov | Tokyo | 12--13 Nov | Tokyo | 19--20 Nov | Tokyo | 26--27 Nov |<br>| Nagoya | 08--08 Nov | Nagoya | 13--13 Nov | Nagoya | 20--20 Nov | Nagoya | 27--27 Nov |<br>| Kobe | 09--09 Nov | Kobe | 14--15 Nov | Kobe | 21--22 Nov | Kobe | 28--29 Nov |<br>| Busan | 11--11 Nov | Busan | 16--17 Nov | Busan | 23--24 Nov | Busan | 30-- Nov |<br>| Ningbo | 13--13 Nov | Ningbo | 19--19 Nov | Ningbo | 26--26 Nov | | | |
| 任务 | 根据船期表查找船期<br>缮制场站收据,办理场站收据的流转交接业务<br>分角色演示集装箱水路运输业务程序 |

## 一、集装箱班轮运输航线

### (一) 世界主要集装箱运输航线

为了适应集装箱运输的需要,集装箱航线的类型分为干线航线、支线航线。世界主要集装箱运输干线航线包括远东—北美航线、远东—地中海/欧洲航线、北美—地中海/欧洲航线。

**1. 远东—北美航线**

远东—北美航线实际上可分为两条航线：一条为远东—北美西岸航线；另一条为远东—北美东岸、海湾航线。

1）远东—北美西岸航线

该航线指东南亚国家、中国、东北亚国家各港，沿大圆航线横渡北太平洋至美国、加拿大西海岸各港。该航线随季节也有波动，一般夏季偏北、冬季南移，以避开北太平洋上的海雾和风暴。本航线是战后货运量增长最快、货运量最大的航线之一。

1968年，在日本—加利福尼亚航线正式转入集装箱运转时，该航线的集装箱船只有12艘，美国和日本的船公司各6艘。

到1970年，日本六大船公司采用了箱位互用方式在西雅图、温哥华航线上实现了集装箱化以后，日本的航运集团在该航线上又增加了船舶，而美国的船公司为了健全北美太平洋航线的集装箱运输体制，也增加了船舶。因此，到1980年，远东地区至北美太平洋沿岸各地的集装箱船的年运输能力达90万TEU箱位；相反，北美太平洋沿岸到远东以外地区的集装箱船其年运力只有14万TEU。由此可见，在世界集装箱航线中，远东—北美西岸线地位的重要性。

2）远东—北美东岸、海湾航线

该航线不仅要横渡北太平洋，还越过巴拿马运河，因此一般偏南，横渡大洋的距离也较长，夏威夷群岛的火奴鲁鲁港是它们的航站，船舶在此添加燃料和补给品等，本航线也是太平洋货运量最大的航线之一。

**2. 远东—欧洲、地中海航线**

该航线大多是经马六甲海峡往西，经苏伊士运河至地中海、西北欧的运输，也可分为远东—欧洲和远东—地中海两条航线。本航线货运繁忙。

1969年，欧洲—澳大利亚航线开通以后，欧洲地区的集装箱运输得到了迅速发展，接着，远东—欧洲航线也着手集装箱化。1969年，日本的日本邮船、大阪商船三井、联邦德国的劳埃德班轮公司，英国的海外集装箱公司（OCL）和边行集装箱公司（BEN LINE）等三国公司联合组成了三联集团，准备在远东—欧洲航线上使用17艘载箱量为1950TEU～2450TEU的大型集装箱船开展集装箱运输。

由于北欧集装箱化的迅速发展，带动了地中海国家的集装箱运输。航行于远东—西地中海航线的船公司，组织起"地中海俱乐部"，经营集装箱运输。起初"地中海俱乐部"由意大利的劳埃德航运公司、劳罗班轮公司、Chargeurs Reanis公司、法国邮船公司、日本邮船公司、大阪商船三井船舶公司组成。后来，法国邮船公司退出了俱乐部。

远东—欧洲、地中海航线的集装箱化主要是采用大型高速集装箱船，组成大型国际航运集团后开展运输，该航线推动了西伯利亚大陆桥运输的发展。

**3. 北美—欧洲、地中海航线**

本航线实际包括了两条航线：北美东岸/海湾—欧洲/地中海航线；北美西岸—欧洲/地中海航线。

主要的集装箱班轮航线如图4-3-1所示。

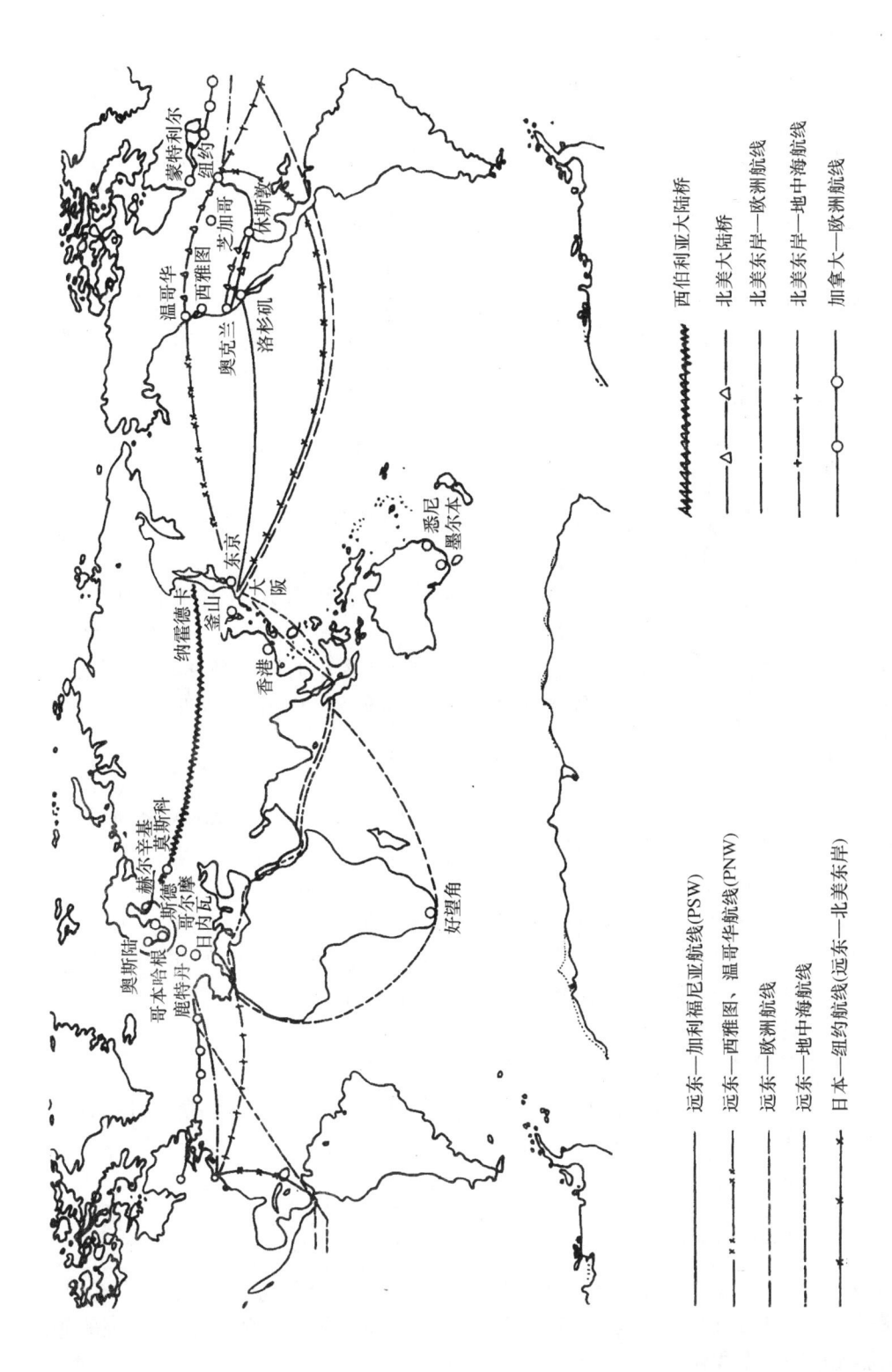

图4-3-1 世界主要集装箱航线图

## （二）国际集装箱的大陆桥运输线路

### 1. 北美大陆桥

世界上出现最早的大陆桥是横贯北美大陆的北美大陆桥。当时，一方面由于日本通向西方的海路受到严重威胁，另一方面由于美国在战争以后需要加速发展西部地区经济，于是日美联合利用美国港口和铁路网，开辟了世界上第一条大陆桥运输通道。这条大陆桥全长4500km，东起纽约，西至旧金山，西接太平洋，东连大西洋，缩短了两大水域之间的距离，省去了货物由水路绕道巴拿马运河的麻烦，对恢复和发展美、日经济发挥了重要作用。

由于美国国内铁路拥挤，特别是西伯利亚大陆桥的出现使这条大陆桥在运价、运期、服务等方面没有什么优势。后来利用其有利条件逐渐转向发展小路桥运输，从而获得新的生机。

### 2. 西伯利亚大陆桥

20世纪60年代末，由于埃以战争爆发，苏伊士运河关闭，航运中断；同时，由于石油危机的冲击；再加上苏联东进开发西伯利亚，于是日、苏联合，利用苏联纳霍德卡港及西伯利亚铁路和东西欧铁路开辟了世界上第二条大陆桥——西伯利亚大陆桥。因其地跨亚、欧两个大陆，所以又称亚欧大陆桥。

该大陆桥东端已由原来的日本发展到韩国、菲律宾、东南亚、中国香港地区和中国台湾省；西端已从英国发展到整个欧洲大陆和伊朗、中东各国。大陆桥东起纳霍德卡港、东方港等港口，西至荷兰鹿特丹，全长13000km。通过这条路线，比经过好望角和苏伊士运河的海上运输线缩短运距1/3，运费便宜20%～25%，运期节省35天左右。

### 3. 新亚欧大陆桥

随着世界政治经济格局的变化和亚欧经济贸易交流的扩大，在亚欧大陆之间又架起了一条新的大陆桥——新亚欧大陆桥。它把太平洋与大西洋沟通起来，实现海—陆（铁路）—海的连贯运输。

这条大陆桥东起我国的连云港、日照等沿海港口城市，西行出域穿越哈萨克斯坦等中亚地区，经俄罗斯、白俄罗斯、乌克兰、波兰、德国等欧洲国家，抵达大西洋东岸荷兰的鹿特丹、比利时的安特卫普等欧洲口岸。大陆桥全程长11000km左右。1992年12月1日，新亚欧大陆桥过境集装箱运输开通。

### 4. 世界其他陆桥

除了这三条大陆桥外，世界各地还有一些其他的陆桥，包括美国小陆桥、美国微型陆桥、加拿大大陆桥、印度半岛陆桥、玻利维亚陆桥、超级欧亚大陆桥等。

集装箱大陆桥运输主要线路如图4-3-2～图4-3-4所示。

## 二、集装箱运输航线组织

由于集装箱运输投资大、固定成本高、市场竞争激烈、投资风险大，因此船公司组织集装箱船舶运营时，应进行投资风险分析，做好市场预测，精心组织，科学调配和管理船舶，以提高船舶运输效率和企业经济效益。

集装箱运输航线组织的主要内容包括航线配船、航线配箱、确定基本港和编制船

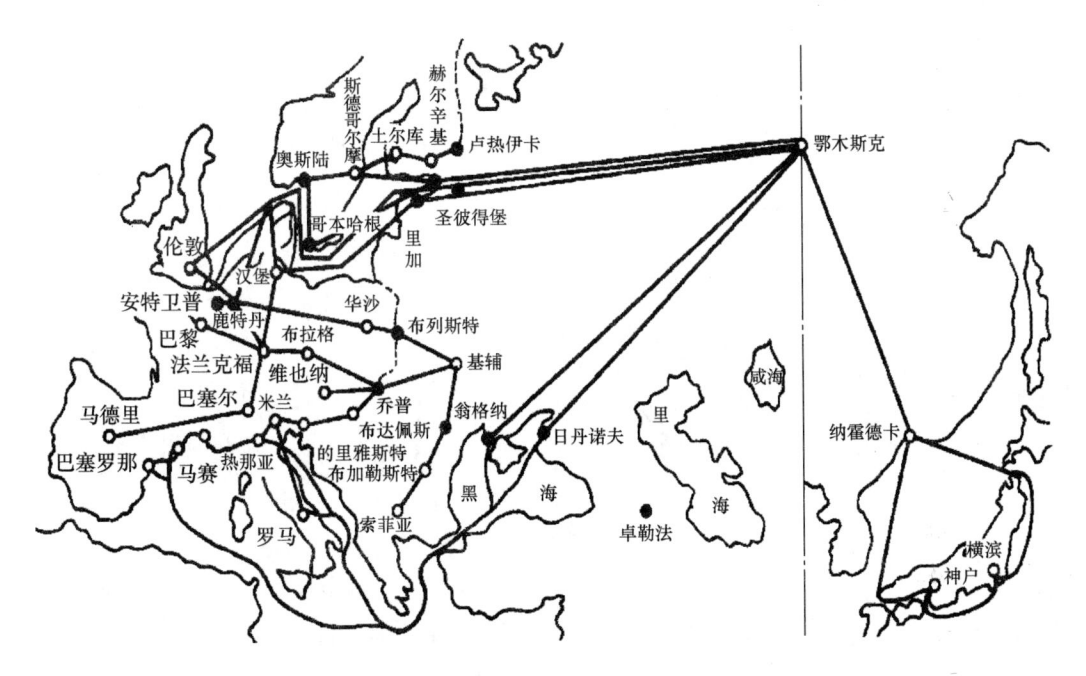

图 4-3-2 西伯利亚大陆桥(铁—海路线)

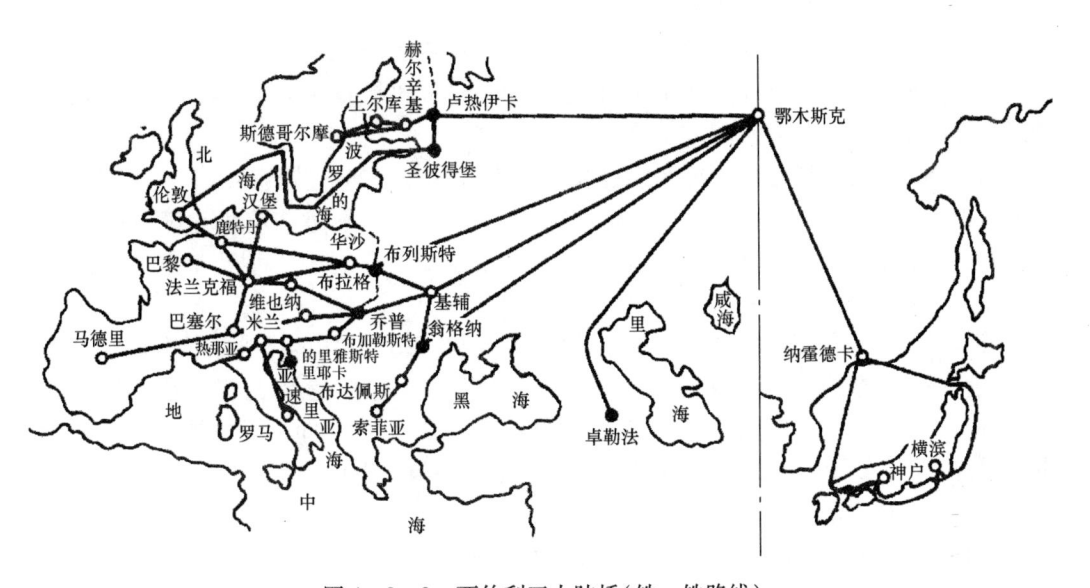

图 4-3-3 西伯利亚大陆桥(铁—铁路线)

期表等。其中航线配箱的方法已在前面教材中涉及,这里主要介绍其他三方面内容。

(一) 航线配船

航线配船研究的是集装箱船舶在各航线上的合理配置问题,即在集装箱运输航线上如何合理地配置船型、船舶规模及其数量,使其不仅满足每条航线的技术和营运方面的要求,而且能使船公司获得良好的经济效益。为此,要求所配船舶的技术性能和营运性能应与航线上的货物种类、流向、流量以及船舶挂靠港口的状况相适应。因此,在进行航线配

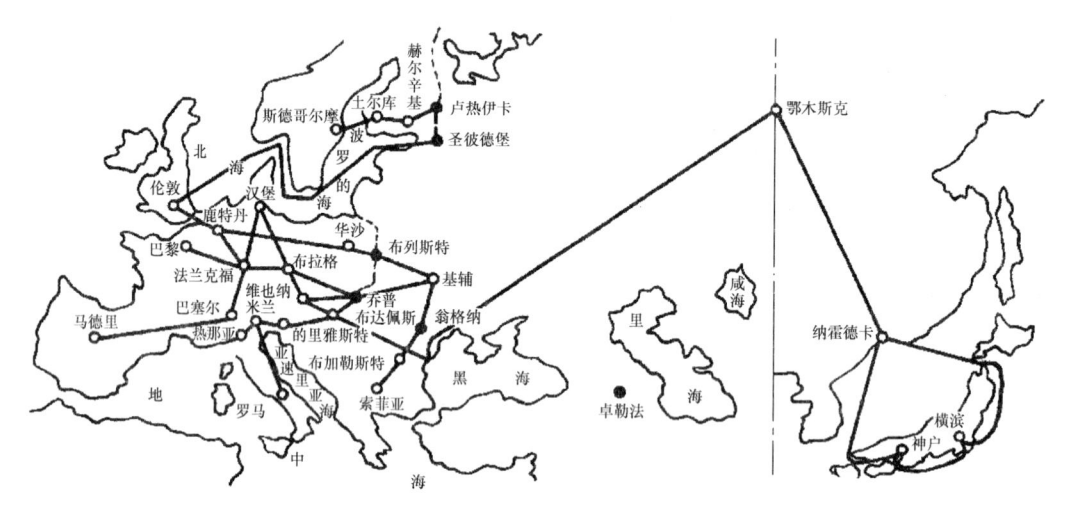

图4-3-4 西伯利亚大陆桥(铁—公路线)

船之前，船公司应该对与航线有关的情况进行经济调查和运输市场分析，了解和掌握适箱货源及市场竞争情况，了解和掌握挂靠港口的泊位水深的要求、泊位长度、装卸效率以及集疏运情况等。

航线配船时要考虑的因素有以下几点。

(1) 应注意集装箱船舶的航行性能要适应航线的营运条件；集装箱船舶的尺度性能要适应航道水深、泊位水深；集装箱船舶的结构性能、装卸性能及船舶设备等应满足航线货源及港口装卸条件的要求等。

(2) 必须遵循"大线配大船"的原则，即在适箱货源充足，且港口现代化水平高的集装箱航线上，配置大吨位全集装箱船是最经济合理的；而在集装箱化程度不高，集装箱货源较少，或处于集装箱运输发展初期的航线上，则使用中小型集装箱船或多用途船。

(3) 在航行条件允许的情况下，船舶规模的大小与适箱货源的多少及航行班次有关。在货运量一定的情况下，发船间隔越大，航行班次越少，船舶数越少，船舶规模则越大；在发船间隔或航行班次一定的情况下，船舶规模与货运量成正比，即货运量越大，船舶规模也越大；在货运量和发船间隔一定的情况下，船舶规模与往返航次的时间和船舶数有关，即船舶规模与往返航次时间成正比，与船舶数成反比；当船舶数和挂靠港数目不变时，航线上船舶航速越高，往返航行时间将减少，则船舶规模可减小。

在以上各种因素中，假定其他条件不变的情况下，船舶航速、航行班次、挂靠港数目以及航线货运量是自变量，船舶规模和船舶数量是因变量，二者之间呈函数关系，这就存在着一定条件下满足航线运输需求的各种最低限度的数量组合。在航行条件一定的情况下，通过改变船舶航速及船舶数量，都可具有相同的运输能力，完成相同的货运量。

由于船舶航速的提高，可以减少船舶需要量，从而减少船舶投资。但是，由于船舶航速的提高，船舶航行燃料费用必然大大增加，将明显提高船舶运输成本，从而影响企业经济效益。所以，应通过航线经济论证后，确定最佳的船舶航速及船舶数量。

## （二）确定基本港

集装箱航线基本港的选择和确定是集装箱航线运行组织的重要问题。航线挂港数的确定,关系到承揽航线港口货运量的多少及船舶往返航次时间的长短。对于货源充足的航线,船舶规模越大,挂靠港数目应越少;当货源不是很充足时,为了提高船舶载箱量利用率,也可适当增加挂靠港口,以提高船公司的经济效益。

在确定基本港时,应考虑以下因素。

### 1. 地理因素

基本港的地理位置应处于集装箱航线之上或离航线不远处。同时,为了便于开展支线运输,还应考虑基本港与其附近港口之间的地理位置,便于与内陆运输相衔接。

### 2. 货源因素

货源是否充足和稳定是选择和确定航线基本港的前提条件和重要因素。航线基本港理所当然地设置在货源较集中的港口,以减少集装箱的转运成本,提高发船密度,有利于加速船舶周转,提高运输效率。同时,基本港要有大城市作依托,优先考虑货源集中的沿海大城市作为基本港。

### 3. 港口因素

港口因素主要是指港口的自然条件、装卸设施及装卸效率、港口的集疏运条件等。

港口的自然条件是极其重要的因素。港口必须能满足大型集装箱船舶靠泊及装卸作业的要求,即应具备船舶吃水所必需的泊位水深及船舶靠泊所需的泊位长度,应具备集装箱船舶所必需的进港航道的水深和尺度,应具备足够的集装箱堆存保管陆域等。

港口装卸设施及装卸效率应能满足集装箱船舶装卸作业的要求,应具有高效率的集装箱装卸工艺系统和装卸机械。同时港口应具有满足集装箱进、出口堆存的堆存能力。

港口的集疏运条件主要是指支线和内陆的集疏运能力。一个良好功能的基本港,应拥有多渠道的集疏运系统,包括铁路、公路、水路和航空运输,依靠这些集疏运系统,与内陆广大腹地相连。

### 4. 其他因素

一个良好的基本港应具有高度发达的金融、保险、服务设施等行业和部门,以满足集装箱运输的要求。

## （三）拟制船期表

拟制船期表是集装箱航线运营组织的一项重要工作。制定一个周密的集装箱航线运营船期表,首先可以满足货主的托运需要,体现集装箱运输的服务质量;其次可以提高营运管理水平,有利于船舶、港口和货物及时交接,提高工作效率和航线经营计划质量。

船期表的内容一般有航线编号、船舶名称、航次编号、挂靠港名称、到达和驶离各港的时间等。船期表每月发布一次,每月底发布下期船期表。拟制船期表还应考虑船舶数量、船舶规模、航速、挂港数量、港口工班作制度以及与其他运输方式运行时刻表的衔接配合等因素。

集装箱船期表的班期、航线配船数和发船间隔可按以下方法确定。

(1) 参数定义：

① $N$——航线集装箱船舶配置数。

② $D$——集装箱船舶箱位容量。

③ $f$——集装箱船舶箱位利用率。

④ $t_{营}$——集装箱船舶年运营时间(天)。

⑤ $t_{间}$——发船间隔。

⑥ $t_{往返}$——航线往返航次时间(天)。

⑦ $t_{航}$——航线往返航行时间(天)。

⑧ $t_{装卸_i}$——航线船舶在 $i$ 港靠泊装卸作业的时间(天)。

⑨ $t_{其他_i}$——航线船舶在 $i$ 港靠泊其他作业的时间(天)。

⑩ $L$——航线往返总航程；

⑪ $v$——平均航速。

⑫ $Q_i$——各港的装卸作业量(TEU)。

⑬ $M_i$——各港的装卸效率。

⑭ $Q_{max}$——航线两端点港之间运量较大流向的年运箱量(TEU)。

(2) 确定集装箱航线航次周期：

$$\left. \begin{array}{l} t_{往返} = t_{航} + \sum t_{装卸_i} + \sum t_{其他_i} \\ t_{航} = \dfrac{L}{24 \times v} \\ \sum t_{装卸_i} = \sum \dfrac{Q_i}{24 \times M_i} \end{array} \right\} \Rightarrow t_{往返} = \dfrac{L}{24 \times v} + \sum \dfrac{Q_i}{24 \times M_i} + \sum t_{其他_i}$$

(3) 确定集装箱航线配船数：

$$N = \dfrac{\dfrac{Q_{max}}{(D \cdot f)}}{\dfrac{t_{营}}{t_{往返}}}$$

(4) 确定集装箱航线发船间隔：

$$t_{间} = \dfrac{t_{往返}}{N} = \dfrac{t_{往返}}{\dfrac{Q_{max}/(D \cdot f)}{t_{营}/t_{往返}}} = \dfrac{t_{营} \times (D \cdot f)}{Q_{max}}$$

为了保证班轮有规律的运行，要求集装箱船舶的往返航次时间要为航线发船间隔时间的整数倍，要求航线的发船间隔时间为昼夜的整数倍。集装箱班轮航线船舶往返航次时间与航线发船间隔时间的整数倍关系，即为航线配船数 $N$，$N = \dfrac{t_{往返}}{t_{间}}$。可以通过适当调整船舶行驶速度 $v$ 和船舶在港靠泊时间 $t_{装卸_i}$、$t_{其他_i}$，使 $N$ 为整数。

编制完成后，典型的船期表见表 4-3-1。

表4-3-1 船期表

## MAINLAND CHINA TO WEST AFRICA 中国大陆至西非

| VESSEL | VOYAGE | DALIAN | XINGANG | QINGDAO | SHANGHAI | NINGBO | XIAMEN | KAOHSIUNG | HONGKONG |
|---|---|---|---|---|---|---|---|---|---|
| 一程船 | 航次 | 大连 | 新港 | 青岛 | 上海 | 宁波 | 厦门 | 高雄 | 香港 |
| | | | | | 离港 DEPARTS | | | | |
| SOVEREIGN MAERSK | 0506 | 05/06 | 05/16 | 05/07 | 05/07 | 05/09 | 05/10 | 05/10 | 05/13 |
| KATE MAERSK | 0506 | 05/12 | 05/13 | 05/14 | 05/14 | 05/16 | 05/17 | 05/19 | 05/20 |

离港 DEPARTS

| TANJUNG PELEPAS | ALGECIRAS | ABIDJAN | DAKAR | CONAKRY | 抵港 ARRIVES | TEMA | COTONOU | LOME | MONROVIA | ONNE | NOUADHIBOU |
|---|---|---|---|---|---|---|---|---|---|---|---|
| 丹戎帕拉帕斯 | 阿尔赫西拉斯 | 阿比让 | 达喀尔 | 科纳克里 | | 特马 | 科托努 | 洛梅 | 蒙罗维亚 | 博尼 | 努瓦迪布 |
| 05/17 | 06/01 | 06/11 | 06/13 | 06/16 | | 06/17 | 06/19 | 06/19 | 06/20 | 06/20 | 06/23 |
| 05/24 | 06/08 | 06/18 | 06/20 | 06/23 | | 06/24 | 06/26 | 06/26 | 06/27 | 06/27 | 06/30 |

## MAINLAND CHINA TO EAST COAST OF SOUTH AMERICA 中国大陆抵南美东岸

| VESSEL | VOYAGE | DALIAN | XINGANG | QINGDAO | HONGKONG | TANUUNG PELEPAS |
|---|---|---|---|---|---|---|
| 一程船 | 航次 | 大连 | 新港 | 青岛 | 香港 | 丹戎帕拉帕斯 |
| | | | | 离港 DEPARTS | | |
| KATE MAERSK | 0506 | 05/06 | 05/06 | 05/07 | 05/13 | 05/17 |
| SVENDBORG MAERSK | 0506 | 05/12 | 05/13 | 05/14 | 05/20 | 05/24 |

抵港 ARRIVES

| ALGECIRAS | SALVADOR | SEPETIBA | PARANAGUA | SANTOS | VITORIA | BUENOS AIRES | RIO DE JANEIRO | ITAIAI |
|---|---|---|---|---|---|---|---|---|
| 阿尔赫西拉斯 | 萨尔瓦多 | 塞佩蒂巴湾 | 巴拉那瓜 | 桑托斯 | 维多利亚 | 布宜诺斯艾利斯 | 里约热内卢 | 伊塔雅伊 |
| 06/10 | 06/11 | 06/12 | 06/13 | 06/13 | 06/14 | 06/16 | 06/16 | 06/18 |
| 06/08 | 06/18 | 06/19 | 06/20 | 06/20 | 06/21 | 06/23 | 06/23 | 06/25 |

★ **课堂活动**

| 项　目 | 活动内容与结论 |
|---|---|
| 实训 | 请在船期表中选择一条航线,分析船期表信息,指出该航线的挂靠港、发班周期、总航次周期,并分析该航线可能的集装箱船舶配置数量 |
| 结论 | 航线名称:<br>挂靠港:<br>发班周期:<br>航次总周期: |

| 项　目 | 活动内容与结论 |
|---|---|
| 结论 | 航线配船数量: |

## 三、集装箱水路运输出口业务程序

（一）集装箱出口货运程序

集装箱出口货运程序如图4-3-5所示,具体描述如下:

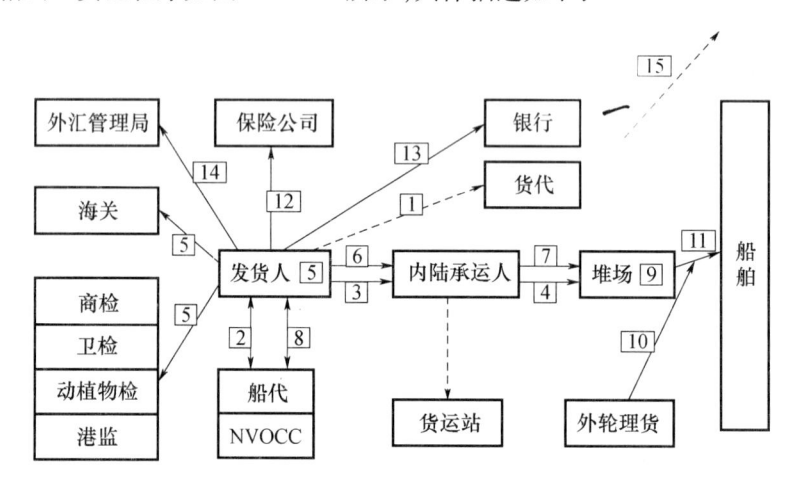

图4-3-5　集装箱出口货运程序图

**1. 接受订舱**

①出口货物发货人联系货运代理人,签订货运代理合同。

②货主或其代理人向船公司或船代申请订舱。

船公司或其代理人根据运力、航线等具体情况决定是否接受托运。若船公司或船代接受订舱,则双方议定船名、航次等信息后,在发给货方的场站收据副本(海关联)上盖章,表示确认订舱。

船公司按船名、航次等内容着手编制订舱清单,分送集装箱码头堆场、货运站等,据以安排空箱调运和货物交接。

**2. 发放空箱**

③ 整箱货运输情况下,货方或其代理人联系内陆承运人,签订运输合同,准备提箱装货。

④ 货主或其代理人将船方签发的提箱单、设备交接单交集卡司机,由集卡司机到指定集装箱堆场办理空箱发放手续。

拼箱货用箱由指定货运站领取。

**3. 装箱**

⑤ 货方或货运站组织装箱,办理出口货物的关检手续,并缮制装箱单,装箱完成施封。

**4. 货物集港、交接**

⑥ 货方装箱完成后将重箱交集卡司机,集港。

⑦ 集卡司机持设备交接单、场站收据等拖重箱集港,与码头检查口办理集装箱设备交接及货物交接手续,在场站收据(正本)上签章,确认交接。

**5. 签发提单**

⑧ 集卡司机将已签章的场站收据交还货方,货方据以向船代换取提单。

**6. 装船出运**

⑨ 码头箱管人员按照集装箱船舶配载信息组织集装箱在堆场堆存。

⑩ 由理货公司负责船边理箱,并签署设备交接单。

⑪ 码头装卸公司和理货公司合作组织装船。

**7. 装船后业务**

⑫ CIF 条件下,货方办理集装箱货物运输保险。

⑬ 货方制单结汇。

⑭ 货物实际出运后货方办理出口退税和出口收汇核销业务。

⑮ 货物离港后,出口港船公司或其代理人缮制提单副本、货物舱单、积载图等有关装船货运单证,寄送卸货港船公司或其代理人。

(二)集装箱出口承运人业务

集装箱船公司在国际集装箱进出口货运业务中起着主导作用,是集装箱运输能否顺利展开的关键。集装箱船公司出口业务工作主要有以下几点。

**1. 掌握待运货源情况**

集装箱船公司一般根据自己对船舶挂靠港货源预测、与各种无船承运人型的集装箱运输经营人签订的长期协议及订舱情况来掌握各港的货源情况。

各类无船承运人型的集装箱运输经营人都掌握一定数量的货源,在自己不具备运输船舶的情况下,要保证货物顺利运输,一般他们都与集装箱船公司订立各种类型的较为长期的协议,其基本内容是保证为集装箱船公司的各航班(或某些航班)提供一定数量的集装箱货物,而集装箱船公司则接受订舱和给予某些优惠(包括运价、折扣等),这种协议对无船承运人来讲有了稳定的运输工具和优惠条件,集装箱船公司则有了稳定的货源。这对于集装箱船公司掌握货源情况十分有利。

此外,集装箱船公司还可以通过货主暂定订舱或确定订舱进程掌握待运的货源情况,并据以部署空箱的调配计划。暂定订舱一般在船舶到港前30天左右提出,由于掌握货源的时间较早,所以对这些货物能否装载到预定的船上,以及这些货物最终托运的数量是否准确,都难以确定;确定订舱通常在船舶到港前7天~10天提出,一般都能确定具体的船名、装船日期。

### 2. 调配集装箱

集装箱运输中使用的集装箱,除少数是货主自有外,大多是由集装箱船公司提供的。为了有效利用船舶运力,集装箱船公司应配备一定数量、种类和规格的集装箱。为了便于货主使用和最大限度地提高集装箱的利用率,各集装箱船公司必须在船舶挂靠的港口及其腹地内陆地区进行适当的部署和调配。集装箱的部署与调配一般根据货源情况、订舱情况和经济原则等进行。

### 3. 接受托运

发货人提出订舱申请后,集装箱船公司根据货物运输要求、船舶能力及集装箱配备情况等决定是否接受托运申请。如同意接受则在订舱单或场站收据上签章。集装箱船公司在接受货物托运时除应了解货物的详细情况(名称、数量、包装、特殊货物详情等)、装卸港、交接地点和运输要求等外,还应了解是否需要借用空箱及所需箱子的规格、种类和数量,并由双方商定领取空箱的时间和地点、具体装箱地点、交接货物的时间和地点及由谁来负责内陆运输等事项。

集装箱船公司或船代接受托运后,如发货人需借用空箱,船公司或船代应按时签发提箱单并通知集装箱堆场向货方发放空箱(对发货人自装的整箱货)或通知有关集装箱货运站到堆场提箱。

### 4. 接收货物

集装箱船公司应根据场站收据上确定的交接方式接收货物,接收货物的地点一般是集装箱码头或内陆堆场(CY)、集装箱货运站(CFS)或货主的工厂和仓库(Door)。在CY接收整箱货一般由船公司委托堆场接收;在CFS接收拼箱货一般由集装箱货运站作为船公司的代理人接货;在Door接收货物一般由船公司或其代理人(如陆运承运人等)接货,并由船公司安排接货地至码头堆场的内陆运输。船方或其委托的接货代理人接收货物后,船方应及时签发提单。

### 5. 协助装船

通过各种方式接收的货物,到达集装箱码头堆场,按堆场计划堆放后,由集装箱码头堆场负责装船的一切工作,船公司或船代应随时与集装箱码头装卸部门协调联系。

### 6. 制送有关单证

为方便目的港编制卸船计划和安排内陆运输、转运等工作,在集装箱货物装船离港后,集装箱船公司或船代应立即制作有关装船单证并尽快通过各种方式将其送至各卸船港。一般由装船港船代制作、寄送的单据主要有提单或场站收据副本、集装箱号码单、箱位积载图、货物舱单、集装箱装箱单、装船货物残损报、特殊货物表等。

★ 课堂活动

| 项目 | 活动内容与结论 |
|---|---|
| 实训1 | 南京×××纺织品进出口公司出口美国一批"女式针织短衬衫",试为其办理出口集装箱货运业务。<br>要求:分组分角色模拟集装箱出口业务程序,说明集装箱出品货运中承运人的主要业务 |
| 资料 | <table><tr><td colspan="4" align="center">COMMERCIAL INVOICE</td></tr><tr><td colspan="2">The Exporter :<br>NANFING × × ×TEXILES IMOPRT &EXPORT CORPORATION<br>27 Jiankang Road E. I NANJING CHINA<br>TEL:86 - 25 - × × × × × × ×<br>FAX:86 - 25 - × × × × × × ×</td><td colspan="2">No. STP015088<br>Date:NOV. 10. 2001<br>L/C No. :L - 02 - 103437</td></tr><tr><td colspan="2">The Importer:<br>CRYSTAL KOBE LTD. ,<br>1410 BROADWAY,ROOM 3000<br>NEW YORK,N. Y. 10018 U. S. A</td><td colspan="2">Cortract No. :21SSG -017<br>By S. S. ZHELU  Voyages No. V. 031118S<br>From NANJING,CHINA  to NEW YORK,USA</td></tr><tr><td colspan="2">Terms of delivery:  CIF</td><td colspan="2">Terms of payment:  L/C</td></tr><tr><td colspan="2">Countyr of origin of the goods:<br>CHINA</td><td colspan="2">Corrency:<br>USD</td></tr><tr><td>Shipping Mark</td><td>Description of goods</td><td>Quantity  Unit Price</td><td>Amount</td></tr><tr><td>CRYSTAL KOBE LTD. ,NEW YORK ORDER ON. 21SSG -017 STYLES NO. H3233ISE CARTON/NO. 1 - 120 MADE IN CHINA</td><td>LADIES' 55% ACEYLIC 45% COTTON KNITTED BLOUSE</td><td>500D0Z  USD48.5</td><td>USD24250</td></tr><tr><td colspan="4">其他信息:毛重2584kg,净重2550kg,提单号CSA1505</td></tr></table> |
| 要求 | 分析本次货运中承运人的主要业务,并绘制出口承运人业务程序流程图 |

## 四、集装箱水路运输进口业务程序

(一)集装箱进口货运程序

集装箱进口货运程序如图4-3-6所示,具体描述如下:

**1. 卸船准备**

① 卸货港船公司或其代理人接收装船港寄来的单证资料。

② 卸货港船公司或其代理人收到装船港寄来的单证资料后,制作交货记录,将其中到货通知寄送收货人;并告知卸货港码头有关方面做好卸船接箱准备。

**2. 签发到货通知及提货单等货运单证**

③ 进口方与货运代理人签订货运代理合同。

④ 进口商向银行支付货款,换取提单。

⑤ 进口商凭提单和到货通知向卸货港船公司或其代理人换取提货单。

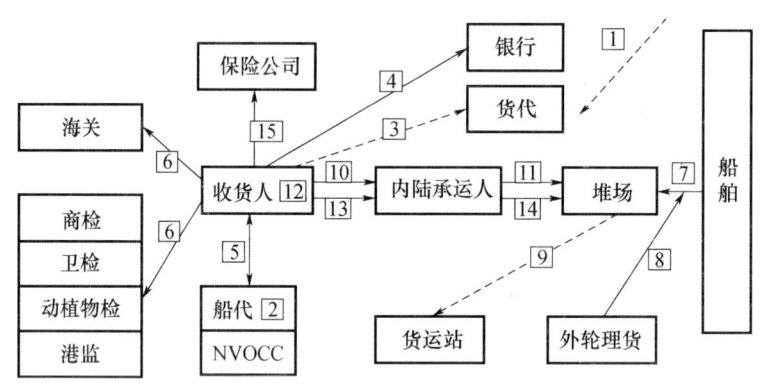

图 4-3-6 集装箱进口货运程序图

### 3. 卸船

⑥进口方凭提货单办理进口货物的关检手续,并在提货单上盖海关放行章。

⑦卸货港码头组织卸箱。

⑧卸船时外轮理货负责船边理箱,并签署设备交接单。

⑨拼箱货通知货运站到港提箱。

### 4. 重箱交付

⑩进口商或其货运代理人与集卡公司签订运输合同,委托集卡公司到港提取重箱。

⑪集卡公司持提货单、设备交接单等到港提取重箱,并与码头检查口签署设备交接单、交货记录;拼箱货由集卡司机持提货单到指定货运站提取,并与货运站发货员签署交货记录等。

⑫进口商拆箱、掏箱。

### 5. 空箱回运

⑬掏箱完成后,进口商将空箱交集卡司机,委托还箱到指定堆场。

⑭集卡司机持设备交接单到拖空箱到指定堆场还箱,与检查口业务员签署设备交接单。

⑮最后若货物、集装箱等存在损害,各相关方向保险公司等提出索赔。

### (二) 集装箱进口承运人业务

集装箱船公司进口业务工作主要有以下几点。

**1. 接受各装船港寄送的单据,做好卸船准备**

为了有效地缩短船舶在港时间,提高运输效率,保证集装箱货物及时交付或继续运输,集装箱船公司在集装箱货物进口中首先应做好卸船的准备工作。

(1) 从装船港代理处取得装船单证,并把有关单证送交集装箱码头业务部门。

(2) 根据上述单证制定船舶预计到港计划,并协助集装箱码头制定完整的卸船计划。

(3) 根据货物舱单、集装箱号码单、提单副本、特殊货物表等向海关及有关方面办理进口卸货申请、集装箱暂时进口、保税运输、危险品申报等手续。

**2. 制作和寄送有关单证**

接到有关单证后,集装箱船公司或代理应尽快制作和寄送下述单证。

（1）船舶预计到港通知书。该单证是向提单副本记载的收货人或通知人寄送的说明货物情况和运载这些货物的船舶预计到港日期的单据，以使收货人在船舶抵港前做好提货准备。

（2）到货通知书（交货记录第 1 联）。到货通知书是在船舶抵港时间、卸船计划和时间确定后，船公司或代理通知收货人具体交付货物时间的单据。一般先用电话通知，然后寄送书面通知。

### 3. 协助卸船

集装箱货物卸船一般由码头堆场按卸船计划进行。卸下的集装箱按堆存计划堆放或转到集装箱场站，船公司或船代应随时与集装箱码头装卸部门协调联系。

### 4. 签发提货单（交货记录第 2 联）

集装箱船公司或代理根据收货人出具的交货通知、正本提单，并在结清到付运费和其他费用后，签发提货单。

签发提货单时，首先要核对正本提单签发人的签署、签发的年月日、背书的连贯性，判断提单持有人是否合法，然后再签发提货单。提货单应具有提单所记载的内容，如船名、交货地点、集装箱号码、铅封号、货物名称、收货人名称等交货所必须具备的内容。在到付运费和其他有关费用未付清的情况下，原则上应收讫后再签发提货单。在正本提单尚未到达，而收货人要求提货时，可采用与银行共同向船公司出具担保书的办法，担保书应保证：待正本提单一到，收货人即将正本提单交船公司或其代理人；由于在没有正本提单下发生的提货，对船公司由此遭受的任何损失，收货人应负一切责任。

此外，如收货人要求更改提单上原指定的交货地点，船公司或其代理人应收回全部的正本提单后，才能签发提货单。

★ **课堂活动**

| 项目 | 活动内容与结论 |||||
|---|---|---|---|---|---|
| 实训 2 | 上海×××化工进出口公司从美国进口一批设备，试为其办理进口集装箱货运业务。<br>要求：分组分角色模拟集装箱进口业务程序，说明集装箱进口货运中承运人的主要业务 |||||
| 资料 | 收货单位 | 上海×××化工进出口公司 | 经营单位 | 上海化工进出口公司 ||
| | 提运单号 | EEW856345 | 运输方式 | 水路运输 ||
| | 运输工具名称 | EAST EXPRESSV.15IE | 包装种类 | 纸箱 ||
| | 合同号 | 00XFFG—78017KR | 成交方式 | CIF ||
| | 件数 | 9 | 进口口岸 | 上海海关 ||
| | 境内目的地 | 上海 | 唛头 | 00XFFG－78017KR ||
| | 起运国 | 美国 | 单价 | 17951 ||
| | 装运港 | 纽约 | 币制 | USD ||
| | 集装箱号 | CBHU3945126 | 征免性质 | 一般征税 ||
| | 商品名称 | B30S FORKL IFT TRUCK | 用途 | 企业自用 ||
| | 运费 | 2050 | 保险费 | 1346 ||
| | 毛重 | 15025 kg | 净重 | 15024 kg ||
| 要求 | 试分析本次货运中承运人主要业务，绘制进口承运人业务流程图 |||||

## 五、集装箱运输提单

集装箱提单是集装箱货物运输下的主要货运单据,是负责集装箱运输的经营人或其代理人在收到集装箱货物后签发给托运人,证明货物已经收到,并保证在目的地凭以交付货物的书面凭证。适用于集装箱运输的提单有两类:一类港—港海运提单;另一类是内陆—内陆的多式联运提单。两类提单的法律效力和作用与传统提单相同。

### (一)集装箱提单正面内容

与一般海运提单一样,集装箱提单正面和背面都印有提单条款,而且有相当多的内容和格式与一般海运提单相同,只是为了适应集装箱运输的实际需要,对某些条款的内容作了修改,增加了一些新的条款。集装箱提单的正面条款与一般提单的主要区别在于确认条款,即表明承运人在箱子外表状况良好、铅封号码完整下交接货物,并说明该提单是收货待运提单。

从内容来讲,集装箱提单正面内容较传统海运提单增加了收货地点、交货地点、交接方式、集装箱号、封志号等内容。由于集装箱货物的交接一般都不在船边,因此,集装箱提单一般是待装船提单。为了与信用证要求的"已装船提单"一致,集装箱提单一般增加装船备忘录栏,以便必要时加上"已装船"批注,而使之转化为已装船提单。集装箱提单正面样式见表4-3-2。

各种类型的集装箱运输承运人大都有自己的集装箱提单,其种类内容与格式允许有区别,但大同小异,也有几个国家、几家船公司共用一种提单或同一条船使用不同格式提单的情况。

### (二)集装箱提单背面条款

集装箱提单与海运提单背面条款主要区别有以下几点。

**1. 承运人的责任期限**

在集装箱运输下,承运人接货、交货可以在货主仓库、内陆场站和码头堆场,这与传统运输货物交接在船边或港口进行有很大差别。普通提单对承运人规定的责任期限("钩到钩"、"舷到舷"或"港到港")已不再适用。因此,集装箱提单将承运人的责任期限规定为,从接收货物开始到交付货物为止,或采用前后条款形式表述为承运人对收货前、交货后的货物不负责任。

**2. 舱面货选择权条款**

根据海上运输法规规定,只有在根据航海习惯可装在甲板上运输或事先征得货主同意并在提单上加注"装载甲板运输"字样两种情况下,承运人可将货物装在甲板上运输,否则将构成违反合同行为,各种法规、合同中给予承运人的一切抗辩理由、责任限制、免责事项等均无效,承运人必须承担由此造成的一切损失的赔偿责任。

在集装箱运输中,各类集装箱船舶在实际运输集装箱时,出于船舶构造的特殊性及经济性等要求,一般有相当一部分集装箱要装载在甲板上(舱面)运输(全集装箱船满载时约有30%货箱装载在甲板上)。而且各集装箱在船舶上装载的具体位置,一般是根据船舶配积载的需要和装卸船的先后次序等确定的,承运人在签发提单时无法确定哪些箱会装在舱内或甲板上,因此集装箱提单中规定了舱面(甲板)货选择权条款。

尽管各公司提单中表述方式不同,但该条款包含的内容是,承运人有权将集装箱货物装载在甲板下(舱内)或甲板上(舱面)运输,而无需征得货方同意和通知货方。货物不论装载在甲板上或甲板下,对包括共同海损在内的所有情况,都视做甲板下(或舱内)装载。

**3. 承运人的赔偿责任限制**

承运人的赔偿责任限制一般是指承运人对每一件或每一货损单位负责赔偿的最高限额。在不同运输方式中,由于承运人运输中对货物承担的风险在程度上有所区别,不同方式的国际与国内运输法规对最高赔偿限额的规定有较大差别。与普通提单一样,各公司的集装箱提单赔偿责任限制条款都明确规定了海上运输的最高赔偿限额,当运输全程中涉及陆上运输(联运提单)时,一般以包括海运(水运)及不包括海运(水运)两种情况规定限额。由于各公司的限额是根据不同的国际法或国内法规定的,其限额可能有差别。

针对集装箱运输整箱交接货物时承运人只能从有关单证上得知箱内货物的种类、数量的特点,集装箱提单的相应条款一般根据《维斯比规则》对集装箱、托盘或类似的装运工具或包装作如下规定:如在提单中已载明这种工具内的货物件数或单位数,则按载明的件数或单位数赔偿,如这种工具为货主所有,赔偿时也作为一件。

**4. 制约托运人的责任条款**

1)发货人装箱、计数条款(或不知条款)

在整箱交接情况下,承运人接收的是外表状况良好、铅封完整的集装箱,对箱内所装货物数量、标志等只能根据装箱单得知,即使对其有适当理由怀疑也无适当方法进行检验。根据《海牙规则》规定,在这种情况下承运人可以拒绝在提单上载明箱内货物的详细情况,这种做法势必会影响提单的流通性。但如果默认了货主提供的箱内货物件数,发生货损有可能对承运人赔偿方面带来不利。为了便于提单的流通和最大限度地达到免责目的,集装箱提单中在如实记载箱内货物详情的同时,背面条款中又保留了发货人装箱、计数条款或称为不知条款。

该条款的内容一般为:如本公司承运的集装箱是由发货人或其代理人装箱并加封的,则本提单正面所列有关货物的重量、尺码、件数、标志、数量等内容本公司均不知悉。

2)铅封完整交货条款

集装箱提单中这一规定是指承运人在集装箱外表状况良好、铅封完整的情况下收货和交货,就可以认为承运人已经完成货物运输并解除其所有责任。

该条款与发货人装箱计数条款有一定联系,也是限于整箱交接。

3)货物检查权条款

该条款是指承运人有权但没有义务在掌管货物期间的任何时候,将集装箱开箱检验、核对,如发现货物全部或部分不适于运输,承运人有权对该货物放弃运输,或由托运人支付附加费用后继续完成运输,或存放在岸上或水上遮蔽或露天场所,而且这种存放可视为按提单交货,承运人责任终止。

该条款使承运人对箱内货物有所怀疑或发现积载不正常时有启封检查的权利而不必征得托运人同意。但在实际操作中,对货主自装的集装箱启封检查时一般需征求货主同意并由货主支付费用。

4) 海关启封检查条款

《国际集装箱海关公约》规定,海关有权对集装箱货物开箱检查。因此集装箱提单中一般都规定:如海关当局因检查箱内货物对集装箱启封检查并重新加封,由此而造成或引起的任何货物灭失、损害及其他后果,承运人概不负责。在实际操作中承运人对这种情况应做详细记录并保留证据以免除责任。

5) 发货人对货物内容正确性负责条款

集装箱提单中记载的货物内容,一般由发货人填写或由发货人代理根据发货人提供的托运文件填写。提单一般规定承运人接收货物即可视为发货人已向承运人保证其在集装箱提单中提供的货物种类、标志、件数、重量、数量等内容准确无误。如属于危险货物,还应说明其危险性。如发货人提供内容不准确或不当造成货损或其他损害,发货人应对承运人负责,即使已发生提单转让也不例外。

**5. 承运人的运价本**

由于篇幅限制,集装箱提单上无法将有关集装箱运输的术语、交接办法、计费方法、费率、禁运规定等内容全部列出。各公司一般以承运人运价本形式将这些条款装订成册对外提供。在集装箱提单条款中规定,有关的承运人运价本是提单的组成部分,运价本与提单内容发生矛盾时,以提单为准。

**(三) 提单的缮制与交接**

集装箱提单制作填写时,应注意在箱数或件数栏内,既要填写集装箱数,又要填写箱内所装货物件数,否则发生灭失、损害时只能以箱作为一个理赔单位。对于拼箱货物的件数表示方法与传统提单相同,但应填写交接方式(CFS/CY、CY/CFS 或 CFS/CFS 等),使同一箱内的所有货物记载在同一箱号及封志号下。

集装箱提单签发的地点与集装箱运输中货物交接地点、交接方式是一致的,即发货人工厂和仓库(Door)、码头或内陆堆场(CY)及集装箱货运站(CFS)。一般是托运人在上述地点与集装箱运输承运人或其委托的堆场、货运站的业务人员交接货物后,用场站收据向承运人换取提单。承运人在货方出示场站收据后应立即签发待装船提单,集装箱装上船并在开船后 24h 内签发已装船提单。

★ **课堂活动**

| 项 目 | 活动内容与结论 |
|---|---|
| 实训 | 查阅相关资料,了解提单的缮制方法,并缮制"女士针织短衬衫"出口货运业务的集装箱提单,完成表4-3-2 |
|  | 分组演示集装箱提单的使用程序 |

表 4-3-2 集装箱提单正面样式

| ① Shipper | ⑩ B/L No. |
|---|---|
| | **KMTC** LINE<br>KOREA MARINE TRANSPORT CO., LTD.<br>**BILL OF LADING** |
| ② Consignee | RECEIVED by the Carrier from the Shipper in apparent good order and condition unless otherwise indicated herein, the Goods, or the container(s) or package(s) said to contain the cargo herein mentioned, to be carried subject to all the terms and conditions provided for on the face and back of this Bill of Lading by the vessel named herein or any substitute at the Carrier's option and/or other means of transport, from the place of receipt or the port of loading to the port of discharge or the place of delivery shown herein and there to be delivered unto order or assigns.<br>It required by the Carrier, this Bill of Lading duly endorsed must be surrendered in excange for the Goods or delivery order.<br>In accepting this Bill of Lading, the Merchant agrees to be bound by all the stipultions, exceptions, terms and conditions on the face and back hereof, whether written, typed, stamped or printed, as fully as if signed by the Merchant, any local custom or privilege to the contrary notwishtanding, and agrees that all agreements or freight engagements for and in connection with carriage of the Goods are superseded by this Bill of Lading.<br>In witness whereof, the undersigned, on behalf of Korea Marine Transport Co., Ltd; the Master and the owner of the Vessel, has signed the number of Bill(s) of Lading stated under, all of this tenor and date, one of which being accomplished, the others to stand void. |
| ③ Notify Party | |
| ④ Pre-carriage by / ⑦ Place of Receipt | (Terms continued on back here of) |
| ⑤ Ocean Vessel / ⑧ Voyage No. | ⑪ Flag / ⑬ Place of Delivery |
| ⑥ Port of Loading / ⑨ Port of Discharge | ⑫ Final Destination |

| ⑭ Container No. | ⑮ Seal No.; Marks & Nos. | ⑯ No. of Containers or P'kgs. | ⑰ Description of Goods | ⑱ Gross Weight | ⑲ Measurement |
|---|---|---|---|---|---|
| | | | | | |

⑳ Total Number of Containers or Packages (in words)

ORIGINAL

| ㉑ Freight & Charges | ㉒ Revenue Tons | ㉓ Rate | ㉔ Per | ㉕ Prepaid | ㉖ Collect |
|---|---|---|---|---|---|
| | | | | | |

| ㉗ Freight Prepaid at | ㉙ Freight Payable at | ㉛ Place of Issue |
|---|---|---|
| ㉘ Total Prepaid in | ㉚ No. of Original B/L | ㉜ Date of Issue |

Laden on Board the Vessel

㉟ Korea Marine Transport Co., Ltd.
By _____

㉝ Date
㉞ By

As Carrier

## 任务二　办理集装箱公路运输业务

### 学习任务书

| 项 目 | 任 务 和 结 论 |
|---|---|
| 学习目标 | 掌握集装箱公路运输业务<br>能正确使用公路集装箱运单 |
| 情境描述 | 有一批服装,纸箱装运 $80\times60\times50(cm)$,每箱装货 50kg,共 110 箱。从南京××服装生产厂家,南京市××路××号,运至上海××买家,上海市××路××号。要求根据货物信息,选择正确的集装箱型号和集卡,并设计其装箱作业,及公路集装箱运输作业流程 |
| 感知 | 挂车　　　　　　　　　　集卡 |
| 任务 | 设计并分角色演示公路集装箱运输业务程序 |

### 一、公路集装箱运输业务

集装箱多式联运是现代运输发展的必然趋势,而公路运输以其灵活机动、快速直达的优势,在集装箱多式联运中成为典型工艺流程的第一个和最后一个环节。公路运输既能独立构成运输系统,完成货物运输的全过程,又是衔接铁路、水运、航空等运输方式,为之集散货物的重要环节。

目前公路集装箱运输企业承担的主要业务有以下几方面。

(1) 海上国际集装箱由港口向内陆腹地的延伸运输、中转运输,以及在内陆中转站进行的集装箱交接、堆存、拆装、清洗、维修和集装箱货物仓储、分发等作业。

(2) 国内铁路集装箱由车站至收、发货人仓库、车间、堆场间的门到门运输及代理货物的拆装箱作业。

（3）沿海、内河国内水运集装箱由港口向腹地的延伸运输、中转运输或货主间的短途门到门运输。

（4）城市之间干线公路直达的集装箱运输。

（5）内陆与港澳之间及其他边境口岸出入国境的集装箱运输、接驳运输以及大陆桥运输。

## 二、公路集装箱货源组织

开展公路集装箱运输的前提条件是存在对公路集装箱运输的需求,即有相应的公路集装箱货源,因此公路集装箱运输企业应重视集装箱货源的组织工作,采取各种方式争取更多的集装箱货源。

合同运输是集装箱公路运输的主要货源组织形式。这种方式由船公司、货运代理或货主直接与公路集装箱运输企业签订合同,确定其公路运输任务。根据货源大小、合同期限的长短,还可以分为临时托运和长期合同关系。临时托运通常是小批量的、无特殊要求的集装箱货物运输,主要由一些短期的、临时的客户托运。这是公路运输企业组织货物的一个不可缺少的来源,往往也是承托双方建立长期合同关系的基础。

计划调拨运输是公路集装箱运输企业获得货源的另一种方式,即由货运代理公司或配载中心统一受理口岸进出口的集装箱货源,根据各公路运输企业的车型、运力以及货源对口情况,统一调拨运输计划。计划调拨运输对公路集装箱运输的运力调整和结构调整起着指导作用。

## 三、公路集装箱运输货运流程

按照公路集装箱运输服务的对象分,其业务内容及生产作业主要有两类:一是与其他运输方式联合,提供门到门运输或内陆集疏运服务;另一类是公路干线集装箱直达运输业务。

（一）进出口国际集装箱集疏运业务

这类业务又可以根据干线运输工具的不同分为公海联运港口集疏运业务、公铁联运上下站接取送达业务以及公路与航空运输衔接的接取送达业务。这里以公海联运港口集疏运业务为例,分析其作业流程。

**1. 出口集装箱进港发送作业流程**

（1）接受托运人或其代理人提出的集装箱出口托运申请。

（2）汇总托运申请,编制运输计划,并据此向货代和船公司联系提取空箱。

（3）将集装箱出口运输通知单和提箱单交集装箱码头,提取空箱,办理集装箱设备交接。

（4）将空箱连同铅封一起送至托运人工厂/仓库,或货运站(若为拼箱业务,则自托运人工厂或仓库将拼箱货接运至货运站,准备装箱)。

（5）货物装箱加封后,将集装箱送至码头,准备装船,并办理设备交接和货物交接手续。

(6) 将已签署的设备交接单等单据交还托运人。

**2. 进口集装箱出港送达作业流程**

(1) 接受货主或其代理提出的集装箱进口托运申请。

(2) 汇总托运申请,编制运输计划,并据此向货代和船公司联系提取重箱。

(3) 凭提货单和设备交接单到指定堆场提取重箱,并办理设备交接手续。

(4) 整箱货集装箱运送至收货人工厂或仓库拆箱;拼箱货集装箱运至货运站拆箱。

(5) 拆箱后将持设备交接单将空箱送至指定还箱堆场,办理还箱业务。

(6) 将设备交接单送还收货人。

(二) 公路干线集装箱直达运输业务作业流程

(1) 接受托运人或其代理提出的货物运输申请。

(2) 审核托运单填写内容与货物实际情况是否相符,检查包装,过秤量方,粘贴标签、标志。

(3) 按有关规定向托运人核收运杂费、附加费。

(4) 按照零担运输作业程序核对装箱,当场进行铅封并编制装箱单。

(5) 按班期将集装箱货物运送到对方站,凭铅封进行交接,明确相互责任。

(6) 到达站将货物从集装箱内掏出,并通知收货人在规定时间内将货物提走。

### 四、公路集装箱运输单证

道路货物运单是道路货物运输合同的凭证,是运输经营者接受货物并在运输期间负责保管和据以交付的凭证,也是记录车辆运行和行业统计的原始凭证。道路货物运单分为甲、乙、丙 3 种,其中乙种运单适用于集装箱汽车运输,见表 4-3-3。

乙种道路货物运单一式四联:第一联存根,作为领购新运单和行业统计的凭据;第二联托运人存查联,交托运人存查并作为运输合同当事人一方保存;第三联承运人存查联,交承运人存查并作为运输合同当事人另一方保存;第四联随货同行联,作为载货通行和核算运杂费的凭证,货物运达经收货人签收后,作为交付货物的依据。

承、托运人要按照运单内容逐项如实填写,不得简化和涂改。已签订年、季、月度或批量运输合同的,必须在运单"托运人签章或运输合同编号"栏中注明合同编号,由托运人签章。批次运输任务完成或运输合同履行后,凭运单核算运杂费,或将随货同行联汇总后转填到合同中,由托运人审核签字后核算运杂费。

道路货物运单由省级道路运政管理机关统一印制,由地(市)级以上道路运政管理机关负责发放和管理。道路货物运输和货运代理经营者必须到注册所在地指定的道路运政管理机关领用运单。非营业性运输经营者从事一次性营业运输,由当地道路运政管理机关核发运单。运单必须交旧领新,经营者凭"道路货物运单领购证",按要求交回已汇总统计的旧运单存根,批量领用新运单,旧运单存根经审核签章后退还经营者。每年度运单全部回缴,回缴时间为次年 1 月 1 日至 20 日。

## 表 4-3-3 道路货物运单

### ××省道路货物运单

(乙种：适用集装箱汽车运输)

编号：××X000001

本运单经承托双方签章后具有合同效力，承运人与托运人、收货人之间的权利义务和责任界限适用于《集装箱汽车运输规则》及《集装箱汽车运价规则》等规定。

| 起运日期 | 年 月 日 | | | |
|---|---|---|---|---|
| 承运人 | | 地址邮编 | | 电话传真 |
| 托运人 | | 地址邮编 | | 电话传真 |
| 收货人 | | 地址邮编 | | 电话传真 |
| 集装箱型及数量 | 箱号 | 封志号 | 船名 | 航次 |
| 箱内货物名称及规格 | 包装形式 | 件数 | 实际重量(t) | 计费重量(t) | 车牌号 | 运输证号 | 挂车牌号 |
| | 体积 长×宽×高(cm) | | | 计费里程(km) | 接卸货地点 | 卸船或进港日期 | 箱货交接方式 |
| | | | | 箱运周转量(箱·km) | 卸箱货地点 | 货物等级 | 保价保险 |
| 合计 | | | | | 场站货位 | 运价率 | 金额 |
| | | | | | 提空箱地 | 运费金额 | 还空箱地 |
| 货物运单签订地 | | 结算方式 | 付款币种 计价单位 | 运杂费合计 | 车型 | 其他杂费 费目 金额 | |
| | | | | | | 装卸费 | |
| | | | | | | 过路费 | |
| | | | | | | 过桥费 | |
| | | | | | 万 千 百 拾 元 角 分 | | |
| 特约事项 | | 托运人签章或运输合同编号 | | | 承运人签章 | 收货人签章 | |
| | | 年 月 日 | | | 年 月 日 | 年 月 日 | |

说明：运单一式四联，第一联存根，第二联托运人存查联，第三联承运人存查联，第四联随货同行联。

## ★ 课堂活动

| 项　目 | 活动内容与结论 |
|---|---|
| 查一查 | 了解本地区公路集装箱货源状况 |
| 结论 |  |
| 实训 | 根据学习任务书分组实训 |
| 结论 | 1. 装箱方案设计 |
| | 2. 用箱量和集卡类型选择 |
| | 3. 缮制道路货物运单,完成表4-3-3 |
| | 4. 设计公路集装箱运输作业流程,并整理成流程图形式 |
| | 5. 演示相关作业流程 |

# 任务三　办理集装箱铁路运输业务

## 学习任务书

| 项　目 | 任　务　和　结　论 |
|---|---|
| 学习目标 | 掌握集装箱铁路运输业务<br>能正确使用铁路集装箱运单 |
| 情境描述 | 伊利牛奶20ft集装箱装运,从内蒙古呼和浩特市加工厂运到南京××仓库,采用铁路运输,要求为其设计铁路集装箱运输流程 |
| 感知 | 铁路集装箱办理站 |
| 任务 | 设计并分角色演示铁路集装箱运输业务程序 |

## 一、开展铁路集装箱运输的条件

集装箱运输最早起源于铁路,我国的集装箱运输也是从铁路开始的,初期主要采用敞车、通用平车作为集装箱运输的车辆,之后随着运量增加,开始专用车辆的研制和生产。

在集装箱使用方面,我国铁路从1955年开始使用木铁合制的2.5t集装箱,1974年开始生产1t铁制箱,1977年开始生产5t箱,1986年研制10t箱,并于1986年购买了20ft国际标准箱。从目前来看,20ft和40ft国际标准箱已成为铁路主流集装箱箱型。

开展铁路集装箱运输应具备以下条件。

### 1. 有适于铁路集装箱运输的货物

集装箱货源是开展铁路集装箱运输的先决条件。原国家经贸委和铁道部共同确定的适箱货物主要有家电类、仪器仪表类、小型机械类等13大类。

**2. 集装箱应符合标准**

铁路运输使用的集装箱应符合铁道部标准、国家标准和国际标准。目前铁路集装箱运输中越来越多地使用了20ft和40ft的标准箱,箱型也由原来的普通干货箱向冷藏箱、液体箱等特种箱拓展。

**3. 符合一批办理的条件**

铁路集装箱货物按一批办理的具体要求如下:

(1) 集装箱货物的托运人、收货人、发站、到站和装卸地点相同。

(2) 是同一吨位的集装箱。

(3) 最少1箱,最多不能超过1辆货车所能装载的箱数。

集装箱货物具有以下情形的,不能作为同一批办理托运。

(1) 分别使用铁路集装箱和自备集装箱。

(2) 易腐货物与非易腐货物。

(3) 危险货物与非危险货物。

(4) 根据货物的性质不能混装运输的。

(5) 按保价运输的货物与不按保价运输货物。

**4. 在集装箱办理站间运输**

在我国的铁路站点中只有部分具有办理集装箱运输的能力,且处理能力也有差异。各种吨位的集装箱只能在办理相应吨位的集装箱办理站间运输。例如,40ft集装箱不能装运到只办理20ft集装箱的办理站,否则就无法交付,影响收货人提取货物。

## 二、铁路集装箱运输业务流程

**1. 托运受理**

托运人向车站提出货物运输申请,填写货物运单和运单副本。车站接到运单后应审核整车货物的申请是否有批准的月度和日要车计划,检查货物运单上各项内容的填写是否正确。

如确认可以承运,在运单上登记货物应进入车站的日期或装车日期,表示受理托运。

**2. 进行集装箱货物集配计划**

受理车站的集配货运员根据掌握的全部受理运单的到站去向和数量、本站可用空箱和待交箱数量、待装车/箱和残存箱的方向和数量以及站外集散站的集装箱等资料,作出配装计划。集配计划完成后,及时通知托运人和承运货运员,以便托运人安排车辆组织进货,货运员做好承运准备工作。

**3. 货物装箱**

1) 整箱货装箱

整箱货的装箱可在站内完成,也可以在站外完成。若在站内装箱,托运人按车站指定的进货日期将货物运至车站,外勤货运员指定拨配空箱,由托运人自己组织装箱,装箱完毕后施封;站外装箱一般先由托运人根据车站指定的取箱日期将空箱运到本单位组织装箱,并在施封后将重箱送到车站。

无论在何处装箱,托运人接到外勤货运员拨配的空箱后,一定要检查集装箱是否有破损、装置是否完好。箱内货物的数量和质量由托运人负责,因此施封必须由托运人自己进行，承运人不得接受代为施封的委托。

2）拼箱货装箱

拼箱货是将若干个不同托运人托运到同一铁路到站的零担货物装箱运输。目前对于铁路拼箱货物有铁路拼箱和集散站拼箱两种作业形式。

铁路拼箱按零担货物收取运费，但必须另收拼箱费用。货物的装、拆箱以及货物受理和交付均由铁路负责，因此货物运单、领货凭证和货票等运输单证上要加盖"铁路拼箱"戳记。同一箱内货物的所有票据应封入"铁路集装箱拼箱货运票据封套"中。

集装箱集散站是设立在铁路车站之外，具备库场和装卸、搬运设备的企业。集散站拼箱是集散站使用铁路集装箱或部分自备集装箱，由集散站面对货主，办理承运和交付，将同一到站不同收货人的货物拼装于一个集装箱内，向铁路按整箱办理运输。

### 4. 承运

托运人在指定日期将集装箱货物送至车站指定的地点，铁路核查货物运单的记载与实物的情况，无误的在运单上加盖承运日期戳，即为承运。铁路向托运人核收运费。

### 5. 装车运输

1t箱主要使用棚车装运，可以和普通零担货物混装，但不得与其他货物混装。其他集装箱主要使用敞车装运，不得和其他货物混装于一车。

### 6. 国际铁路联运货物在国境站的交接

国境站除办理一般车站的事务外，还办理国际铁路联运货物、车辆与邻国铁路的交接，货物的换装或更换轮对，票据文件的翻译及货物运送费用的计算与复核等工作。国际铁路联运货物在国境站的交接还涉及海关、货代等部门，他们在国际联运交接所内联合办公，实行流水作业。

国际铁路联运集装箱货物在国境站的交接程序如下：

（1）国境站接到国内前方站的列车到达预报，立即通知国际联运交接所，做好交接的准备工作。

（2）列车进站后由铁路会同海关接车，海关负责对列车监管和检查。未经海关许可列车不准移动、解体或调离，车上人员亦不得离开。

（3）交接所内各单位各司其责，完成货物的出境手续。

（4）相邻两国国境站办理货物、车辆、单证的交接手续并签署交接文件。

### 7. 到达交付

集装箱货物运抵到站后，到站应在不迟于集装箱卸车后的次日用电话等方式向收货人发出催领通知，货运员在货票上记载通知的时间和方法。事实上，货物承运后，托运人就应及时将领货凭证寄交收货人，收货人应主动向到站联系领取货物，这是到货通知的主要手段。

收货人在到站领取货物时，必须出示本人的身份证和领货凭证。到站应仔细核对运单和领货凭证，无误后向收货人交付货物。收货人在货票上盖章或签字，到站将收货人的身份证明文件号码记载在货票上。

对到达的货物，收货人有义务及时将货物搬出，铁路有义务提供一定的免费留置期限，以便收货人安排搬运工具、办理仓储手续等，一般为2天。超过期限，收货人应向铁路支付延期使用费或货物暂存费。

若货物在站内掏箱,收货人应于领取的当日内掏完;在站外掏箱时,收货人应于领取的次日将该空箱送回。

## 三、国际铁路集装箱联运

国际铁路集装箱联运是一种在两个或两个以上国家之间进行铁路集装箱货物运输时,只使用一份统一的国际联运票据,由一国铁路向另一国铁路移交货物时无需托运人、收货人参加的运输方式。国际铁路集装箱联运手续简便,从发站至到站,无论经过几个国家,全程运输使用一张运单办理。货物在国境站换装或直通过轨运输时,无需托运人参加和重新办理托运手续,免除了国境站重新填制票据、核收运费、办理车皮计划等手续,方便了货主,加速了货物运送。

国际铁路联运依靠各国铁路间的合作完成。目前国家间的铁路合作组织主要有三个。一个是总部设在尼泊尔、由国家作为成员的国际铁路货物运输中央局;二是总部设在华沙的东欧国家铁路合作组织;三是总部设在巴黎、具有民间性质的国际铁路联盟。这些国际组织的主要任务是发展和协调国际铁路联运,共同解决运输中存在的经济、技术、商务及法律等方面的问题,制定有关国际公约。我国在1956年加入了铁路合作组织,于1976年加入了国际铁路联盟。

1890年欧洲各国代表在瑞士伯尔尼举行会议,通过了有关铁路联运问题的国际公约,即《伯尔尼公约》,该公约于1893年实施,1924年更名为《国际铁路货物运送公约》,简称《国际货约》。目前加入该公约的国家有德国、意大利、比利时等33个国家。1951年由苏联、阿尔巴尼亚、匈牙利、民主德国、波兰、保加利亚、罗马尼亚、捷克斯洛伐克等国铁路签订了《国际铁路货物联运协定》,简称《国际货协》。中国、朝鲜、越南、古巴、蒙古、匈牙利、德国、波兰、保加利亚、罗马尼亚、捷克、斯洛伐克等26个国家参加了《国际货协》。

## 四、铁路集装箱运输单证

(一)铁路集装箱货物运单(表4-3-4)

铁路集装箱货物运单是铁路与托运人之间为完成货物运输而填制的具有运输合同性质的一种单据。如果在运输过程中发生货运事故或运输费用计算错误,运单就是处理铁路与托运人、收货人之间责任的依据。

铁路集装箱货物运单一式两联:第一联为"货物运单",托运人填制后交发站,随货同行至到站,领货时交收货人;第二联是"领货凭证",托运人填制后寄交收货人,收货人领货时交到站。

(二)货票(表4-3-5)

货票是铁路填制的供财务统计使用的票据。在发站是铁路向托运人核收运费的收款收据;在到站是收货人办理交付手续的一种凭证;在铁路内部是清算运输费用、统计铁路完成货运工作量、运输收入以及有关货运方面指标的依据。

货票一式四联。甲联由发站存查;乙联由发站寄交发局;丙联由发站交给发货人作报销凭证;丁联由发站将它与运单一起随货递至到站,由到站存查。承运货物时,发站必须在运单上记明本批货物的货票号码,将货票丙联连同运单第二联交托运人。

## （三）《国际货协》运单（表4-3-6）

《国际货协》运单一式五联：第一联，运单正本，随货同行至到站，连同第五联和货物一起交收货人；第二联，运行保单，随货同行至到站，到站留存；第三联，运单副本，运输合同签订后交托运人；第四联，货物交付单，随货同行至到站，到站留存；第五联，货物到达通知单，随货同行至到站，连同第一联和货物一起交收货人。

《国际货协》运单既是铁路承运货物的凭证，也是铁路在终点站向收货人核收运杂费和点交货物的依据。运单不是物权收据，不能转让。托运人必须将货物运输全程中为履行运输合同和海关以及其他规章所需的文件牢固地附在运单上，并将文件和份数记入运单"托运人添附的文件"栏内。所附单据必须和货物运单一并交到国境站，不得邮寄。货物在国境站办理报关手续，由托运人委托外运公司或其他代理人代为办理。

★ **课堂活动**

| 项 目 | 活动内容与结论 |
|---|---|
| 查一查 | 选择一个铁路集装箱中心站，了解其规模、业务状况等信息 |
| 结论 | |
| 实训 | 根据"学习任务书"的要求分组实训 |
| 结论 | 设计该批货物集装箱运输作业流程 |
| | 演示该批货物集装箱运输作业流程 |

表4-3-4 铁路集装箱货物运单

## 中铁集装箱运输有限责任公司
## 集装箱货物运单

托运人→发站→到站→收货人

| 货物指定于 年 月 日搬入 | | | | | | | | 承运人/托运人装车 |
| --- | --- | --- | --- | --- | --- | --- | --- | --- |
| 货位： | | | | | | | | 货票号码： |
| 运输期限 日 | | | | | | | | |
| 发 站 | | 到站（局） | | | 车种车号 | | | |
| 到站所属省（市）自治区 | | | | | 运输方式 | 国内运输 □ | 班列运输 □ | 海铁联运 □ |
| 发货地点 | | 交货地点 | | | | 站到站 □ | 站到门 □ |
| | | | | | | 门到站 □ | 门到门 □ |
| 托运人 | 名称 | | 电话 | | | | | |
| | 地址 | | 邮编 | E-mail | | | | |
| 收货人 | 名称 | | 电话 | | | | | |
| | 地址 | | 邮编 | E-mail | | | | |
| 货物品名 | 集装箱箱型 | 集装箱箱类 | 集装箱数量 | 集装箱号码 | 施封号码 | 托运人确定重量（千克） | 承运人确定重量（千克） | 运输费用 |
| | | | | | | | | |
| | | | | | | | | |
| | | | | | | | | |
| 合 计 | | | | | | | | |
| 托运人记事项： | | 添附文件： | | | 货物价格： | | 承运人记载事项： | |

| 托运人盖章签字 | | 承运 | | 交付 |
| --- | --- | --- | --- | --- |
| 年 月 日 | | 日期戳 | | 日期戳 |

注：本运单不作为收款凭证。
"托运人、收货人须知"见背面。

表 4-3-5　货票

××铁路局

计划号码或运输号码　　　　　　　货　票　　　　　　　　乙　联
货物运到期限　　日　　　　　　发站至发局　　　　　　　A00001

| 发站 | | 到站(局) | | 车种车号 | | 货车标重 | | 承运人/托运人装车 | |
|---|---|---|---|---|---|---|---|---|---|
| 托运人 | 名称 | | | 施封号码 | | | | 承运人/托运人装车 | |
| | 住址 | | 电话 | 铁路货车篷布号码 | | | | | |
| 收货人 | 名称 | | | 集装箱号码 | | | | | |
| | 住址 | | 电话 | 经由 | | | | 运价 | |
| 货物名称 | 件数 | 包装 | 货物重量（千克） | | 计费重量 | 运价号 | 运价率 | 现付 | |
| | | | 托运人确定 | 承运人确定 | | | | 费别 | 金额 |
| | | | | | | | | 运费 | |
| | | | | | | | | 装费 | |
| | | | | | | | | 取送车费 | |
| | | | | | | | | 过秤费 | |
| 合计 | | | | | | | | | |
| 记事 | | | | | | | | 合计 | |

规格:270×185mm

发站承运日期戳

经办人盖章

表 4-3-6 《国际货协》运单

## 任务四　办理航空集装运输业务

**学习任务书**

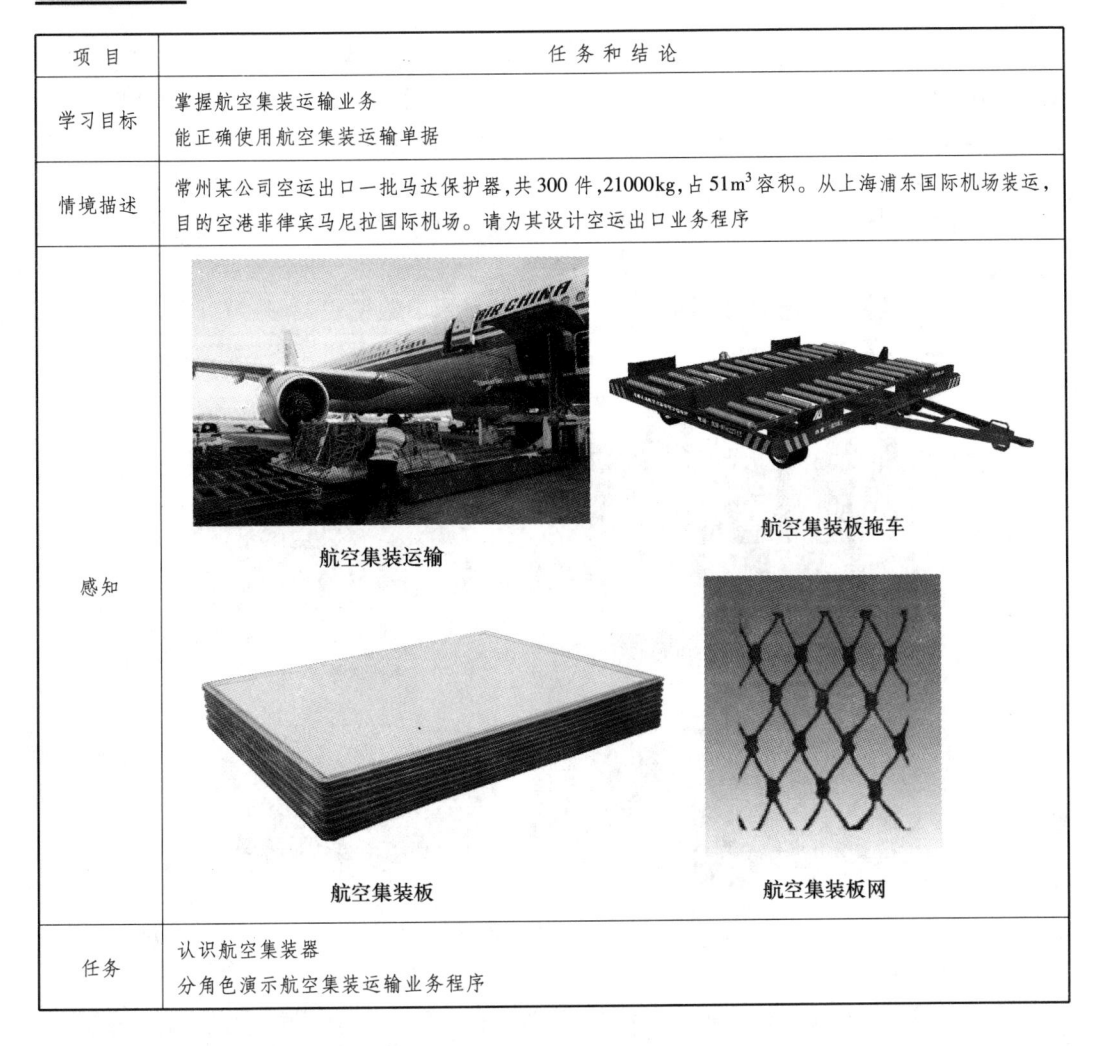

| 项　目 | 任　务　和　结　论 |
|---|---|
| 学习目标 | 掌握航空集装运输业务<br>能正确使用航空集装运输单据 |
| 情境描述 | 常州某公司空运出口一批马达保护器，共 300 件，21000kg，占 51m³ 容积。从上海浦东国际机场装运，目的空港菲律宾马尼拉国际机场。请为其设计空运出口业务程序 |
| 感知 | 航空集装运输<br>航空集装板拖车<br>航空集装板<br>航空集装板网 |
| 任务 | 认识航空集装器<br>分角色演示航空集装运输业务程序 |

## 一、航空集装运输方式

民用航空集装运输是将适宜的货物、邮件装在航空集装器内，采用民用飞机装载集装器运输的一种流通方式。作为一种现代化程度较高的运输方式，航空集装运输与其他运输方式相比，具有安全性高、通行便利、运送速度快、节省货物仓储费用等特点。虽然航空集装运输价格比较高，但是它的周转快、货损少、包装仓储费用省的这些优点适应了现代国际贸易对货物供给的要求，因此航空集装运输在国际货物运输中的地位越来越重要。

（一）航空集装器

开展航空集装运输必须有航空集装运输货源，以及适合航空运输的集装设备。
航空集装器按用途分为集装板、集装箱和辅助器材。

## 1. 集装板

集装板是具有标准尺寸的,四边带有卡销轨或网带卡销限,中间夹层为硬铝合金制成的平板,以使货物在其上码放。集装板需要用网套把货物固定在集装板上,网套是靠专门的卡锁装置来固定的。

## 2. 集装箱

航空集装箱是指在飞机的底舱与主舱中使用的一种专用集装箱。国际航空协会(International Air Transport Association,IATA)将航空运输中使用的集装箱称为"成组器"(Unit Load Device,ULD)。"成组器"分为航空用成组器和非航空用成组器两种。航空用成组器是装载在飞机内与固定装置直接接触,不用辅助器就能固定的装置,可以看成是飞机的一部分;非航空用成组器是不满足航空用成组器条件的成组器,可以用叉式装卸车进行装卸。

各种航空集装设备外形如图4-3-7所示,其技术参数见表4-3-7。

图4-3-7 航空集装器

## 3. 辅助器材

集装器辅助器材包括集装板网、系留货物用的锁扣、带、钢索、垫货用的垫板、托盘等。

表4-3-7 航空集装器技术参数表

| 序号 | 航空集装器 | 技术参数 ||
|---|---|---|---|
| 1 | | 集装器类型 | AAU |
| | | ATA 代码 | LD29 |
| | | 集装器容量 | 505 cu. ft.  14.3 mc |
| | | 集装器重量 | 355 kg |
| | | 集装器最高可容重量[包括集装箱重] | 4626 kg |
| | | 集装器适载机型 | 747,747F |

项目四
集装箱运输承运人业务操作

(续)

| 序号 | 航空集装器 | 技术参数 | |
|---|---|---|---|
| 2 | 79" 201cm / 60.4" 154cm / 64" 163cm / 61.5" 156cm | 集装器类型 | AKE |
| | | ATA 代码 | LD3 |
| | | 集装器容量 | 152 cu. Ft  4.3mc |
| | | 集装器重量 | 100 kg |
| | | 集装器最高可容重量[包括集装箱重] | 1588 kg |
| | | 集装器适载机型 | 747,747F,777,AirBus |
| 3 | 160" 407cm / 60.4" 154cm / 64" 163cm / 22" 56cm / 125" 318cm | 集装器类型 | ALF |
| | | ATA 代码 | LD6 |
| | | 集装器容量 | 310 cu. ft.   8.78 mc |
| | | 集装器重量 | 155 kg |
| | | 集装器最高可容重量[包括集装箱重] | 3175 kg |
| | | 集装器适载机型 | 747,747F,777,AirBus |
| 4 | 96" 244cm / 96" 244cm / 125" 318cm | 集装器类型 | AMA |
| | | ATA 代码 | M1 |
| | | 集装器容量 | 621 cu. ft.   17.58mc |
| | | 集装器重量 | 360 kg |
| | | 集装器最高可容重量[包括集装箱重] | 6804 kg |
| | | 集装器适载机型 | 747F |
| 5 | 160" 407cm / 96" 244cm / 64" 163cm / 22" 56cm / 125" 318cm | 集装器类型 | AMF |
| | | ATA 代码 | n/a |
| | | 集装器容量 | 516 cu. ft.   14.6 mc |
| | | 集装器重量 | 330 kg |
| | | 集装器最高可容重量[包括集装箱重] | 5035 kg |
| | | 集装器适载机型 | 747,747F,777,AirBus |

(续)

| 序号 | 航空集装器 | 技术参数 | |
|---|---|---|---|
| 6 |  | 冷藏集装器类型 | RAP |
|  |  | ATA 代码 | LD9 |
|  |  | 冷藏集装器容量 | 352 cu. ft., 9.2mc |
|  |  | 冷藏集装器重量 | 330 kg |
|  |  | 冷藏集装器最高可容重量[包括集装箱重] | 4626 kg |
|  |  | 冷藏集装器适载机型 | 747,747F,777,AirBus |
| 7 |  | 冷藏集装器类型 | RKN |
|  |  | ATA 代码 | LD3 |
|  |  | 冷藏集装器容量 | 125.41 cu. ft.,3.55 mc |
|  |  | 冷藏集装器重量 | 190 kg |
|  |  | 冷藏集装器最高可容重量[包括集装箱重] | 1588 kg |
|  |  | 冷藏集装器适载机型 | 747,747F,777,AirBus |

航空用集装器在尺寸、结构和容积等方面与其他运输方式使用的集装箱有所不同。空运集装器不受海运和其他装卸作业的影响,不需要角结构。为了避免飞机的损伤和减轻集装器重量,航空集装器和国际航空协会批准的成组货载装置、弯顶、低底板的集装器都比国际标准集装箱要轻得多,以追求最大化的装载质量。航空集装器一般都采用铝合金或玻璃钢等材料制作,货网的编织袋主要采用耐火的尼龙材料制作。为了充分利用货舱容积,以及避免因碰撞或摩擦造成飞机损伤,一般将航空用集装器的上部做成圆顶结构,使之能与飞机机体相应部分的形状一致。

因此,传统航空用集装器和国际标准箱很难互换使用。随着科学技术的发展和联运的需要,这一状况正在逐步改善。目前,已有适用于空、陆、水联运的集装箱,其箱体上加注空陆水联运集装箱标记;一些新型宽体机也已被设计成可以装载20ft标准箱的形式,航空集装运输有了进一步发展。

**4. 航空集装器编号**

每个集装器都有 IATA(国际航空运输协会)编号,编号由九位字母与数字组成,例如:AKE12032MU。其常用的代码含义如下:

第一位:集装器的种类码。

(1)"A"代表经适航审定的集装箱。

(2)"D"代表未经适航审定的集装箱。

(3)"P"有证书集装板。

(4)"R"有热制造证书集装箱。

(5)"U"无结构拱型盖板。

第二位：底板尺寸码。
(1)"K"或"V"代表底面尺寸为1534mm×1562mm。
(2)"P"代表底面尺寸为1534mm×1194mm。
(3)"A"或"I(1)"代表底面尺寸为2240mm×3180mm。
(4)"G"或"7"代表底面尺寸为2440mm×6060mm。
(5)"L"代表底面尺寸为1530mm×3180mm。
(6)"M"或"Q(6)"代表底面尺寸为2440mm×3180mm。
(7)"Q"代表底面尺寸为1530mm×2440mm。
第三位：箱外形、与机舱相容性码(为适配代码)。
(1)"E"适配于宽体机型的底舱，无叉槽。
(2)"N"适配于宽体机型的底舱，有叉槽。
常见的航空集装箱有AKE、AKN、DPE和DPN几种类型。
第四位~第七位：集装器序号码，由各航空公司对其所拥有的集装器进行编号。
第九位：校验码，为序列号除以七的余数。
第十位：注册号码(字母表示)，一般为航空公司的ITAT二字代码。

(二)航空集装货运方式

航空集装货物运输的方式主要有班机运输、包机运输、集中托运、急件传递几种。

**1. 班机运输**

班机运输是在固定航线上飞行的航班，它有固定的始发站、途经站和目的站。一般航空公司都使用客货混合机型组织班机货运，其货舱舱容有限，不适于大批量的货物运输。

**2. 包机运输**

包机运输又分整机包机和部分包机两种。

整机包机是由航空公司按照事先约定的条件和费用将整机租给承租人，从一个或几个航空站将货物运至指定的目的地，适合于运送大批量的货物。

部分包机是由几家货运代理公司或托运人联合包租一架飞机，或者由包机公司把一架飞机的舱位分别租给几家空运代理公司。

办理包机至少需在发运前一个月与航空公司洽谈，并签订协议，以便航空公司安排运力办理包机过境、入境、着陆等有关手续。

**3. 集中托运**

集中托运由空运代理公司将若干单独托运人的货物集中起来组成一整批货物，向航空公司托运到同一到站，货到国外后，由到站地的空运代理办理收货、报关，并分拨给各个实际收货人。

集装托运可以将货物送达机场以外的地方，因而延伸了航空公司的服务，也方便了货主。托运人在将货物交与航空货运代理后，即可取得货物分运单，即可到银行办理结汇。集中托运已成为目前国际航空货运中普遍采用的运输方式。

**4. 急件传递**

与一般的航空邮寄和航空货运不同，它是由专门经营这项业务的公司与航空公司合作，设专人用最快的速度在货主、机场、用户之间进行传递。传递公司收到托运人委托后，用最快速度将货物送往机场，赶装最快航班，随即用电传将航班号、货名、收货人及地址通知国外代理接货;航班抵达后,国外代理提取货物,随即送收货人。这种方式又称为"桌至桌"(Desk to Desk)运输。

## 二、航空集装运输业务流程

### 1. 发货人订舱

托运人申请订舱,填制"国际货物委托书",并加盖公章,作为发货人委托航空代理人承办航空货运出口业务的依据。

### 2. 配舱、订舱

航空货运代理人接受并审核发货人提供的有关单证,计算货物件数、重量、体积等信息,按照货物类型,以及航空公司不同机型对板箱重量和高度的要求,制定配舱方案。

航空货运代理人按照预配舱方案向航空公司订舱。

### 3. 预审舱单

预审舱单包括预审国际货物订舱单、预审总货舱位、预审货邮舱位、预审行李舱位。国际货物订舱单(CBA)由国际吨控室开具,作为配载人员进行配载工作的依据。

(1)根据CBA了解旅客人数、货邮订舱情况、有无特殊货物等信息,掌握经停航班前后站的旅客人数、舱位利用等情况。

(2)估计本航班可利用的最大货邮业载和舱位(货邮业载 = 总货舱位 - 行李舱位)。

(3)预划平衡,找出有无超订情况,与吨控部门及时联系。

### 4. 接受订舱

(1)航空公司业务。货代订舱后,航空公司签发舱位确认书,同时签发集装箱领取凭证。

(2)货代业务。

① 接受货主货物,并向货主出具分运单。

② 为货物贴航空公司标签和分标签。

③ 领取集装箱/板。

④ 货物装箱后运抵出口口岸空港。

### 5. 过磅入库

(1)航空公司检查货物箱/板组装情况、高度等是否符合规定。

(2)将货物过磅,轻泡货查验体积。

(3)接受货物入库,出具航空总运单。

### 6. 货物出港

(1)货物装机出港。

(2)航空公司制作整理平衡交接单、舱单等单证。

(3)做好货物跟踪。

### 7. 卸货入库

航空公司将货物从起运地机场运至目的地机场,将集装货物从飞机货舱内卸下、搬运至机场货运站内指定的位置,经核对航空货运单与集装货物齐备无误后,将集装货物存放在货运站临时库区里。

**8. 到货通知**

(1) 航空公司在运单上加盖或书写到达航班的航班号和日期。

(2) 航空货运代理人发出提货通知。

**9. 理货与仓储**

(1) 航空货运代理人从航空公司提取货物后，将货物暂存在自己的监管仓库。

(2) 向货主发出提货通知。

**10. 报关提货**

(1) 办理货物关检手续后，拆箱、分拨。

(2) 收货人结清相关费用后提取货物。

**11. 还箱**

拆箱、拆组后的装货设备由航空货运代理人回运至指定的存放地点，并办理装货设备交接手续。

## 三、航空集装运输单证

### （一）航空运单

航空集装货物运输单证主要有航空运单、航空分运单等。

航空运单又称总运单，由航空公司向航空货运代理人签发。总运单一式三联：正本和若干副本。第一联正本交托运人，作为承运人承运货物的收据；第二联承运人留存，作为记账凭证；第三联随货同行，到目的地交收货人，作为核收货物的依据。

航空分运单是航空货运代理人接受货主订舱时，以自己的名义签发给货物的单证，目的地货运代理人凭航空分运单与货主办理交付手续。

航空运单的样式见表4-3-8。

### （二）集装器控制单

集装器控制单是借用方向航空公司（航空承运人）租用、借用、互用及退还集装器进行统一管理的书面凭证，凡有上述行为时均应填写。当集装器发生损坏、丢失、未能按规定时间退还时，集装器控制单是被借方向借用方收取费用和要求赔偿的依据。发生集装器交接时，无论装货与否，均应填写集装器控制单。

集装器控制单一式四联：第一联，交集装器所属公司的集装器管理部门存档；第二联，交借用或接受集装器的航空公司、货运代理人、货主；第三联，交填写集装器控制单的部门（被借方或转交方）存档；第四联，交集装器借用方（货运代理人、货主）。

航空集装器的样式见表4-3-9。

### （三）集装器不正常使用报告单

集装器不正常使用报告单是对所有不正常集装器进行记录和统计，向当事人提出警告或索赔的书面凭证，也是集装器管理人员对进港、出港、存场、航空公司或货运代理人退还集装器状况进行检查、统计，加强集装器管理的依据。

集装器不正常使用报告单一式三联：第一联，交当事人单位或地面服务代理；第二联，交有关航站留存；第三联，交集装器管理部门存档。

集装器不正常使用报告单的样式见表4-3-10。

表 4-3-8  航空运单

| 999 | 00000002 | | 999-00000002 |
|---|---|---|---|
| Shipper's Name and Address | Shipper's Account Number | NOT NEGOTIABLE **AIR Waybill** | |
| | | Copies 1, 2 and 3 of this Air Waybill are originals and have the same validity | |
| Consignee's Name and Address | Consignee's Account Number | It is agreed that the goods described herein are accepted in apparent good order and condition(except as noted) for carriage SUBJECT TO THE CONDITIONS OF CONTRACT ON THE REVERSE HEREOF. ALL GOODS MAY BE CARRIED BY ANY OTHER MEANS INCLUDING ROAD OR ANY OTHER CARRIER UNLESS SPECIFIC CONTRARY INSTRUCTIONS ARE GIVEN HEREON BY THE SHIPPER,AND SHIPPER AGREES THAT THE SHIPMENT MAY BE CARRIED VIA INTERMENDIATE STOPPING PLACES WHICH THE CARRIER DEEMS APPROPRIATE.THE SHIPPER'S ATTENTION IS DRAWN TO THE NOTICE CONCERNING CARRIER'S LIMITATION OF LIABILITY.Shipper may increase such limitation of liability by declaring a higher value for carriage and paying a supplemental charge if required. | |
| Issuing Carrier's Agent Name and City | | Accounting Information | |
| Agent's IATA Code | Account NO. | | |
| Airport of Departure (Addr. of First Carrier) and Requested Routing | | | |

| TO | By First Carrier | Routing and Destination | to | by | to | by | Currency | CHGS Code | WT/VAL PPD COLL | Other PPD COLL | Declared Value for Carriage | Declared Value for Customs |

| Airport of Destination | Flight/Date | Amount of Insurance | INSURANCE— if carrier offers insurance,and such insurance is requested in accordance with the conditons thereof,indicate amount to be insured in figures in box marked "amount of Insurance". |

Handling Information

| NO of Pieces RCP | Gross Weight KG/lb | Rate Class Commodity item No. | Chargeable Weight | Rate/Charge | Total | Nature and Quantity of Goods (incl Dimensions or Volume) |

| Prepaid | Weight Charge | Collect | Other Charges |
| Valuation Charge | | |
| Tax | | |
| Total other Charges Due Agent | | Shipper certifies that the particulars on the face hereof are correct and that insofar as any part of the consignment contains dangerous goods,such part is properly described by name and is in proper condition for carriage by air according to the applicable Dangerous Good Regulation. |
| Total other Charges Due Carrier | | |
| | | Signature of Shipper or his Agent |
| Total Prepaid 777.03 | Total Collect | 2010-05-08 Santiagos |
| Currency Conversion Rates | CC Charges in Dest Currency | Executed oh(date)    at(place)    Signature of Issuing Carrier or its Agent |
| For Carrier's Use only at Destination | Charges at Destination | Total Collect Charges |
| | | 999-00000002 |

ORIGINAL 3 (FOR SHIPPER)

表 4-3-9 集装器控制单

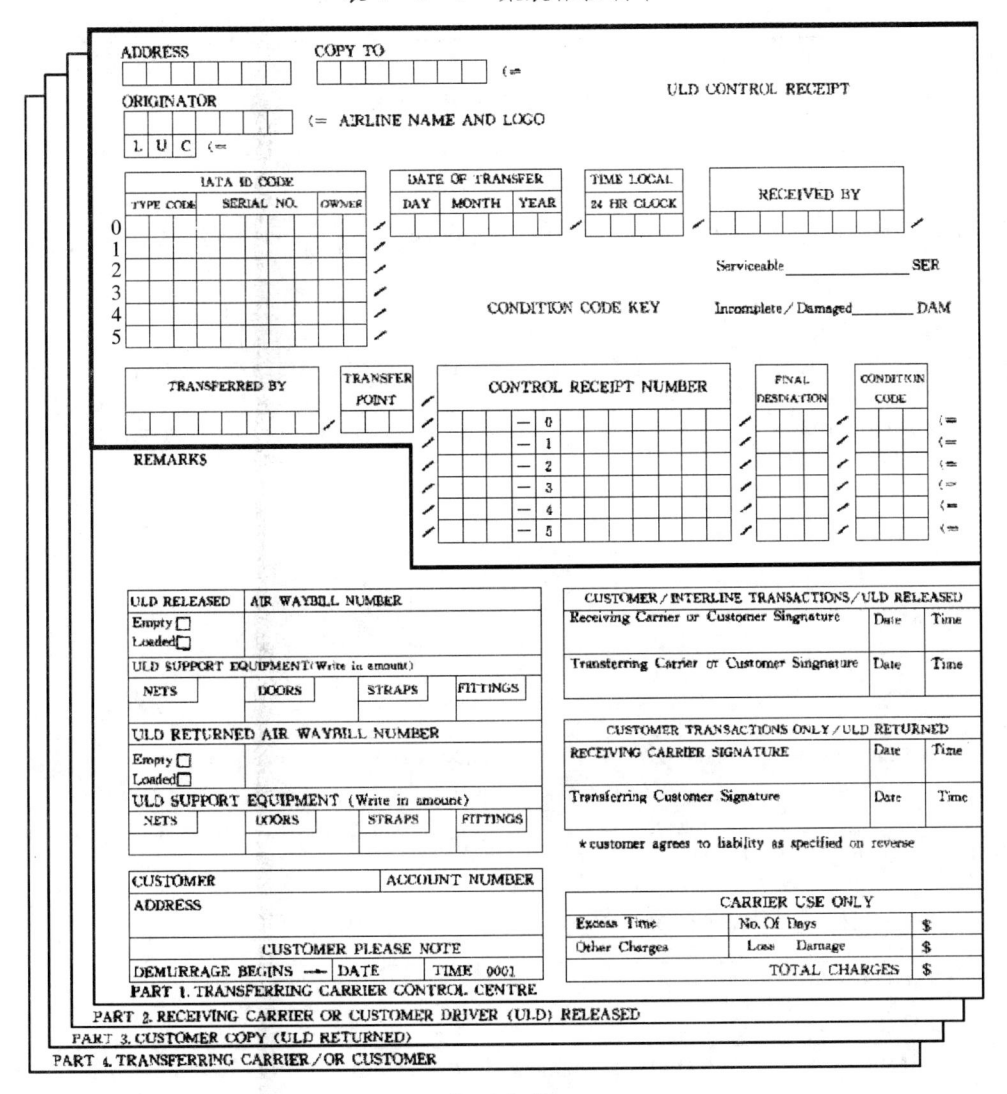

## 背面条款

### LIABILITY FOR LOSS OR DAMAGE

The use and possession of a carrier-owned unit load device is subject to applicable tariffs in effect as of the date hereof which are filed in accordance with the law. In particular, the consignor or the consignee shall be liable for demurrage if the unit load device is held in excess of the time specified in the applicable tariff; the consignor or the consignee shall be liable for damage sustained by a unit load device while in the use and possession of the consignor or consignee; the consignor or the consignee shall be liable for a non-return penalty as specified in the applicable tariff.

### 丢失或损坏的责任

使用或占有承运人所属的集装器自签字生效之日起，应根据有关规定支付适当费用。特别是如果集装器的使用超过了所属人规定的时间，发货人或收货人也有责任按适当收费标准支付滞期费；集装器在发货人或收货人使用或占有期间遭受损坏，发货人或收货人也应承担责任；根据一定收费标准对未能归还集装器的一方给予处罚，发货人或收货人应负全部责任。

表 4-3-10　集装器不正常使用报告单

| Airline Name And Logo | ULD IRREGULARITY REPORT (UIR) | | |
|---|---|---|---|
| TO: | TYPE OF IRREGULARITY | | STN FILE NO |
| FROM: | DAMAGE ☐　LOSS ☐　OTHERS ☐ | | DATE OF REPORT |
| ULD ID CODE & SERIAL NO | | | REF MESSAGE |
| WHERE THE IRREGULARITY OCCURRED/FOUND | WHEN THE IRREGULARITY OCCURRED/FOUND | | |
| CAUSE OF IRRF/GULARITY | DETAILS OF DAMAGE (ATTACH PHOTO, IF NECFSSARY) | | |
| WITNESS'S SIGNATURE | DAMAGED BY | FIRM | ADDRESS |
| DISPOSITION OF DAMAGED ULD ☐ RETURNED TO　☐ DISCARDED AT _____ AP　☐ OTHERS _____ | | | |
| WILL CLAIM BE AVAILABLE? ☐ YES,TO: _____　_____ NO, REASON: _____ | | | |
| ATTACHMENT ☐ PHOTOGRAPHS ☐ OTHERS | PREPARED BY | SIGNATURE OF ULD ADMINISTRATOR | SIGNATURE OF MANAGER |
| REMARKS | | | |

Copy 3 for ULD Control Center

★ **课堂活动**

| 项　目 | 活动内容与结论 |
|---|---|
| 查一查 | 航空集装容器除了航空集装箱还有集装板等,试通过网络等,收集相关资料 |
| 实训 | 根据"学习指导书"的要求分组实训,设计该批货物航空集装运输作业流程,并演示该批货物集装箱运输作业流程 |

## 任务五  集装箱多式联运

### 学习任务书

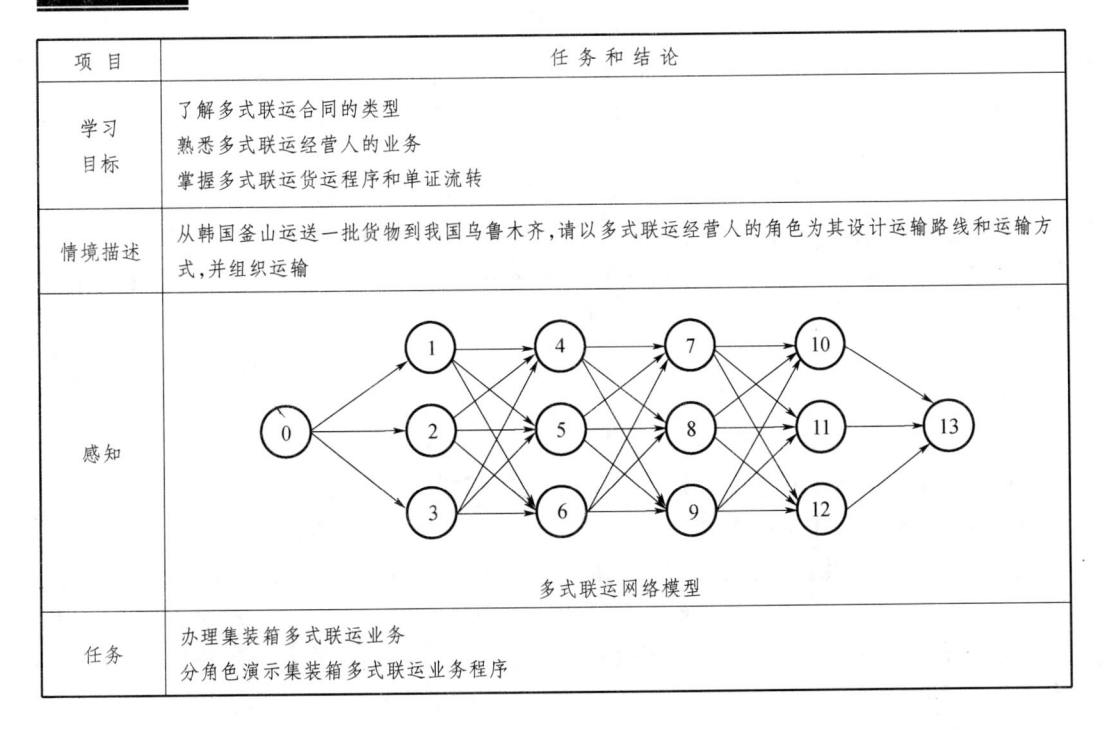

| 项目 | 任务和结论 |
|---|---|
| 学习目标 | 了解多式联运合同的类型<br>熟悉多式联运经营人的业务<br>掌握多式联运货运程序和单证流转 |
| 情境描述 | 从韩国釜山运送一批货物到我国乌鲁木齐，请以多式联运经营人的角色为其设计运输路线和运输方式，并组织运输 |
| 感知 | 多式联运网络模型 |
| 任务 | 办理集装箱多式联运业务<br>分角色演示集装箱多式联运业务程序 |

### 一、集装箱多式联运业务概述

国际贸易中，货物从最初的发货地（工厂/仓库）到最终目的地，可能要经过多个不同的运输阶段。传统运输方式下，整个运输过程由多个承运人接力完成，货方要与各段承运人分别签订运输合同，最终实现全程运输。这种情况下，货方不仅在备货方面要花费精力，而且在货物运输问题上也要付出很多精力。而货方对运输线路，以及承运人的运输能力和服务缺乏了解，因此，在整个运输组织中，不可避免地存在费时、费力等不合理运输。

多式联运一词最早出现在1929年《华沙公约》中，1980年通过的《联合国国际货物多式联运公约》给出多式联运定义：按照多式联运合同，以至少两种不同的运输方式，由多式联运经营人将货物从一国境内接管货物的地点运至另一国境内指定交付货物的地点。

集装箱多式联运将不同的运输方式有机地结合在一起构成了连续的一体化货物运输方式。发货人一次托运、一次付费，就可以以一张运单完成全程运输，承运人对承运货物全程负责、统一理赔。这种运作方式极大地方便了货主。同时，由于多式联运承运人要组织全程运输，因此他可以最大限度发挥自身优势，选择最佳运输路径，实现合理化运输。

在国际集装箱多式联运中，货物的具体运输仍由海、陆、空等传统单一运输方式完成，但国际集装箱多式联运并不是传统单一运输方式的简单叠加，必须满足相应条件。

### 1. 是不同国家之间的货物运输

多式联运可以分为国际多式联运和国内多式联运,国际多式联运的全过程跨越了不同的国家或地区,这不仅与国内多式联运相区别,更重要的是涉及国际运输法规的适用问题。

### 2. 采用两种或两种以上不同运输方式完成全程运输

国际集装箱多式联运必须选择和采用两种或两种以上不同的运输方式(水路、公路、铁路、航空)来完成全程运输任务。这样才可以发挥各种运输方式的优势,做到扬长避短、优势互补,通过对各种运输方式进行优化,实现各种运输方式的最佳组合,以达到国际货物安全、快速、准时送达以及提高运输效率、降低运输成本的目的。

### 3. 采用一次托运、一次付费、一单到底、全程负责、统一理赔的运输业务模式

在单一运输方式下,要完成货物从卖方到买方的全程运输,货主要签订多份运输合同,在各运输方式转换地点还要安排人员代为办理货物的交接、换装业务和有关手续。一旦货物在运输过程中发生灭失或损毁,货主必须自己向发生该损失的各区段的运输经营人分别索赔。

在多式联运业务中,货主只需要办理一次托运,订立一份运输合同,多式联运经营人对全程运输负责。货主只需要一份运输单证,向多式联运经营人支付一次全程运费即可。货物一旦在运输过程中遭受损失,也由多式联运经营人统一处理货主索赔。

### 4. 由多式联运经营人承担或组织完成全程运输任务,对全程运输负责

在国际集装箱多式联运业务下,货物运输过程的一切事项均由联运经营人负责办理。货主只需要在最初启运地向多式联运经营人办理一次托运手续,签订一份运输合同,由多式联运经营人组织全程运输,对全程运输负责。无论货物在运输过程中的哪一区段发生了灭失或损毁,货主都可以向多式联运经营人提出索赔。

该多式联运经营人对于货主而言,不仅是订立多式联运合同的当事人,也是多式联运单证的签发人;而该多式联运经营人在履行多式联运合同的同时,又可以将部分或全部实际运输任务委托给各区段的其他承运人完成,由多式联运经营人与各区段实际承运人签订分运输合同,分运输合同的承运人与货主之间不存在任何合同关系。

### 5. 签订多式联运合同

多式联运合同是货主与多式联运经营人之间签订的,该合同是确定多式联运经营人与货主之间权利、义务、责任关系的依据,也是区分多式联运与单一运输方式的主要依据。

### ★ 课堂活动

| 项目 | 活动内容与结论 |
|---|---|
| 试一试 | 从韩国釜山运送一批货物到我国乌鲁木齐,试为其设计运输路线和方式,说明其中签订了哪些运输合同以及合同双方当事人? |
| 结论 | |

## 二、集装箱多式联运组织方式

多式联运就其组织体制来说,可以分为协作式多式联运和衔接式多式联运两大类。

### (一)协作式多式联运

协作式多式联运的组织者是在各级政府主管部门协调下,由参加多式联运的各种运输方式的企业和中转站共同组成联运办公室。货物全程运输计划由联运办公室制定。发货人根据货物运输的实际需要向联运办公室提出托运申请,并按月申报整批货物要车、要船计划,联运办公室根据多式联运线路及各运输企业的实际情况制定货物运输计划,把该计划批复给托运人并转发给各运输企业和中转港站。发货人根据计划安排向多式联运第一程的运输企业提出申请,并填写联运货物托运委托书,第1程运输企业接受货物后经双方签字,多式联运合同即告成立。第1程运输企业组织并完成自己承担区段的货物运输至下一区段衔接地,直接将货物交给中转港站,经换装后由下一程运输企业继续运输,直至最终目的地,由最后一程运输企业向收货人交付。

在前后程运输企业之间,以及港站与运输企业之间交接货物时,需填写货物运输交接单和中转交接单,作为货物交接和费用结算的依据。联运办公室负责按全程费率向托运人收取运费,然后按各企业之间商定的比例向各运输企业及港站清算。

协作式多式联运组织模型如图4-3-8所示。

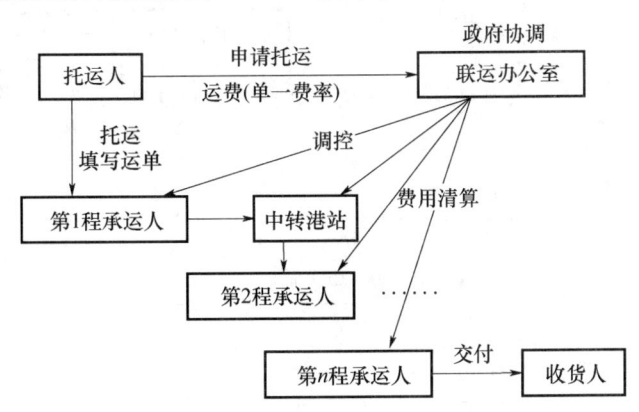

图4-3-8 协作式多式联运组织模型

协作式多式联运组织方式是建立在统一计划、统一技术作业标准、统一运行时间表和统一考核标准的基础上的。这种组织方式又称为"货主直接托运制",是国内多式联运,尤其是大宗、稳定、重要物资多式联运的主要组织方式。

### (二)衔接式多式联运

衔接式多式联运由多式联运经营人组织。多式联运经营人受理发货人提出的托运申请,双方订立货物全程运输的多式联运合同,并在合同的指定地点办理货物的交接,由多式联运经营人签发多式联运单据。接受托运后,多式联运经营人首先要选择货物的运输路线,划分运输区段,确定中转和换装的地点,选择各区段的实际承运人,确定货物集运方案,制定全程运输计划,并把计划转发给各中转衔接地点的分支机构或代理人。之后,多式联运经营人根据计划与各实际承运人分别订立货物运输合同。全程各运段间的衔接由多式联运经营人完成。多式联运经营人负责从前程运输实际承运人处接受货物,再向后程承运人交接,在最终目的地从最后一程实际承运人手中接受货物后再向收货人交付。

在与发货人订立多式联运合同后,多式联运经营人根据双方协议,按全程单一费率收取全程运费和各类服务费、保险费等费用。在与各区段实际承运人订立各分运合同时,多式联运经营人需向各实际承运人支付相关费用。在各衔接地委托代理人完成衔接业务时,也需要向代理人支付委托代理费用。

衔接式多式联运组织模型如图4-3-9所示。

衔接式多式联运组织方式又称为"运输承包发运制",是国际多式联运中采用的主要组织方式,在国内也越来越多地被采用。

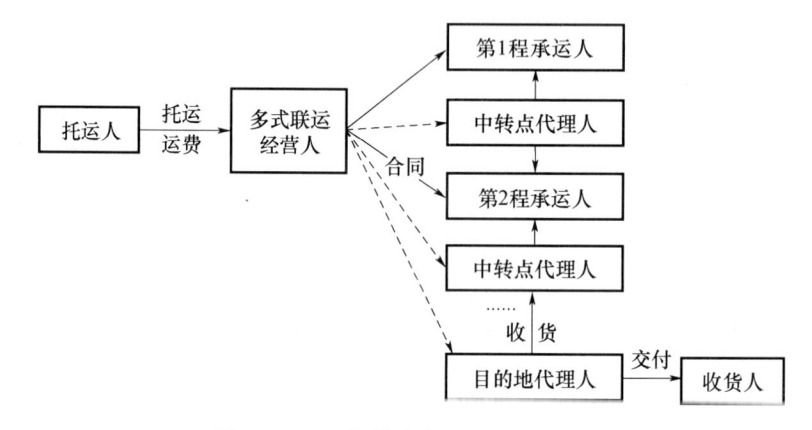

图4-3-9 衔接式多式联运组织模型

★ **课堂活动**

| 项 目 | 活动内容与结论 |
|---|---|
| 查一查 | 查找资料,说明协作式和衔接式多式联运组织方式的区别 |
| 结论 |  |

## 三、集装箱多式联运经营人

在国际集装箱多式联运中,多式联运经营人发挥着关键作用。《多式联运公约》对多式联运经营人(Multi-modal Transport Operator, MTO)的定义是:"其本人或通过其代表订立多式联运合同的任何人,他是当事人,而不是托运人的代理人或代表,或参加多式联运的承运人的代理人或代表,并且负有履行合同的责任。"

这一定义说明了以下含义。

(1) 多式联运经营人以本人名义与托运人订立多式联运合同,是多式联运合同中的承运人,因此他要对全程运输负责,负责完成或组织完成全程运输。

(2) 可以以本人身份参加多式联运全程运输中的某一个或几个区段的实际运输。此时,他作为这些区段的实际承运人,对该区段的货物运输负责。

(3) 可以以本人名义与自己不承担运输的区段的实际承运人订立分运合同,以完成其他区段的运输。在这类合同中,多式联运经营人既是托运人,也是收货人。

(4) 以本人名义与各中转点的代理人订立委托合同,以完成在该点的衔接及其他服务工作。在该类合同中,多式联运经营人是委托人。

(5) 以本人名义与多式联运所涉及的各方面订立相应合同。在这些合同中,多式联运经营人作为货方出现。

由此可见,在多式联运中,多式联运经营人的身份具有多重性。

(一) 多式联运经营人应具备的条件

根据上述对多式联运经营人的理解可见,必须具备一定的条件才有能力开展多式联运业务。这些条件主要体现在以下几个方面。

**1. 技术能力**

多式联运经营人必须建立自己的多式联运网络,才有能力满足不同货主对货物运输的不同需求。从理论上讲,多式联运线路应当遍及全球,从任何一个国家的任何地点到另一国家的任一地点,但事实上各经营人即使实力再强也无法做到。开展多式联运业务的公司大多是在尽可能广泛地承办货主委托的前提下,重点做好几条联运线路。

此外,多式联运经营人还必须拥有起码的信息处理和信息传递设施设备,并且与相关集装箱货运站、堆场、租箱公司等签订长期的场地及设备使用协议,才能完成货物运输任务。

**2. 有完成全程运输的组织能力**

一般来说,多式联运经营人不会自己完成货物的全程运输,一些多式联运经营人甚至将全程运输都交给其他承运人完成,自己不实际承担任何一个区段的运输,这就要求多式联运经营人有将这些承运人组织起来,顺利、高效地完成运输交接的能力。因此多式联运经营人在其各条运输线路上要有完整的业务网络。该网络可以由其分支机构、代表和代理人构成,他们要形成一个具有国际运输知识、经验和能力的专业队伍。多式联运经营人还必须有对这些人员和业务进行管理的组织机构。

**3. 有完成全程运输、对全程运输负责的经济能力**

多式联运经营人必须具有开展业务所需的流动资金,而且其制定的单一费率应能够弥补其经营成本支出。同时,多式联运经营人对运输过程发生的货物灭失、损害和延误应当负责,因此应当具备足够的赔偿能力。

根据国际多式联运的特点,借鉴国外的经验并结合我国的实际情况,交通部、铁道部联合发布的《国际集装箱多式联运管理规则》于1997年月10月1日起施行。在这个规则中规定了在我国申请经营多式联运业务的企业应具备的条件。

(1) 具有中华人民共和国企业法人资格。

(2) 具有与从事多式联运业务相适应的组织机构、固定的营业场所、必要的经营设施和相应的管理人员。

（3）该企业具有3年以上国际货物运输或代理经历，有相应的国内、国外代理。

（4）注册资金不低于人民币1000万元，并有良好的资信。每增设一个经营性的分支机构，应当增加注册资金人民币100万元。

（5）符合国家法律、法规规定的其他条件。

### （二）无船承运人

无船承运人（Non－Vessel Operating Common Carrier，NVOCC），在美国《租船及海运术语词典》中的解释为："不拥有或不经营船舶，为承运第三人的货物而与航运公司签订合同的人或公司，通常为货运代理人，一般由他向货主签发分提单"。我国《海商法大辞典》的解释为："不拥有船舶而从事海上货物运输的人"。

该术语第一次正式出现于法律条文中，是美国1998年的《航运改革法》，该法将"无船公共承运人"与"远洋货运代理人"共同列为"远洋运输中介人"。"无船公共承运人"是指不经营用以提供远洋运输服务的船舶的公共承运人，对于远洋公共承运人而言他是托运人。我国无船承运人的概念首次出现在2001年12月5日国务院颁布的《中华人民共和国国际海运条例》中。该条例第七条所涉及的无船承运业务经营者即通常所说的无船承运人。根据该条规定，无船承运人是指以承运人身份接受托运人的货载，签发自己的提单或其他运输单证，向托运人收取运费，通过国际船舶运输经营者完成国际海上货物运输，承担承运人责任的人。即明确无船承运人的身份与承运人相同，承担的是与承运人相同的责任。

**1. 无船承运人的业务**

无船承运主要是要完成国际海上货物运输业务，同时还包括为完成国际海上运输业务所展开的其他活动，包括：

（1）以承运人身份与托运人订立国际货物运输合同。

（2）以承运人身份接收托运人的货载，并交付货物。

（3）签发自己的提单或其他运输单证。

（4）向托运人收取运费和其他费用。

（5）为所承运的货物向国际船舶运输经营人或其他运输方式经营人办理订舱和托运，并支付港到港运费或者其他费用。

（6）集装箱拆箱、拼箱业务。

（7）其他相关的业务。

**2. 对无船承运人的管理**

1）对无船承运人的经营资格管理

无船承运业务经营者，包括中国无船承运业务经营者和外国无船承运业务经营者。

中国无船承运业务经营者应具备的条件如下：

（1）在中国境内设立企业法人。

（2）向交通主管部门指定的账户缴纳80万元人民币保证金。

（3）向交通主管部门办理提单登记。

（4）向交通主管部门提出申请并通过审核。

中国无船承运业务经营者经主管部门审核合格，取得"无船承运业务经营资格登记证",并向原企业登记机关办理相应登记手续后,方可从事无船承运业务。

外国无船承运业务经营者是指依照外国法律设立,并依照《海运条例》和《实施细则》的相关规定,取得经营进出中国港口货物的无船承运业务资格的外国企业。外国无船承运业务经营者应具备的条件如下:

(1) 除非符合法律规定的特殊情形,也应向交通主管部门指定的中国境内账户缴纳保证金。

(2) 向交通主管部门办理提单登记。

(3) 应当在中国境内委托一个联络机构,负责代表该外国企业与中国政府有关部门进行联络,该机构应向交通部备案。

(4) 向交通主管部门提出申请并通过审核。

2) 对无船承运的业务管理

无船承运业务由国务院交通主管部门和有关的地方人民政府交通主管部门依法实施监督管理。其管理措施包括:

(1) 保证金制度。中国无船承运业务经营者应当缴纳 80 万元人民币的保证金,每设立一个分支机构还应增加 20 万元人民币的保证金;外国无船承运业务经营者按照外国法律已取得经营资格且有合法财务责任保证的,可以不再缴存保证金。

(2) 提单登记制度。无船承运业务经营者应依据规定将其使用的提单格式样本,向国务院主管部门依法进行登记以备查询。

(3) 运价备案制度。无船承运业务经营者应按照规定格式将其运价向国务院交通主管部门备案。备案的运价包括公布运价和协议运价。

(4) 专用发票制度。中国无船承运业务经营者及其分支机构在中国境内收取运费及其他相关费用,应当向付款人出具中国税务机关统一印制的国际海运业运输专用发票作为收费证明。

(5) 禁止的经营行为。无船承运业务经营者从事无船承运业务不得将依法取得的经营资格提供给他人使用;不得以低于正常、合理水平的运价提供服务,妨碍公平竞争;不得在会计账簿之外暗中给予托运人回扣,承揽货物;不得滥用优势地位,以歧视性价格或者其他限制性条件给交易对方造成损害;不得有其他损害交易对方或者国际运输市场秩序的行为。

(三) 多式联运经营人的赔偿责任

《联合国国际货物多式联运公约》规定:"多式联运经营人对货物的责任期限自接管货物之时起至交付货物时止。"由于多式联运经营人对掌管货物的责任期限负有赔偿责任,因此必须首先明确多式联运经营人赔偿的责任制。目前,多式联运经营人的责任制主要有统一责任制、网状责任制和经修正的统一责任制三种形式。

**1. 统一责任制**

统一责任制下,多式联运经营人在全程运输中使用统一的赔偿标准向货主负责。多式联运经营人在全程运输中无论货运事故发生在哪一区段,也无论事故是明显的还是隐藏的,都按统一的标准负责向货主赔偿。统一责任制的最大优点是理赔手续十分简便,只要有货损,都按一个标准进行赔偿,但在实际业务中统一责任制应用较少,主要原因是统一赔偿标准难以为多式联运经营人所接受。

## 2. 经修正的统一责任制

《联合国国际货物多式联运公约》所规定的多式联运经营人的责任制为经修正后的统一责任制，即在统一责任制的基础上作了一些修正。多式联运经营人在全程运输中对货损事故按统一赔偿标准负责向货主赔偿，但同时又规定，如果该统一赔偿标准低于实际货运事故发生区段的适用法律法规所规定的赔偿标准时，按该区段高于统一赔偿标准的标准，由多式联运经营人负责向货主赔偿。经修正后的统一责任制与统一责任制相比，更加大了多式联运经营人的赔偿责任，故实际应用更少。

## 3. 网状责任制

网状责任制下，多式联运经营人对全程运输的货物责任局限在各个运输区段的责任范围内，如果能确定货运事故区段的，则按该区段适用法律法规，由多式联运经营人负责向货主直接赔偿；如果对隐藏损害等不能确定货运事故区段的，则推定发生在海运区段，按海运区段的适用法律法规，由多式联运经营人负责向货主直接赔偿。相比较，网状责任制对多式联运经营人的赔偿责任最低，同时这种责任制无论对于多式联运经营人还是对于实际区段承运人来说，其赔偿标准却是一致的，不存在同一运输区段有两种赔偿标准的矛盾。目前世界上绝大多数国家的多式联运经营人均采用网状责任制。

各运输区段国际货运公约以及国际多式联运公约所规定的赔偿标准见表4-3-11。

表4-3-11 国际货物运输赔偿标准 （单位：SDR）

| | 公约名称 | 每件/每单位责任限额 | 毛重每千克责任限额 |
|---|---|---|---|
| 1 | 海牙规则 | 161 | |
| 2 | 维斯比规则 | 680 | 2.04 |
| 3 | 汉堡规则 | 835 | 2.50 |
| 4 | 国际公路货运公约 | | 8.33 |
| 5 | 国际铁路货运公约 | | 16.67 |
| 6 | 华沙公约 | | 17.00 |
| 7 | 多式联运公约 | 920 | 2.75（包括海上或内河运输）<br>8.33（不包括海上或内河运输） |

★ **课堂活动**

| 项目 | 活动内容与结论 |
|---|---|
| 试一试 | 试分析多式联运经营人为了开展业务可能签订的合同类型，并说明合同双方当事人 |
| 结论 | |

### 四、集装箱多式联运货运程序

国际集装箱多式联运由多式联运经营人负责组织全程运输,其运输组织形式分为协作式和衔接式。

国际集装箱多式联运货运程序分为整箱货物运输作业程序和拼箱货物运输作业程序。

(一)整箱货运程序

**1. 订立多式联运合同**

托运人根据贸易合同对运输的约定,向多式联运经营人提出托运申请。多式联运经营人根据该申请内容和自己的运输路线等情况,判断是否接受该托运申请。如果能够接受,则经与托运人议定有关事项后,在交给托运人或其代理人的场站收据副本上签章,证明接受托运申请,多式联运合同成立。

**2. 办理货物检验检疫**

对法定需要检验检疫的货物,以及贸易合同约定进行检验的项目,托运人应向商品检验检疫机关申请检验检疫,并取得商品检验检疫证明。

**3. 空箱发放、提取**

多式联运经营人签发提箱单给托运人或其代理人,由他们在规定日期到指定的堆场提箱并自行将空箱拖运到货物装箱地点,准备装货。也可以由托运人委托多式联运经营人办理从堆场到装箱地点的空箱拖运,这种情况需加收空箱拖运费。托运人提箱时需检查箱体状况,填制"集装箱设备交接单",与管箱人办理交接手续。

**4. 办理出口报关手续**

托运人或其代理人填制"出口货物报关单"并随附海关规定的单证,办理出口集装箱货物报关手续。

**5. 货物装箱**

托运人或其代理人提取空箱后在自己的工厂或仓库组织装箱,装箱应请海关派员到装箱地点监装和办理加封事宜。如需理货,还应请理货人员现场理货并与之共同制作装箱单。

**6. 货物交接,换签提单,支付预付运费**

托运人或其代理人将关封好的集装箱和有关单证交给多式联运经营人或其代理人,并核对有关单证,多式联运经营人接管集装箱货物,并应托运人的请求签发多式联运提单。如果多式联运合同约定运费预付,托运人还必须向多式联运经营人支付运输费用。

**7. 多式联运经营人组织完成货物全程运输**

多式联运经营人在合同订立之后,即应制定该合同涉及的集装箱货物的运输计划。该计划应包括货物的运输路线,区段的划分,各区段实际承运人的选择,及各区段间衔接地点的到达、起运时间等内容。多式联运经营人要按照运输计划安排各区段的运输工具,与选定的各实际承运人订立各区段的分运合同。

在接收货物后,要组织各区段实际承运人、各派出机构及代理人协调工作,完成各区段的运输及衔接工作。

货物运输过程中的海关业务,由多式联运经营人代为办理,包括货物及集装箱在进口国的通关手续、进口国内陆段保税运输手续。如果全程运输要通过其他国家,还应包括这些国家的通关及保税运输手续。

**8. 通知收货人**

货物到达目的地后,多式联运经营人的代理人向收货人发出到货通知书。收货人凭正本多式联运提单向代理换取提货单。若运费为到付,收货人应支付全部应缴款项。

**9. 办理进口报关手续**

收货人凭有关单证办理进口报关、报验等手续。

**10. 交付货物**

收货人凭已办妥的进口手续,到指定的堆场提取货物,或依据合同约定,由多式联运经营人将货物送至收货人的收货地点,办理货物交接,填写并签署交货记录。

**11. 空箱回运**

在货物掏箱后,收货人或多式联运经营人的代理人将空箱回运至指定的空箱堆场,并办理设备交接手续。

### (二) 拼箱货运程序

拼箱货物必须在发运的港口或内陆的集装箱货运站由承运人拼装箱,运抵目的地的港口或内陆的集装箱货运站后由承运人拆箱。目前,多数情况下是在起运港集装箱货运站装箱,运往目的港集装箱货运站拆箱,这属于"港到港"的海上单一运输。如果在港口腹地内陆集装箱货运站装箱,运往目的港集装箱货运站,或运往目的港内陆集装箱货运站拆箱,则可组织国际集装箱多式联运。其主要作业程序如下。

**1. 订立多式联运合同**

托运人根据贸易合同对运输的约定,向多式联运经营人提出托运申请。多式联运经营人接受申请的,就在交给托运人或其代理人的场站收据副本上签章,订立多式联运合同。

**2. 多式联运经营人接管货物,签发多式联运提单**

托运人将货物按常规方式,通过内陆运输运送到附近的集装箱货运站,与多式联运经营人或其代理人办理货物交接手续,多式联运经营人接管货物。若为预付运费,托运人向多式联运经营人支付全程运输费用后,由多式联运经营人按托运人的请求,签发多式联运提单。

**3. 办理出口报关、报验手续**

办理集装箱货物出口报关、报验手续。

**4. 货物装箱**

集装箱货运站把货物装入集装箱,并使装载于箱内的货物适航。理货公司派员到货运站理货并编制装箱理货单,记载装入箱内货物的件数、标志、包装等内容。海关对放行的集装箱进行加封,装箱人填制集装箱装箱单。

**5. 多式联运经营人组织完成货物全程运输**

拼箱货装箱启运后,其运输组织及多式联运经营人的业务与整箱货物多式联运的内容一致。

**6. 通知收货人,向收货人交付货物**

货物到达目的地后,多式联运经营人或其代理人向收货人发出到货通知。收货人凭正本多式联运提单换取提货单,在办理进口报关、报验等手续后,到指定的集装箱货运站办理掏箱、提货手续,并签署交货记录。

#### 7. 空箱回运

在货物掏箱后,集装箱货运站将空箱回运至指定的空箱堆场,并办理设备交接手续。

**★ 课堂活动**

| 项　目 | 活动内容与结论 |
| --- | --- |
| 实训 | 根据"学习指导书"的要求分组实训,设计该批货物集装箱多式联运整箱货运作业流程,并说明其中涉及的单证使用程序 |
| 结论 | |
| | 演示该批货物集装箱运输作业流程 |

# 模块四　集装箱运费计收

## 学习指导书

| 学习目标 | • 掌握集装箱运费的基本构成<br>• 掌握集装箱多式联运运费的计收方法<br>• 了解集装箱内陆运费的计费项目和计费方法 |
| --- | --- |
| 情境描述 | 南京某橱具厂家出口一批橱具,共16MT,18CBM,从上海港运到长滩港,FCL,经查,该货属于10级货。若所走航线上10级货 freight rate 为 USD160/RT,核算托运人需要支付的运输费用 |
| 工作任务 | • 核算集装箱运输费用 |

### 一、集装箱运价构成

价格形成的基础是商品的价值和市场上该种商品的供求关系。从长期来看,商品的价格应大体上符合其价值。集装箱运输企业的产品表现为集装箱或集装箱货物的位移,这种位移消耗了一定的社会必要劳动,创造了位移价值。因此集装箱运价是以其价值为基础的货币表现。

（一）运费的基本构成

由于集装箱运输打破了"港到港"交接的传统,使得承运人的运输线路增长、运输环节增多,运输成本和运输风险也较传统"港到港"的运输有很大区别。这使得集装箱运费构成不仅包括集装箱海运运费,还包括集装箱的内陆集疏运运费、堆场服务费、货运站服务费、集装箱及设备使用费和港口中转费等。

**1. 海运运费**

集装箱海运运费是海上运输区段的费用,包括集装箱海上运输基本运费、各种附加费、船边装卸费用。这是集装箱运费的主要组成部分,一般各班轮公司以运价本的形式规定。

**2. 港区服务费**

港区服务费包括集装箱码头堆场服务费和集装箱货运站服务费。

1)堆场服务费

堆场服务费又称码头服务费(THC),包括:装船港堆场接受出口整箱、堆存集装箱以及搬运至桥吊下的费用;卸船港堆场接受进口箱、搬运至堆场及堆存集装箱的费用;装卸港的单证费用等。

无论集装箱以何种方式交接,堆场服务费都是不可缺少的部分。这部分费用根据交接方式的不同,可以在装卸港分别向发货人和收货人计收,也可以在 CY – CY 条件下计入海运费中计收。

2)货运站服务费

货运站服务费是拼箱货经由货运站作业时的各种操作费用,包括提还空箱、装箱、拆箱、封箱、标记、货物在站内搬运和堆存、理货、积载、签发场站收据、装箱单、必要的分票等费用。

通常情况下,在拼箱货运业务中,可将费用划分为海运运费和拼箱服务费两大块,其中拼箱服务费是指除海运运费外,货物在货运站内、从货运站到码头堆场以及在码头堆场内发生的全部费用。

**3. 集疏运费用**

集疏运费用是指将货物从发货地运往码头堆场或由码头堆场运往交货地的费用。根据集疏运的方式不同,可以分为水路集疏运费用和内陆集疏运费用。

(二)不同交接方式下运费的构成

在不同的交接方式下,由于全程运输中包括的运输方式、运输距离、中转地点和次数都有较大区别,因此集装箱运费的构成也是不同的,拼箱货和整箱货的运费构成也不相同。

**1. 整箱门到门交接方式的全程运费结构(图 4 – 4 – 1)**

发货地集疏运费用 + 装运港码头堆场服务费 + 海运费 + 目的港码头堆场服务费 + 收货地集疏运费用

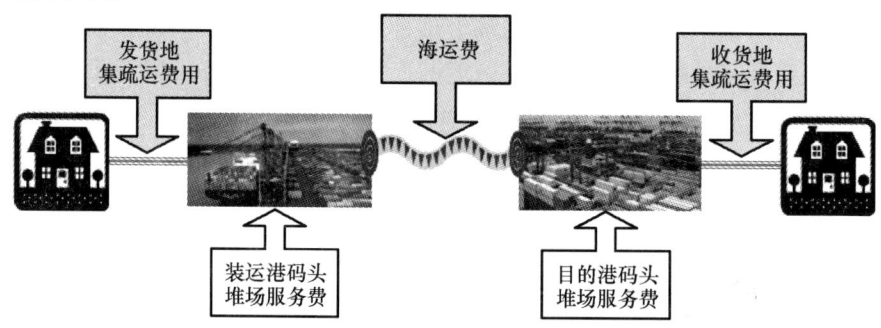

图 4 – 4 – 1 整箱门到门交接方式的全程运费示意图

## 2. 整箱场到场交接方式的全程运费结构(图4-4-2)

装运港码头堆场服务费 + 海运费 + 目的港码头堆场服务费

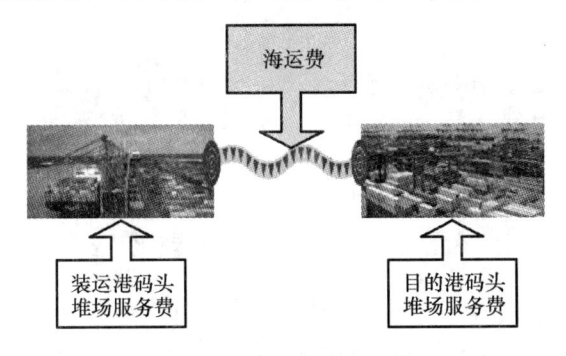

图4-4-2 整箱场到场交接方式的全程运费示意图

## 3. 整箱门到场交接方式的全程运费结构(图4-4-3)

发货地集疏运费用 + 装运港码头堆场服务费 + 海运费 + 目的港码头堆场服务费

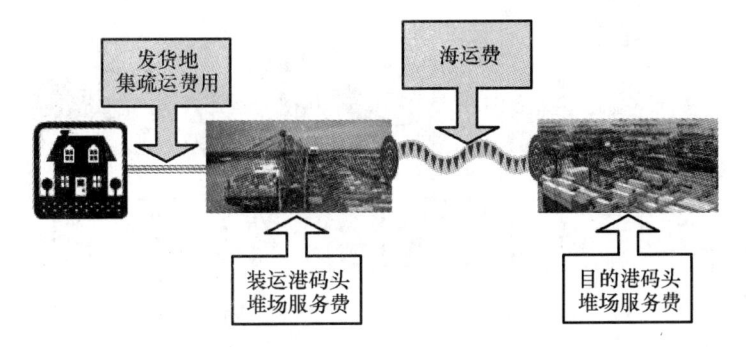

图4-4-3 整箱门到场交接方式的全程运费示意图

## 4. 整箱场到门交接方式的全程运费结构(图4-4-4)

装运港码头堆场服务费 + 海运费 + 目的港码头堆场服务费 + 收货地集疏运费用

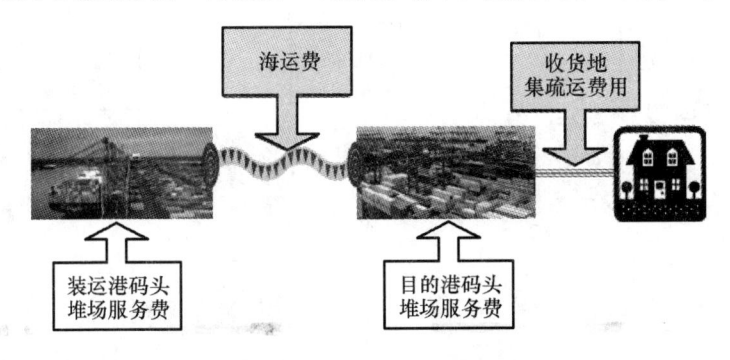

图4-4-4 整箱场到门交接方式的全程运费示意图

## 5. 拼箱站到站交接方式的全程运费结构(图4-4-5)

发货地货运站服务费 + 装运港码头堆场服务费 + 海运费 + 目的港码头堆场服务费 + 收货地货运站服务费

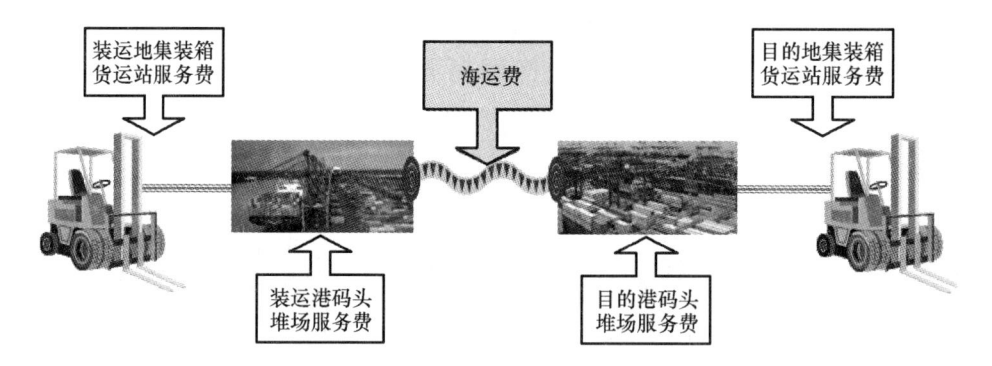

图4-4-5 拼箱站到站交接方式的全程运费示意图

### 6. 拼箱站到场交接方式的全程运费结构（图4-4-6）

发货地货运站服务费 + 装运港码头堆场服务费 + 海运费 + 目的港码头堆场服务费

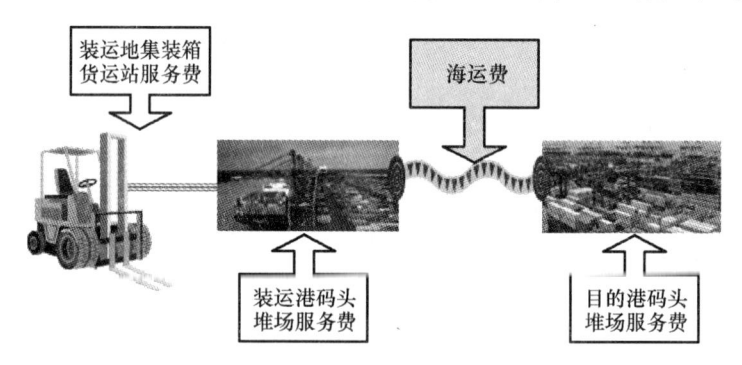

图4-4-6 拼箱站到场交接方式的全程运费示意图

### 7. 拼箱站到门交接方式的全程运费结构（图4-4-7）

发货地货运站服务费 + 装运港码头堆场服务费 + 海运费 + 目的港码头堆场服务费 + 收货地集疏运费用

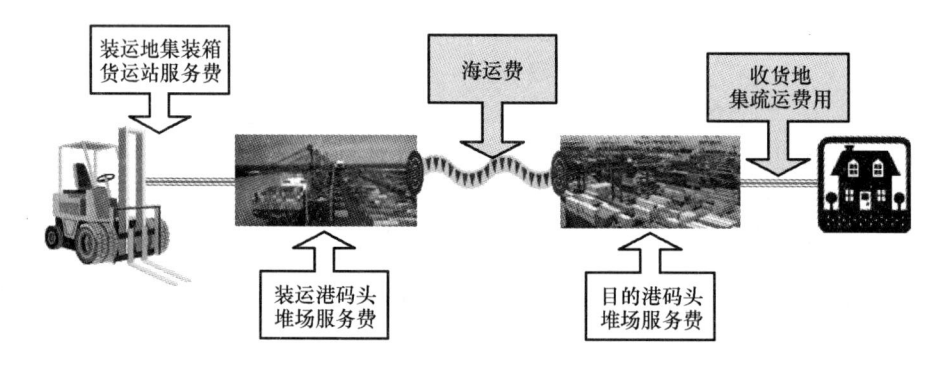

图4-4-7 拼箱站到门交接方式的全程运费示意图

### 8. 拼箱门到站交接方式的全程运费结构（图4-4-8）

发货地集疏运费用 + 装运港码头堆场服务费 + 海运费 + 目的港码头堆场服务费 + 收货地货运站服务费

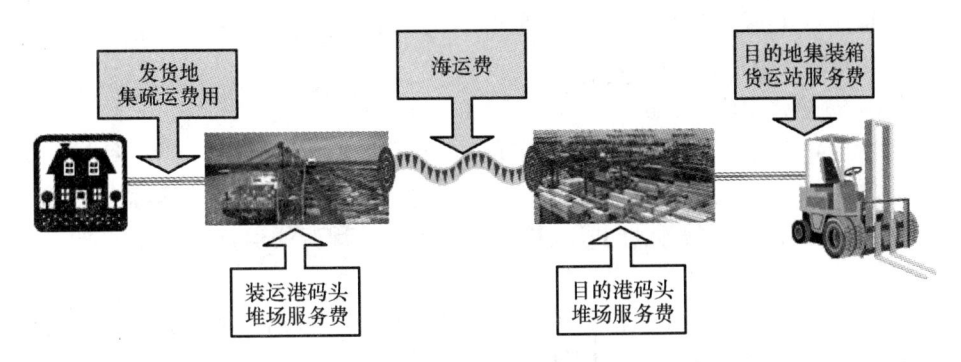

图 4-4-8　拼箱门到站交接方式的全程运费示意图

**9. 拼箱场到站交接方式的全程运费结构(图 4-4-9)**

装运港码头堆场服务费 + 海运费 + 目的港码头堆场服务费 + 收货地货运站服务费

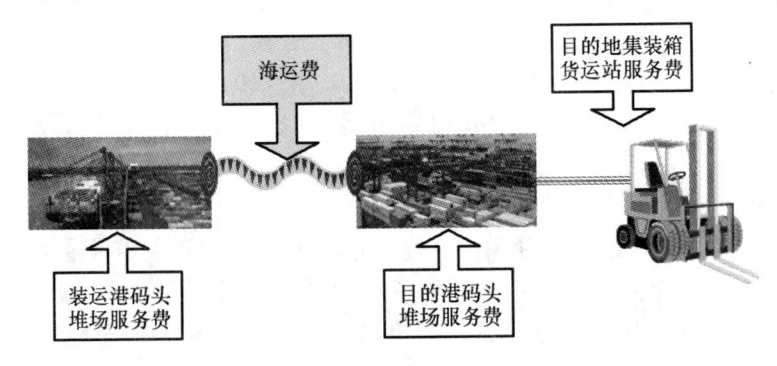

图 4-4-9　拼箱场到站交接方式的全程运费示意图

## 二、集装箱运费计算

国际集装箱海运运费的计算办法是根据费率本规定的费率和计费办法计算运费,有基本运费和附加费之分。由于集装箱货物既可以交集装箱货运站(CFS)装箱,也可以由货主自行装箱整箱托运,两者在运费计算方式上有所不同。

**1. 拼箱货海运运费的计算**

目前,各船公司对集装箱运输拼箱货运费的计算基本上是依据件杂货运费的计算标准,按所托运货物的实际运费吨计费,即尺码大的按尺码吨计费,重量大的按重量吨计费。拼箱货运费计算公式为

$$运费 = 费率 \times 运费吨 + 附加费$$

由于拼箱货涉及不同的收货人,因而拼箱货不能接受货主提出的有关选港或变更目的港的要求,所以,在拼箱货海运运费中没有选港附加费和变更目的港附加费,但要加收与集装箱有关的费用,如拼箱服务费等。

另外,对于拼箱货物,承运人要根据情况,收取起码运费。

**2. 整箱货海运运费的计算**

对于整箱托运的集装箱货物运费的计收有两种方法:一种是按实际运费吨计费,此时,货运人要按照"最低运费"和"最高运费"的支付原则支付运费;另一种,也是目前采用

较为普遍的方法是,根据集装箱的箱型,按箱计收运费,即包箱费率。包箱费率又分为货物包箱费率和均一包箱费率两种。

1) 货物包箱费率(Commodity Box Rate,CBR)

货物包箱费率是分箱型,对货物按不同种类和等级制定的。在这种费率中将普通货物分成4档20级。相较于件杂货运费率,CBR中低等级货物的集装箱运费率较高,而高等级货物的集装箱运费率较低,同等级货物中按重量吨计费的运价高于按体积吨计费的运价。

使用货物包箱费率时,先根据货名查找货物等级,然后在航线运价表中货物分级的大类、交接方式、集装箱箱型查出相应每只集装箱的运价。

2) 均一包箱费率(Freight for All Kinds,FAK)

均一包箱费率按箱型规定运费,对于普通货物不再区分箱内货物等级,对特殊货物,如危险货物、冷藏货物等,分成四种:一般化工品、半危险品、全危险品、冷藏货物。均一包箱费率是目前船公司使用最为广泛的一种运费计收方式。例如,远东—美西航线,SHA-LBG 的运费可以表示为:USD1410/1880/2065/20′/40′/HQ,其含义是:上海—长滩,一个20ft 通用柜运价 1410 美元,一个 40ft 通用柜运价 1880 美元,一个 40ft 高柜运价 2065 美元。

3) 按集装箱最低运费吨计费

当整箱托运集装箱货物,所使用的集装箱为船公司所有,且采用拼箱货的实际运费吨计费方法的情况下,船公司会对集装箱的装载利用率有 个最低要求,即"最低运费吨"。如果箱内所装货物没有达到规定的最低装箱标准,即没有达到船公司规定的最低运费吨时,其亏损部分,托运人必须支付"亏箱运费"。

规定集装箱最低运费吨的主要目的是,如果所装货物的吨数(重量或体积)没有达到规定的要求,而导致集装箱装载能力未被充分利用时,则仍按该最低运费吨计算运费,以确保承运人的利益。亏箱运费实际上就是对不足计费吨所计收的运费,即是所规定的最低计费吨与实际装载货物数量之间的差额。在计算亏箱运费时,通常是以箱内所载货物中费率最高者为计算标准。

最低运费吨可以用重量吨或体积吨来表示,在确定集装箱的最低运费吨时,通常要包括货板的重量或体积。最低运费吨的大小主要取决于集装箱的类型、尺寸和集装箱班轮公司所遵循的经营策略,也有些班轮公会的费率表中,集装箱的最低运费吨仅与集装箱的尺寸有关,而不考虑集装箱的类型。

4) 按集装箱最高运费吨计收运费

集装箱最高运费吨的含义是,当集装箱内所载货物的体积吨超过集装箱规定的容积装载能力时,运费按规定的集装箱内容积计收,也就是说超出部分免收运费。例如,通常情况下,20ft 箱的最高计费吨为 21.5$m^3$,40ft 箱的最高运费吨为 43$m^3$。至于计收的费率标准,如果箱内货物的费率等级只有一种,则按该费率计收;如果箱内装有不同等级的货物,则按费率高低,从高费率起往低费率计算,直至货物的总体积吨与规定的集装箱内容积相等为止。

需要注意的是,如果货主没有按照承运人的要求,详细申报箱内所装货物的情况,运费则按集装箱内容积计收,而且,费率按箱内装货物所适用的最高费率计算。如果箱内货物只有部分没有申报数量，那么，未申报部分运费按箱子内容积与已申报货物运费吨之差计收。

规定集装箱最高利用率的目的主要是鼓励货主使用集装箱装运货物，并能最大限度地利用集装箱的内容积。为此，在集装箱海运运费的计算中，船公司通常都为各种规格和类型的集装箱规定了一个按集装箱内容积折算的最高利用率。例如，20ft 集装箱的最高利用率为 $31m^3$，40ft 集装箱的最高利用率为 $67m^3$。

最高利用率之所以用体积吨而不用重量吨为计算单位，是因为每一集装箱都有其最大载重量，在运输中超重是不允许的。因此，在正常情况下，不应出现超重的集装箱，更谈不上鼓励超重的做法。

**3. 特殊货物集装箱海运运费的计算**

一些特殊货物，如成组货物、家具、行李及服装等在使用集装箱进行装运时，在运费的计算上有一些特别的规定。

1）成组货物

班轮公司通常对符合运价本中有关规定与要求，并按拼箱货托运的成组货物，在运费上给予一定的优惠，在计算运费时，扣除货板本身的重量或体积，但这种扣除不能超过成组货物（货物加货板）重量或体积的 10%，超出部分仍按货板上货物所适用的费率计收运费。但是，对于整箱托运的成组货物，则不能享受优惠运价，并且，整箱货的货板在计算运费时一般不扣除其重量或体积。

2）家具和行李

对装载在集装箱内的家具或行李，除组装成箱子再装入集装箱外，其他均按集装箱内容积的 100% 计收运费及其他有关费用。

3）服装

当服装以挂载方式装载在集装箱内进行运输时，承运人通常仅接受整箱货"CY－CY"的运输交接方式，并由货主提供必要的服装装箱物料，如衣架等。运费按集装箱内容积的 85% 计算。如果箱内除挂载的服装外，还装有其他货物时，服装仍按箱容的 85% 计收运费，其他货物则按实际体积计收运费。当两者的总计费体积超过箱容的 100% 时，其超出部分免收运费。在这种情况下，货主应提供经承运人同意的公证机构出具的货物计量证书。

4）回运货物

回运货物是指在卸货港或交货地卸货后的一定时间以内，由原承运人运回原装货港或发货地的货物。对于这种回运货物，承运人一般给予一定的运费优惠，比如，当货物在卸货港或交货地卸货后 6 个月内由原承运人运回原装货港或发货地，对整箱货（原箱）的回程运费按原运费的 85% 计收，拼箱货则按原运费的 90% 计收回程运费。但货物在卸货港或交货地滞留期间发生的一切费用均由申请方负担。

5）货物滞期费

在集装箱运输中，货物运抵目的地后，承运人通常给予箱内货物一定的免费堆存期（Free Time），但如果货主未在规定的免费期内前往堆场提取货箱，或去货运站提取货物，承运人则对超出的时间向货主收取滞期费，滞期费按天计收。

整箱货的免费堆存期通常从货箱卸下船时起算，拼箱货的免费堆存期从到达货运站时起算,其中不包括星期六、星期天和节假日。但一旦进入滞期时间,便连续计算,即在滞期时间内若有星期六、星期天或节假日,该星期六、星期天及节假日也应计入滞期时间。免费堆存期的长短以及滞期费的计收标准与集装箱箱型、尺寸以及港口的条件等有关,例如,冷藏箱和液体箱的免费堆存期一般为 1 天 ~ 4 天,危险箱一般不在场站内堆存等。同时这也依班轮公司而异,有时对于同一港口,不同的船公司有不同的计算方法。

根据班轮公司的规定,在货物超过免费堆存期后,承运人有权将箱货另行处理。对于使用承运人的集装箱装运的货物,承运人有权将货物从箱内卸出,存放于仓储公司仓库,由此产生的转运费、仓储费以及搬运过程中造成的事故损失费与责任均由货主承担。

6) 集装箱超期使用费

如货主所使用的集装箱和有关设备为承运人所有,而货主未能在免费使用期届满后将集装箱或有关设备归还给承运人,或送交承运人指定地点,承运人则按规定对超出时间向货主收取集装箱期使用费。逾期 41 天不交还集装箱者,可推定集装箱及其设备灭失。超期使用费计收标准见表 4-4-1。集装箱丢失和推定全损赔偿标准见表 4-4-2。

表 4-4-1 集装箱超期使用费参考标准 (单位:美元/天)

| 货箱种类 | 尺寸 | 1 天 ~ 4 天 | 5 天 ~ 7 天 | 8 天 ~ 10 天 | 11 天 ~ 20 天 | 21 天 ~ 40 天 | 41 天以上 |
|---|---|---|---|---|---|---|---|
| 干货箱 | 20′ | 免费 | 免费 | 免费 | 5.00/天 | 10.00/天 | 20.00/天 |
| | 40′ | 免费 | 免费 | 免费 | 10.00/天 | 20.00/天 | 40.00/天 |
| 开顶箱 框架箱 | 20′ | 免费 | 免费 | 8.00/天 | 15.00/天 | 15.00/天 | 30.00/天 |
| | 40′ | 免费 | 免费 | 16.00/天 | 30.00/天 | 30.00/天 | 60.00/天 |
| 冷藏箱、罐箱等特殊用途箱 | 20′ | 免费 | 20.00/天 | 20.00/天 | 35.00/天 | 70.00/天 | 70.00/天 |
| | 40′ | 免费 | 40.00/天 | 40.00/天 | 70.00/天 | 140.00/天 | 140.00/天 |

表 4-4-2 集装箱丢失和推定全损赔偿标准 (单位:美元)

| 货箱种类 | 尺寸 | 集装箱价格 | 年折旧率/% | 最低赔偿额 |
|---|---|---|---|---|
| 干货箱 | 20′ | 3200.00 | 5 | 1280.00 |
| | 40′ | 4300.00 | 5 | 1720.00 |
| 超高箱 | 20′ | 4000.00 | 5 | 1600.00 |
| | 40′ | 5000.00 | 5 | 2000.00 |
| 开顶箱 | 20′ | 5500.00 | 5 | 2000.00 |
| | 40′ | 5000.00 | 5 | 2000.00 |
| 框架箱 | 20′ | 4500.00 | 5 | 1800.00 |
| | 40′ | 7500.00 | 5 | 3000.00 |
| 冷藏箱、罐箱等特殊用途箱 | 20′ | 25000.00 | 5 | 12500.00 |
| | 40′ | 33000.00 | 5 | 16500.00 |

**4. 附加费的计算**

与普通班轮一样,国际集装箱海运运费除计收基本运费外,也要加收各种附加费。附加费的标准与项目根据航线和货种的不同而有不同的规定。集装箱海运附加费通常包括以下几种形式。

1) 货物附加费(Cargo Additional)

某些货物,如钢管之类的超长货物、超重货物、需洗箱的液体货等,由于它们的运输难度较大或运输费用增高,因而对此类货物要增收货物附加费。其中对超长、超重货物加收的超长、超重、超大件附加费只对由集装箱货运站装箱拼箱的货物收取,其费率标准与计收办法与普通班轮相同,如果采用 CFS - CY 条款,则对超长、超重、超大件附加费减半计收。

2) 变更目的港附加费

变更目的港仅适用于整箱货,并按箱计收。提出变更目的港的全套正本提单持有人,必须在船舶抵达提单上所指定的卸货港 48h 前以书面形式提出申请,经船方同意变更。如变更目的港的运费超出原目的港的运费时,申请人应补交运费差额;反之,承运人不予退还。由于变更目的港所引起的倒箱及其他费用也应由申请人负担。

3) 选卸港附加费(Optional Additional)

选择卸货港或交货地点仅适用于整箱托运整箱交付的货物,而且一张提单的货物只能选定在一个交货地点交货,并按箱收取选卸港附加费。

选港货应在订舱时提出,经承运人同意后,托运人可指定承运人经营范围内直航的或经转运的三个交货地点内选择指定卸货港,其选卸范围必须按照船舶挂靠顺序排列。此外,提单持有人还必须在船舶抵达选卸范围内第一个卸货港 96h 前向船舶代理人宣布交货地点,否则船长有权在第一个或任何一个选卸港将选卸货卸下,即应认为承运人已终止其责任。

4) 转船附加费(Trans - shipment Additional)

当承运人为货主提供了转船运输,包括支线运输转干线运输,干线运输转支线运输等服务时,承运人将加收转船附加费。

除上述各项附加费外,其他有关的附加费计收规定与普通班轮运输的附加费计收规定相同。这些附加费包括:因港口情况复杂或出现特殊情况所产生的港口附加费(Port Additional);因国际市场上燃油价烙上涨而增收燃油附加费(Bunker Adjustment Factor, BAF);为防止货币贬值造成运费收入上的损失而收取货币贬值附加费(Currency Adjustment Factor, CAF);因战争、运河关闭等原因迫使船舶绕道航行而增收绕航附加费(Deviation Surcharge);因港口拥挤致使船舶抵港后不能很快靠泊装卸而需长时间待泊所增收的港口拥挤附加费(Port Congestion Surcharge);对于贵重货物,如果托运人要求船方承担超过提单上规定的责任限额时所增收的超额责任附加费(Additional for Excess of Liability)等。

随着世界集装箱船队运力供给大于运量需求的矛盾越来越突出,集装箱航运市场上削价竞争的趋势日益蔓延,因此,目前各船公司大多减少了附加费的增收种类,将许多附加费并入运价当中,给货主提供一个较低的包干运价。这一方面起到了吸引货源的目的,同时也简化了运费结算手续。

**5. 集装箱运输内陆费用**

集装箱内陆运输可能涉及的费用标价表见表 4 - 4 - 3。

表 4-4-3 集装箱内陆运输费用

<table>
<tr><td rowspan="19">货代收取</td><td colspan="5">正常费用</td></tr>
<tr><td rowspan="2">收费内容</td><td colspan="3">收费单位</td><td rowspan="2">备注</td></tr>
<tr><td>票</td><td>20′</td><td>40′GP</td></tr>
<tr><td>订舱费</td><td></td><td></td><td></td><td></td></tr>
<tr><td>报关费</td><td></td><td></td><td></td><td></td></tr>
<tr><td>安保费</td><td></td><td></td><td></td><td>码头设施安保费</td></tr>
<tr><td>单证费</td><td></td><td></td><td></td><td>按船公司实际发生额收取</td></tr>
<tr><td>商检换单费</td><td></td><td></td><td></td><td></td></tr>
<tr><td>THC</td><td></td><td></td><td></td><td>码头操作费，除美线外收取</td></tr>
<tr><td>AMS</td><td></td><td></td><td></td><td>自动仓单系统录入费，美线加收</td></tr>
<tr><td colspan="5">异常费用</td></tr>
<tr><td rowspan="2">收费内容</td><td colspan="3">收费单位</td><td rowspan="2">备注</td></tr>
<tr><td>票</td><td>20′</td><td>40′GP</td></tr>
<tr><td>改单费</td><td></td><td></td><td></td><td></td></tr>
<tr><td>查验费</td><td></td><td></td><td></td><td></td></tr>
<tr><td>电放费</td><td></td><td></td><td></td><td></td></tr>
<tr><td>并单费</td><td></td><td></td><td></td><td></td></tr>
<tr><td>漏装费</td><td></td><td></td><td></td><td></td></tr>
<tr><td>其他异常费用</td><td></td><td></td><td></td><td></td></tr>
<tr><td rowspan="18">车队收取</td><td colspan="5">正常费用</td></tr>
<tr><td rowspan="2">收费内容</td><td colspan="3">收费单位</td><td rowspan="2">备注</td></tr>
<tr><td>票</td><td>20′</td><td>40′GP</td></tr>
<tr><td>内陆运输费</td><td></td><td></td><td></td><td></td></tr>
<tr><td>提箱费</td><td></td><td></td><td></td><td></td></tr>
<tr><td colspan="5">异常费用</td></tr>
<tr><td rowspan="2">收费内容</td><td colspan="3">收费单位</td><td rowspan="2">备注</td></tr>
<tr><td>票</td><td>20′</td><td>40′GP</td></tr>
<tr><td>放空费</td><td></td><td></td><td></td><td>按内陆运费的 80% 收取</td></tr>
<tr><td>等时费</td><td></td><td></td><td></td><td></td></tr>
<tr><td>港区改配费</td><td></td><td></td><td></td><td></td></tr>
<tr><td>装箱费</td><td></td><td></td><td></td><td></td></tr>
<tr><td>掏箱费</td><td></td><td></td><td></td><td></td></tr>
<tr><td>落箱费</td><td></td><td></td><td></td><td></td></tr>
<tr><td>上下车费</td><td></td><td></td><td></td><td></td></tr>
<tr><td>退关还箱费</td><td></td><td></td><td></td><td></td></tr>
<tr><td>打单费</td><td></td><td></td><td></td><td></td></tr>
<tr><td>集装箱超期使用费</td><td></td><td></td><td></td><td></td></tr>
</table>

★ 课堂活动

| 项 目 | 活动内容与结论 |
|---|---|
| 实训1 | 一只40ft高箱中内装A、B、C三种货(属同一货主FCL货),分别属运价本中的第5、8、15级货,查此货所走航线的运费率分别为:5级货USD85/R.T.,8级为USD100/R.T.,15级货为130/R.T.。知A,B,C三种货物的重量与尺码分别为:A:15m³,10MT;B:20m³,9MT;C:40m³,8MT。该运价本40ft高箱的最高运费吨为67m³,最低运费吨为43m³和27.5MT。<br>1. 依据最高运费吨和最低运费吨原则,求此箱运费<br>2. 若将A、B、C之尺码分别改为4m³、10m³、60m³,求此箱运费<br>3. 若将A、B、C之尺码分别改为1m³、2m³、68m³,求此箱运费 |
| 结论 |  |
| 实训2 | 完成学习任务书中的实训任务。<br>有一批橱具(FCL),共16MT,20m³,从上海港运到长滩港,经查,该货属于10级货。<br>1. 列举该批货物可以走的航线及运营船公司?<br>2. 若根据运费本,10级货上海到长滩的运价为USD160/RT,20ft通用箱的最低运费吨规定为重货17.5MT和尺码货21.5m³,40ft通用箱的最低运费吨规定为重货27.5MT和尺码货43m³,按最低、最高运费吨方法计算海运费?<br>3. 若采用包箱费率的形式,试询价?<br>4. 若货物发货人为南京某橱具厂家,了解其内陆费用的类型,并核算内陆费用 |
| 结论 |  |

# 参 考 文 献

[1] 王鸿鹏,许路,邓丽娟.国际集装箱运输与多式联运.大连:大连海事大学出版社,2004.
[2] 杨茅甄.集装箱运输实务.北京:高等教育出版社,2009.
[3] 杜学森.集装箱码头操作与管理实训.北京:中国劳动社会保障出版社,2008.
[4] 武德春,武骁.集装箱运输实务.北京:机械工业出版社,2004.
[5] 杨志刚.国际集装箱多式联运实务、法规与案例.北京:人民交通出版社,2006.
[6] 朱晓宁.集装箱运输与多式联运.北京:中国铁道出版社,2010.
[7] 王艳艳.集装箱运输管理.北京:北京理工大学出版社,2007.
[8] 赵宏.集装箱运输与海关监管.北京:中国海关出版社,2009.
[9] 莱文森.集装箱改变世界.北京:机械工业出版社,2008.